学校体育文化研究

◎张明波　著

光明日报出版社

图书在版编目（CIP）数据

学校体育文化研究/张明波著.—北京：光明日报出版社，2017.8

ISBN 978-7-5194-3609-4

Ⅰ.①学… Ⅱ.①张… Ⅲ.①体育课－教学研究－中小学 Ⅳ.①G633.962

中国版本图书馆CIP数据核字（2017）第271947号

学校体育文化研究

XueXiao TiYu WenHua YanJiu

著　者：张明波

责任编辑：史　宁　　　　　　　　封面设计：文　一
责任校对：傅泉泽　　　　　　　　责任印制：曹　净

出版发行：光明日报出版社
地　　址：北京市西城区永安路106号，100050
电　　话：010-67021037（咨询），67078870（发行），67019571（邮购）
传　　真：010-67078227，67078255
网　　址：http://book.gmw.cn
E－mail：gmcbs@gmw.cn　　shining@gmw.cn
法律顾问：北京德恒律师事务所龚柳方律师

印　　刷：广东虎彩云印刷有限公司
装　　订：广东虎彩云印刷有限公司
本书如有破损、缺页、装订错误，请与本社联系调换，电话：010-67019571

开　　本：170mm×230mm　　　　印　张：14.25
字　　数：270千字　　　　　　　插　图：0幅
版　　次：2017年8月第1版
印　　次：2017年8月第1次印刷
书　　号：ISBN 978-7-5194-3609-4

定　　价：35.00元

作者简介

张明波，1975 年 1 月生。本科学历，硕士学位，潍坊科技学院讲师。研究方向：体育教育与运动训练。科研成果：近年来在体育核心期刊发表论文 1 篇，学术性论文多篇；参与国家级课题 1 项，省级课题多项。

前　言

　　长期以来，学校体育文化不被许多人理解、重视，其中包括学校领导、教师、家长和学生，将学校体育排除在文化之外，漠视学校体育文化活动的价值，自觉不自觉地把体育课与其他文化课区别开来。这直接影响到了学校体育的教育环境、教育氛围、教育效果，影响到学生的健康成长和全面发展，影响到学生综合素质的提升。近年来，党和国家先后出台了一系列的法规文件，这才使学校体育工作步入了法制化、制度化的发展快车道。学校体育文化活动在全国各级各类学校蓬勃开展，学校体育文化的研究得到了重视。

　　学校体育应该是每位学生都能参与其中、成就其中、获益其中的体育。"参与其中"是指学校体育是学校教育的一个重要组成部分，应面向全体学生，而不是面向少数喜欢体育、有一定运动天赋或表现了较高运动水平的学生。"成就其中"是指要使每一位学生都有可能体验体育运动的成功，这样使学生通过自己与老师、同学的共同努力，实现超越自我的目标，从而使学校体育成为具有吸引力的教育活动。学校体育不仅仅是提高身体生理机能，还应该是磨炼意志、铸造心理健康的手段。学校体育中的体育运动学习与锻炼的过程中，学生不仅要跨越高度和远度、克服炎热和寒冷，还要经历、感受、体验失败和挫折，这些都使学生的意志品质得到很好地磨炼。

　　学校体育不仅仅是"育体"，也是"育人"的体育。学校体育不仅仅使学生当下受益——增强体质、增进健康、获得知识、掌握机能，还使学生的"德、智、体、美、劳"等综合素质得到全面提高。同时，学校体育可以使学生学会宽容与善待他人，学会与老师和同学建立起良好关系，学会热爱自然、珍惜自然、保护自然，形成快乐、开朗、健康、乐观的人生态度。

　　学校体育是一个发展身体、促进健康、增强体质、传授知识和技能的教育过程。在教师对学生进行教育过程中，渗透着道德、心理、人文科学素质等方面的教育。最终目的是为了达到促进学生全面发展、丰富学生文化生活、促进学生精神文明建设，使学生将来能更好地为社会主义现代化建设服务。《学校体育文化研究》分十章，包括：学校体育文化，学校体育文化发展史，学校体育管理文化，体育教师，体育课程和体育课，体育教学和体育教学内容，体育教学方法，体育教学手段和体育教学评价，课外体育活动、课余训练和课余竞赛，体育美育。

《学校体育文化研究》可以使读者对学校体育文化的本质、功能、内容有一个全面、清晰、深入地认识和了解，它可以作为体育学者、体育研究者、体育教师、体育工作者以及体育爱好者的参考用书。

2017 年 2 月

目　录

第一章　学校体育文化

第一节　学校体育文化概述

一、学校体育文化的内涵

学校体育文化是以学生、教师为主体，以促进学生、教师、员工身心全面发展为目标，以身体练习为手段，以多种多样的运动项目活动竞赛为主要内容，以传授体育知识，满足学生、教师、员工健康需求和精神需求，以开发学生的潜能、改善学生智能结构、拓展学生综合素质的物质成果和精神成果的总和。学校体育文化即是学校文化的重要组成部分，也是体育文化的重要内容。学校体育文化包括四个方面含义。

第一，学校体育文化是学校所特有的文化现象，以区别于其他诸如企业文化、家庭文化、社区文化等。学校体育文化是学校文化和体育文化这两种文化体系交互而产生的一种跨文化体系，学校体育文化与其他文化最明显的区别是学校环境的特殊性和参加主体（师生员工）的特定性。它是发生在学校内的体育文化和特殊群体的文化，具有环境的特殊性和参加主体的特定性，这是学校体育文化特殊性和特定性的核心所在。它一方面是社会大文化在学校内的折射；另一方面是学校历史传统的积淀，其性质是一种区域文化，属社会文化的亚文化范畴，在内容和体系上又有着自己独立的形式和结构。

第二，学校体育文化是整个体育文化的组成部分。学校体育文化又是学校文化的重要载体。其构成要素，是体育物质文化和体育精神文化，它是通过学校体育氛围，学校体育环境、体育制度规范、学校体育活动、大多数人共同遵守的法规、行为以及学校体育制度等因素，对学生实施影响，从而促进学生身心全面发展。学校体育文化反映了学校广大师生的生命观、健康观、人生观、健身目标、健身理念以及行为准则。学校体育文化是一种有着深刻内涵和外延的文化，是一种具有多文化层、系统开放的文化形式，既有严谨的科学方法、健全的组织结构，又有丰富的人文资源。

　　第三，学校体育文化是以价值观为核心的，师生的价值取向决定了学校体育文化的特征和功能，决定了学校体育文化的发展方向，这是整个学校教育文化中最重要、最核心的部分。学校体育文化本质上所体现的是关于学生及教职员工的体育价值观，它必然会对全体师生员工的行为产生强有力的导向作用，形成一种强势的学校氛围，造就学校特有的体育文化品质和体育传统，进而形成该学校区别于其他学校的一个特征。优良的学校体育文化品质、精神和体育传统作为学校发展的潜在动力，无疑是一种巨大的激励因素、推动着人们积极进取、战胜困难、开拓创新、夺取胜利，特别是在学校遇到困难或挫折时，它会给人们以信念的支撑，会成为人们追求理想、追求发展的力量源泉，具有无形的凝聚力和感召力。在这种品质、精神、传统的熏陶下，体验认识彼此具有共同的理想、追求、价值观念、道德情操和行为规范，会使生活在同一所学校的人们彼此之间产生强烈的认同感、责任感和荣誉感。

　　第四，学校体育文化中承载价值观的活动形式和物质形态。主要指师生的活动方式以及与此紧密相关的生活方式，它是学校体育文化的具体体现。学校体育文化与学校的德育、智育、美育文化等一起构成了学校文化群，其价值取向、目的都与学校文化所依托的价值体系，目的相通一致，其宗旨都是培养人、造就人。学校体育文化还是民族体育文化在学校里的反映，学校学生学习和开展的民族传统内容的活动，也是民族文化的载体和传承。从某种意义上来说，学校是文化的受益者，同样又是文化的创造者，他们受一定文化所形成的精神氛围、特质和环境潜移默化的影响，使学生成为社会群体的一分子，民族大家庭的成员。通过自己的言行参与文化的创造与传递，学生对自己学校体育文化的认同也表现在他们参与学校的各项体育文化竞赛活动中，尤其在校际运动会上，对学校和班级的归属感就转化为体育比赛中争夺名次、顽强拼搏的责任感和荣誉感。

二、学校体育文化的特征

　　学校体育文化不仅有着学校文化的一般特征，还具有学校体育文化相对独立的特征。学校体育文化有八个方面的基本特征。

（一）客观性和主观性

　　文化是人创造的，人是有意识的动物，但是，人创造文化的原动力却不是人的主观意识，而是人的客观需要，反过来，人们在接受一定文化影响时，也是一种不以人的意志为转移的客观过程，即无论人们是有意或无意，自觉与不自觉都必然要受到一定文化的熏陶。学校体育文化作为一种亚文化同样也具备这一客观性质。但由于学校是人类传播文明、培养人才的专门场所，学校内的一切活动基本上都有着明确的目的性。这就使学校体育文化的有意识成分大大增加了，成为一个比较自主的文化系统，即能够在一定程度上按照学校的意志建构和选择其影响的文化系统，正是由于这种自主性，大大增强了学校体育文化的可控性，人们可以通过学校内的舆论宣传、气氛营造、积极引导、奖励机制、纪律约束、教育灌输等手段把学校体育文化控制在教育目的的实现范围内。

学校体育文化的这一特征说明，作为一种文化现象，学校体育文化的存在是不以人的意志为转移的。同时，学生也并不是学校体育文化消极的适应者，而是其积极能动的参与者、享用者，在积极主动的体育实践活动中，学校一方面构建自身所处的学校体育文化氛围，另一方面重视学生的身体、个性和人格。

（二）系统性和人文性

学校体育文化是一个全方位的综合性概念，它不是一些简单的要素组合，而是由诸多形式内容、功能组合形成的特殊而复杂的社会文化系统。它包罗了学校体育思想、观念，是社会大文化系统在学校中的折射和反映，师生无不受到这种文化氛围的影响，并且这种影响作用具有全面性和综合性的特点，从而构成了学校生活的丰富多样，对学校师生发挥着潜移默化的作用。

学校体育文化最突出的表现形式为身体活动，身体活动在学校体育文化中既强烈地表现出人的自然生物属性，又具有鲜明的人文精神。人的肢体语言是人类最原始的文化思想、情感交流工具，其丰富的内涵充分体现了人类的创造力。学校体育文化中的肢体语言可以使人的本能得到理性表达。学校体育文化属性和学校文化属性密切交互作用，其原因是学校体育文化将本能的或功利性的身体的活动引向人自身的发展，从而不仅将身体活动纳入学校体育精神文化的领域，而且赋予学校体育文化永恒而持久的使命。学校体育文化自始至终体现着一种人文精神，蕴涵着一种人文目标并昭示着一种人文价值理念。

学校体育文化对学生产生的影响具有相对的持久性，对人才的培养上具有的长效性，它影响着培养出来的人才在走上社会后的发展。在良好的学校体育文化氛围中成长的青少年，当进入社会后，能不断巩固自己已形成的良好品质，面对悬殊的文化环境差异和文化层次距离时，不会产生异化作用，反而会从反面强化已形成的良好品质行为方式，对人的一生起到很重要的作用。

（三）客观性与时代性

任何文化都是时代的产物，都具有一定程度上反映时代本质的特征，同时又随着时代的发展进而不时地演化自己的形态。学校离不开时空环境，时空环境是影响学生生存发展的重要因素。到学校体育文化的形成和发展中，它的内容与形式都受到一定时代的政治体制、经济体制、教育体制以及社会结构、文化风尚等因素的制约。因此容易受到时代特征的影响。

（四）连续性和继承性

学校体育文化和其他亚文化一样，具有历史延续性，是可以形成传统和风气的。学校体育传统和风气是指一个学校在体育活动方面形成并进行的带有普遍性、重复出现和相对稳定的一种集体行为风尚，它是学校教育的一种氛围与环境，是师生员工共同创建的校园文化，是校风的有机组成部分。这种传统和风气作为一种社会文化现象，既有区别又有联系。一般认为，传统多指纵向性的继承，风气更多指横向性的传播。某种风气的长期存在可能逐渐形成传统。学校体育文化开展如何主要看学校体育传统和体育风气，因此，学校体育文化不是在短时间内可以形成的，需要长期的积累和人们坚持不懈的努力。

（五）组织的闭合性和活动内容、活动空间的广泛性

从组织观念看，学校是一个大组织，其内部由一个个小组织构成。因此，多种组织层次分明，组织单位相对集中，给学校体育文化带来了新的特点。一方面在内容上向开放方向发展，另一方面在形态上又相对闭合，从而形成一个个的学校体育文化圈，如学校的系、专业、年级、班级小组以及自发形成的专项体育协会等。长期的学习、工作和管理实践，不可避免地使这些群体组织形成相对闭合的学校体育文化圈，形成相对独立的集体，相对固定的群体和相对定向的实际对象。

学校体育文化活动内容丰富多彩，从学生自发组织的活动到仪式正规的运动竞赛，从娱乐性体育活动到竞技性运动项目等等，无所不包。体育的活动空间非常广阔，从环境幽雅的学校到校外广阔的空间，从拥挤狭窄的寝室、走廊到空气清新的大自然，到处都是体育活动的场所，处处可见进行体育活动的学生。

（六）竞争性与共享性

竞争是体育运动的灵魂，也是学校体育文化的核心内容和精彩所在，没有竞争就没有发展和进步。现代体育正处于不断创新和变革时期，竞争性是这一时期的主要特征。学校体育是最富有竞争性的领域，也是学生培养公开、公平、公正的竞争精神最好的演练场和实践地，丰富的学校体育竞赛可以培养学生的竞争意识，使他们学会遵守规则，尊重裁判，并能磨炼意志，增强取胜的信心。

学校体育文化又具有资源共享的特征，21世纪是一个高科技和信息化的时代，网络世界具有丰富的表现力，交互性强、共享性好，知识信息量大等特点，已经成为人们生活和工作不可或缺的一部分。借助于网络技术，全球任何角落人群都可及时获得各种体育信息，从而为学校体育文化的共享拓宽道路。学校的体育设备、设施也可为社会提供服务。2008年北京奥运会部分场馆建设就在高校，诸多高水平世界体育大赛在高校举办，正是实现了学校与社会的体育资源共享，也使学校体育文化跨出了校门，社会体育文化融入了学校。

（七）活动形式的多样性和活动方法的灵活性

学校体育文化活动的形式多种多样，方法灵活多变，有早操、课间操、课余体育锻炼、运动队训练及家庭体育活动等组织形成。可以是个人活动、小组活动、班级活动，也可以是年级活动、全校活动，还可以是兴趣小组、各种学生社团、俱乐部等组织形式，开展体育活动。在学校体育活动中，学生活动的主体性和教师指导的辅助性得到充分体现，这就为学生提供了一个充分发挥自己能动性的可能性。某些活动形成（如早操、课间操）是学生必须参加的体育活动，但课外体育活动则属于学生自愿参与的、趣味性强的自主性活动，如同学间轻松愉悦、自主松散的远足及自由自在、充满乐趣的家庭体育活动等。

（八）民族性和教育性

中国是一个多民族和谐统一的国家，诸多民族体育文化构成了中国传统体育丰富多彩的形式和内容，如少数民族的摔跤、骑射等极富民族、地域特色的传统体育项目。通过学校传播学习，可推广民族传统运动项目，增强学生的民族团结意识，促进各民族的交流，加深民族情感，有利于各民族的文化交融和传播。

学校的一切教育活动都是为了培养人，学校体育文化是学校教育的重要组成部分，担负着培养人的重任。学校体育文化不仅在提高学生的身体素质，增进健康方面有独特的作用，而且在培养学生树立崇高理想、坚忍不拔的意志品质，拼搏进取的精神，良好的道德品质，敏锐的思维和创造能力等方面都有显著作用。学生通过观看、欣赏、参与体育活动的过程也是受教育的过程，是学生从其他文化活动中难以感受到的。学校体育文化也是培养爱国主义、集体主义、社会主义教育的重要途径，对社会主义精神文明建设具有积极作用。

除具有以上特征外，有关学校体育文化的特征还有很多，学校体育活动还具有参与对象的广泛性和课余训练的精英性。学校运动队的训练将少数有才能的青少年通过严格、科学、系统的选材与训练，输送到高水平运动队伍，提高了学生运动技术水平，为竞技体育培养了优秀后备人才。学校体育文化活动同时具有课程的延伸性和相对的独立性。学校体育文化活动能够补偿学生体育课程学习的不足，但是学校体育活动相对于体育课程来说又具有相对的独立性，它并不是体育课程的延续，而是学校体育文化的第二课程。

第二节 学校体育文化的功能

一、育人功能

学校体育文化具有多重功能，这些功能主要贯穿在整个育人的过程之中。学校体育文化，对于培养德、智、体、美全面发展的学生至关重要。古希腊哲学家、教育家苏格拉底、柏拉图、亚里士多德等对体育的育人功能早就有所研究和论述。毛泽东在1917年所写的《体育之研究》中指出："体者，载知识之车，而寓道德之舍也。"体育即具有多方面的育人功能。学校体育文化的育人功能主要体现在以下几个方面。

（一）促进学生身心发展

1.促进学生体质健康

增强学生体质，促进学生身体健康的生长发育，提高学生健康水平，是学校体育文化活动的主要功能，也是学校体育文化活动的特殊功能和主要功能。学校体育文化活动对于成长中的青少年学生来说，最直接、最显著的功效主要以两种方式体现出来。一是在身体形态和机能的变化上。学校体育文化活动可以促进学生身体良好的生长发育，身体得到增长，体格得到改善，体质得以增强，身体各器官协调发展，机能水平得到提高。另一方面，学生通过长期的运动参与和实践体验，促进了新陈代谢，使人体更具旺盛的生命活力。同时通过体育实践活动了解自己的身体，认识自我，顿悟健康对人一生的意义价值，逐步养成健康的行为习惯和生活方式，增强学生自我保健的意识，掌握科学锻炼的方法。

2.开发学生智能潜力

智能是指能集中精力保持情绪稳定以从事艰难、复杂、敏捷和创造性活动的一种能力。智能的基础是智力。体育文化活动其实也是一种有益的智力活动。学生正处在智力发展的高峰阶段，而学校体育文化活动对学生智力发展有着举足轻重的作用。有研究证明，经常参与体育锻炼活动，能改善大脑的物质结构和机能状况。各种类型的学校体育文化活动，能消除学生大脑的疲劳，使学生头脑清醒，精神焕发，学习效率提高。可以提高学生敏锐的感知力、灵活的思维能力、丰富的想象力、良好的注意力和记忆力。全面发展青少年学生的观察力，记忆力，启迪诱导想象力，帮助提高思维力，为智力的开发创造良好的生理条件和环境条件。

3.促进个性发展

个性是指学生在社会实践活动中经常表现出来的比较稳定的个体心理特征总和。人的个性包括气质、性格、情感、意志、兴趣、爱好、意向、经验、态度、抱负、观念、理想等方面有别于他人特点的内容。在相同年龄的学生中，有的聪明机灵，有的相对迟钝呆板，有的善于思考能够做较为复杂运动技术动作的，有的性情开朗好言谈，有的却性情孤僻不好交际，有的性格坚强不怕挫折，有的却性格软弱经不起挫折和失败，这些都是个性差异。个性与世界观、思想品质、道德规范不同，它不包含社会的伦理价值标准。人的个性没有高低优劣之分，但个性存在着成熟、完整、完善的差别，因此也就存在着个性发展的问题。个性发展过程不仅是发生量的变化，而且也发生质的变化。人只有在一系列因素影响下形成个性，并服从一定的规律。

社会环境是个性形成的决定因素，而教育起主导作用。有目的有意识地培养发展个性，与无目的听任自流，从社会效果上看是极不一样的。如今社会的快速发展，社会工作日益复杂，分工愈加细致，各个层次、各个领域、各行业都需要有各类不同个性的人去承担。在一个组织中，也需要最大限度地发挥具有不同个性的学生们的长处，以取得最好效果。个性的形成和发展是通过社会实践活动逐步实现的，是社会化的产物。学生在学校中通过对学校体育文化活动的参与和实践，会得到生理、心理上的体验，这种体验会使学生社会化进程的顺利完成。

学校体育竞赛活动具有对抗性、竞赛结果的不确定性和显示结果的及时性，因此，它能引起学生们心理上极大的关注。运动竞赛常常是在"反败为胜、千钧一发、一挥而就、力挽狂澜"等震撼人心的情景中进行的，学生们的期望在短时间内得以满足，此情此景体验到的是紧张、痛快、敬佩、自豪，对于培养学生胜不骄、败不馁的个性品质具有促进作用。学校体育文化活动内容丰富，不同的项目有着不同的特点，有的项目激烈刺激，有的项目需要团结协作，有的项目要求反应迅速，有的项目偏重逻辑思维能力。学生参与学校体育文化活动，他们的知、情、意、行会表现得淋漓尽致。这时，教师注意观察，极易掌握学生的心理特点，有利于开展德育教育。例如在比赛中，发现喜好张扬、性格外向、遇事容易冲动急躁，情绪波动较快的，刻意让他们参加下棋、打桥牌、打太极拳等持久、缓慢又极需动脑思考的项目，指导学生克服冲动，防止情绪骤发，在保持自我个性的同时，改掉急躁、冲动的弱点。而对于性格内向、孤僻、不愿与别人交往的学生，则应组织他们参加同场对抗项目、集体游戏项目，使他们在集体协作中学会与人交往，与人配合，发展人际交往能力，促成和谐交往，逐步改掉孤僻的弱点。单杠、双杠、支撑跳跃、极限运动需要学生克服胆怯心理，有利于培养学生勇敢无畏的精神。

总之，学校体育文化活动能调节学生的心理，使人朝气蓬勃、充满活力。不同的运动项目对于不同的个性品质具有塑造功能。在实际操作中，教师应仔细观察，了解学生，积累经验，针对不同类型的个性品质的学生，采用不同的学校体育文化内容加以干预，帮助他们培养优秀的个性品质。

4. 提高学生适应能力

经常参加学校体育文化活动提高学生的适应能力。主要表现在以下三个方面。首先，可以提高人体对外界环境的适应能力，能应对各种错综复杂的环境。由于经常在户外自然条件下运动，这就锻炼和提高了肌体对外界环境的适应能力，可以抗严寒、耐夏暑，增强了身体对气温急剧变化的适应能力。其次，经常锻炼的人视野、大脑皮层对各种刺激的分析、综合、反应能力强，本体感觉敏锐，时间、空间和体位的判断能力较强，瞬时反应速度快，反应灵活，能协调、迅速的支配有机体对身边的变化及时做出正确的反应。再次，学校体育文化活动对提高人的社会适应能力具有促进作用。学校开展的丰富多彩的体育文化活动，培养了参与者顽强拼搏的作风和不卑不亢的意志品质，将这些优秀的品质带入学习、带入生活，继而带进社会，能迅速地适应新的环境。

（二）调节和疏导心理

学校体育文化活动对学生具有心理疏导的功能。学生正处于受教育和长身体的关键时期，担负着繁重的学习任务。生活中优胜劣汰的竞争机制，使学生学习任务和负担日趋繁重，相当数量的学生产生了厌学情绪和逆反心理。加上诸多的外界不良信息侵袭，致使部分学生的心理和行为处于亚健康状态，精神压力大，经常处在焦虑、压抑、狂躁的情绪之中。无论何种原因造成的心理焦虑、压抑、狂躁都需要有一种合适的排遣方式，以利于心理的调适而恢复健康的心理状态。学校体育文化活动既可以解除因学习带来的疲劳和精神上的紧张，又可以消遣娱乐，使人获得心理上的满足与平衡，有助于进行心理调节。

学校体育文化活动以其固有的竞争性、刺激性、娱乐性和欢快性，丰富了学生的精神生活，使学生在紧张的学习之余，体验到激励的情绪，感到心情愉悦、精力旺盛、情绪高涨。能消除学生心理上和情绪上的干扰和摩擦，减少内耗，协调人际关系，满足学生各种正当的、合理的体育文化活动需要，充分发挥心理的引导作用。学生的个性心理品质、心理状态、行为规范等，在渗透着优秀的学校体育文化活动的氛围中，得到进一步的升华。如学校体育比赛中激烈对抗的场面、顽强拼搏的精神、球迷狂热的呐喊都不失为不良情绪合理的发泄途径。在娱乐、游戏的互动中，学生的不良心理情绪得到排遣，避免了野蛮宣泄的可能。

学校体育文化活动可以调节人的心理，使人朝气蓬勃，充满活力。经常参与学校体育文化活动和学校体育锻炼活动，特别是从事那些自己非常感兴趣而又擅长的运动项目，不仅能发展人的身体，而且能提高人的情绪（心理），产生一种非常美妙的快感。由于运动的激励，可以增强自尊、自信和自豪感，增添生活的情趣。在和谐、平等、友好的运动环境中，通过相互评价和自我评价，学生会感受到友谊、赞扬、批评、激励等，并产生各种复杂的情感体验。

参与学校体育文化活动的过程，也可以说是不断面对挫折和克服困难的过程，在这个过程中，耐受力、抗挫折能力得到了提高。在不断超越昨天、超越自我的过程中，学生体验到进步或成功的喜悦，同时学会了反思，形成客观评价自我的习惯和能力，形成积极向上、乐观开朗的人生态度。从某种意义上说，学校体育文化活动是促进学生心理健康的重要手段。

（三）教育功能

1. 传授体育与健康知识

通过参与学校体育文化活动，学生学到了相关的体育与健康的常识、技术、技能，掌握相应的一些方法。在人的社会化进程中，有必要在童年时期就培养他们健康的生活意识，学会有益于健康的锻炼方式。通过传授这些知识，不断发展他们的身心需要，培养积极向上的人生态度，养成健康的生活和学习习惯。学校体育文化活动是存在于学校这一特定环境中的文化形态，教师是这一范围内拥有专门活动知识的人才，人类创造的体育文化以系统的知识经教师传授给学生，使学生掌握了相关知识的同时，掌握科学锻炼的方法，认识到锻炼价值。

随着学校体育文化活动的大众化、普及化、国际化，学校体育文化活动在社会中的影响力呈现越来越大的趋势，学生对学校体育文化活动的关注程度日渐增加，健康知识的需求和活动内容、形式的需求越来越多。养成健康的生活方式和良好的个人卫生习惯将使学生终身受益。

2. 审美功能

体育本身就是一种健与美相统一的活动。体育锻炼活动能使人体魄健壮，体型匀称，动作矫健，这既是健康的标志，又是人体美的体现。学校体育文化活动，针对青少年身心发育的特征制定策划相应的活动内容和活动形式，培养学生塑造体形美、动作美、仪表美、姿态美、心灵美，帮助他们树立正确的审美观，提高发现美、感受美、鉴赏美、表现美、创造美的能力。

学校体育文化活动中包含了多种美的表现，无时无刻不对学生进行着美的教育、美的体验。如健美操、体育舞蹈的活动，将健壮、力量、节奏高度统一，配合以优美的旋律，将运动的美、韵律的美、节奏的美、活力的美、健康的美表现得淋漓尽致、美不胜收。连观赏的学生也会产生一种美的享受，都会享受到精神上的愉悦和欢快，感受到学校体育文化活动充实了自己的生活。再如，学校运动会上，水平不一的长跑队员坚持不懈的完成比赛，机械的挪动脚步向终点奋进，动作虽然没什么美感，但顽强的意志品质却赢得全场学生为之加油呐喊，这种拼搏精神具有强烈的感召力，更是意志美、品质美的表现。

3. 内化功能

内化是在思想观点上与他人的思想观点相一致，自己所认同的新思想和自己原有的观点、信念结合在一起，构成一个统一的态度体系。这种态度是持久的，并且成为自己人格的一部分。某种意义上，即就是说，接受外部思想来改造自我。

学校体育文化是一种外在于人的存在，必须从感知、认知并进一步内化为人的品德和行为准则，支配着人的实践活动。学校体育文化的内化是教育目标实现的重要途径，主要表现在它的潜移默化、耳濡目染、渗透性和暗示性、娱乐性和生活性。它不同于以教师教、学生学的单向灌输为主的课程教育，生活在学校中的人，会不知不觉地接受学校体育文化活动的教育，并内化成习惯、风尚和传统。学校体育文化活动的教育作用是以间接的、内隐的方式呈现的，是通过无意的、非特定心理反应机制影响着学生。学生在学校体育文化活动文化环境中学习生活，学校体育文化活动以文化的形式散发信息，长期伴随在学生的学习和生活之中。不知不觉中，学生接受感染、进行模仿，实现着文化的心理沉淀和切身感受。学校体育文化活动大多以各种形式的竞赛场面出现，技术和战术都是人体或群体之间的和谐自由、轻松协调、富有韵律的有机结合，能令人振奋与喜悦，给人以美的享受。不论是直接参加者，还是热心的观赏者，都能得到精神的享受，情感的体验。学校体育文化活动大多活动内容都是以集体的形式出现，参加者都是集体中的一员，必须为集体荣誉而拼搏，这种集体氛围和环境，是一种无形的力量，学生在活动中接受学校体育文化活动教育。

学生情感品质的培养，可以通过情绪的自我调节和情感的自我优化来实现。学校体育文化活动可以培养学生的自觉性、果断性、坚毅性和自制力等顽强的意志品质。通过学校体育文化活动对学校人进行文化的渗透，营造一种新型开放、团结活跃、积极向上的充满着青年人朝气的氛围，在全面推进素质教育中有积极作用。情操是人对具有一定文化价值或社会意义的事物所产生的复合情感。情操是在人的心理发展过程中形成的，主要是教育和环境作用的结果。学校体育文化活动是通过学校体育文化活动的氛围来影响、陶冶学生的情操，继而内化，规范自我行为。通过体育活动整体的环境、文化的氛围、实践的操作、激励的机制影响和教育广大学生，吸引他们积极、主动投入到这一环境和氛围中。从中既学到了知识、丰富了生活，又锻炼了组织能力、培养了合作精神和竞争意识。将体育活动中美好的感觉知觉部分逐渐内化成优秀的个人品质。在这方面，学校体育文化更多的是担当了提供场所、营造环境、大环境影响自我内化的角色。

4.娱乐功能

娱乐是人们在相对闲散的时间内自由、自愿进行的，使身心愉悦的活动。学校体育文化活动中，属于体育娱乐形式的活动方式占有相当大的比例，这与青少年学生身心发展的需求和学校体育文化自身丰富多样的方式是分不开的。学校体育文化的娱乐功能，对学生所具有的特殊的功能是其他文化娱乐形式所不能替代的。从学生个体发展的全过程来看，体育娱乐活动一直起着不可忽视的作用，在各个发展的阶段，又有着不同的作用和意义，

体育活动能够产生快乐，已是人们普遍接受的事实。随着人们物质生活水平和精神文明程度的提高，西方发达国家从 20 世纪 60 年代，我国从 90 年代开始，人们的体育观念和运动行为发生了深刻的变化。在人们对体育活动的价值需求上，追求活动中的娱乐已成为越来越重要的价值趋向。乌尔比尔·克拉依斯认为："西方国家大众体育运动早期，健康是着重强调的，追求身体健壮是这个时期人们参加体育运动的主要动机，而为了运动中的娱乐和放松则是这个运动晚期的事情。然而现在这种娱乐与运动的联系是如此强烈，以至于在一些国家，人们为娱乐而运动的动机超过了为了身体健康而运动的动机。"

价值观念的转变同样导致现代学校体育文化体育活动也悄然发生着相应的变化：娱乐性项目逐渐增多，冒险性、探险性、创新性活动项目兴起。随着这些变化，学校体育文化娱乐功能逐渐增强。对学校成员的生活和精神来说，学校体育文化活动是一种很好的调节剂。学校体育文化活动着重于人的终身需要和情感愿望的满足，使参与者从中感受到身心的愉悦。由于身体的直接参与，使参与者的健康、力量、审美、素质、性格、智慧等这些与身体最为密切的人格要素得以锤炼。师生们深切感受到一种奋进的力量和一种愉悦的氛围。学校充满生机活力，师生们在这样一种激荡着追求、欢快、充实的学校体育文化氛围中自由地沟通并相互感染，个性品质得到磨炼，心情欢快愉悦，精神境界得到升华。

学校体育文化的娱乐功能通常以两种基本途径来实现。一是参与。学校人投身于学校体育文化活动之中，切身感受、体验这一活动形式所带来的乐趣，经历活动过程，享受带来的快感。二是观赏。通过观看学校体育文化竞赛活动、表演活动，欣赏力与美、技术与战术、身体与智能完美结合的运动动作、比赛画面、精妙配合、博弈策略，体会和谐的旋律、激烈的场景、胜利的喜悦带来的刺激、紧张与欢娱。《奥林匹克理想》中说道："啊，体育，天神的欢娱，生命的动力。你猝然降临在灰蒙蒙的林间空地，受难者，激动不已。你仿佛是容光焕发的使者，向暮年人微笑致意。你像高山巅出现的晨曦，照亮了昏暗的大地……啊，体育，你就是乐趣！"

二、社会功能

学校体育文化的社会功能，就是学校体育多元社会功能的间接体现，它通过体育活动，直接或间接促进社会文化的发展、民族精神的提升。

（一）促进人的社会化意识

体育对竞赛秩序的维持，增加了参与者的规则意识。规则意识更是一种界限意识，它体现着维护秩序的权威和价值，界定了主体行为的阈界和限度，是社会个体和社会组织关于自身行为的"度"的意识，体现的是人们权利与义务的一致。学校体育文化活动，本身就是社会的缩影，学生在参与中对活动规则的遵守，会增强今后步入社会中遵守社会规范、遵守法律的意识，从而增加社会的稳定性，切实促进社会的和谐发展。学校体育文化活动具有完善的规则、完备的制度，这些规则制度的制定和遵守，提升了参与者的主体意识。学校体育文化活动的制定、设计和修改，无不体现着人的理性发展，体现着人类主体意识的逐渐觉醒。

学校体育文化活动对于竞争、合作的鼓励和追求，增强了活动主体现实生活中的竞争和协作意识。社会是一个有机整体，其发展不仅仅需要竞争，更需要合作。体育活动对成绩和名次的鼓励，强化了学生的竞争意识。然而，比赛的顺利进行，又离不开队友的合作与配合，离不开观众的加油呐喊，这又进一步增强了学生的合作意识，特别是一些集体项目活动，这种合作更显得尤为重要。

学校体育运动所体现出的对于高尚品质的追求，强化学生的道德意识。任何活动都规定着比赛道德指向和道德目标。体育比赛对于公正、正直、包容、积极向上等优良品质的追求，不仅仅影响到参与比赛的队员、裁判员、管理人员，更进一步反映到社会的方方面面，逐步成为整个社会的价值追求，促进社会的和谐进步。

（二）促进个体社会化

人的社会化有广义和狭义之分，广义的社会化是指人的一生，狭义的社会化是指人的从出生到成熟。这里阐述学校体育文化活动在狭义的社会化中的作用。人的社会化过程是在家庭、幼儿园、同人群、学校、社区等场合，通过家长、保育员、兄弟姐妹、教师、伙伴等各种人物，同时借助社会习俗、民族习惯、宗教传统、宣传等社会文化力量，经过社会学习的过程，传授、灌输、文化传播影响以及模仿、强化和养成等过程。掌握适应社会生活所必需的知识、技能，培养遵守社会生活准则的习惯，学会按社会所允许的生活方式进行生活，养成社会所需要的个性特征。在人的整个社会化过程中，学校体育文化活动有着非常重要的作用，不论是作为内容还是作为手段，都是不可或缺的。

由医护人员给初生婴儿做的被动体操，可算是人出生后进行的最初体育活动活动了。对幼儿来说，带有游戏成分的简单活动更是他们生活中的一个主要活动内容，游戏能促进儿童的生长发育，提高身体素质，培养美感，发展智力。儿童在游戏过程中可以学会走、跑、跳、攀登、爬越、搬运等最基本的生活技能，此时儿童在游戏中通过"假装"和"拟成人"的各种活动，模仿各种社会角色的动作和行为，已经是社会化的表现。

社会向学生传授人类文化的优秀遗产——科学文化知识中，有关健康和体育文化的知识是其中一个重要组成部分。这些知识是青少年健康生活方式的前提条件，有必要在童年时期就使学生懂得怎样才是健康的生活，通过这些知识的传授，不断发展学生的精神需要，培养学生享受人类文化财富的能力。

学校体育文化活动是一个社会互动的场所。在学校体育文化活动活动中，特别是在对抗的竞赛中，个人之间、集体之间，发生着频繁而激烈的思想和行动上的交锋，会不时地出现对参加者的思想品德的严峻考验，如像长跑到了"极点"时，是坚持下去还是半途而废？对方侵人犯规时，是毫不计较还是"以牙还牙"？集体配合不够默契，比赛失利时，是相互鼓励还是相互抱怨？裁判员误判时，是宽容谅解还是"斤斤计较"？比赛胜利时，是谦虚谨慎还是骄傲自大？经受了这些体验与考验，就能培养出集体主义精神，培养以大局为重和善于处理人际关系的优良品德。

学校体育文化活动增强了人的社会角色意识。通过学校体育文化活动角色的学习，使学生掌握了与各种角色一致的权利、义务、规范和行为模式，这是社会适应能力的重要表现。学校体育文化活动增加了学生相互交往的机会，缩短了人与人之间的距离，扩大了学生社会交往的范围，有利于培养学生与社会和谐相处的意识和能力。

培养社会角色是社会化过程的最终结果，社会化过程就是角色学习过程，角色学习又必须以基本生活技能和某些专门技能的掌握为基础。学校体育文化活动的基本手段是身体练习，活动中的运动动作是在劳动动作、生活动作等动作基础上发展起来的，它们源于生活又高于生活，丰富多彩的活动能使学生受益终生。所以，学校体育文化活动是学生们获得基本生活技能的重要途径，为学生们提供了角色体验的机会和场所。学校体育文化活动竞赛中有许多权利各异的角色，譬如运动员、裁判员、教练员、观众、队长、中锋、后卫等等，通过角色的体验和学习，学生懂得了社会角色是与学生们某种社会地位、身份相一致的一整套权利、义务的规范与行为模式，它是学生们对具体特定身份的人的行为期望，是构成社会群体和组织的基础。

（三）激励社会情感

学校体育文化还具有激励社会情感的功能，主要是指具有激起学校人积极向上的社会心理体验的作用。学校体育文化活动把学校人置身于一个良好的心理氛围与和谐的人际关系环境之中，使他们获得精神上的需求与满足，同时也为学校人设置了创造的空间，提供了活动的背景与使用场馆、设施、器材的机会，使学校人的活动兴趣得以满足，最大化激励参与者的热情。

学校体育文化活动的激励功能旨在强调激发学习动机，调动学校人的积极性、主动性和创造性。学校体育文化活动以其固有的竞争性、趣味性，诱导和激发师生们奋发进取，有效地缓解心理压力。同学间、师生间因学习和生活中偶然会有感情沟通造成的情感纽带的脆化、弱化现象，参与学校体育文化活动，大家齐心协力，形成一个团结的集体，有利于相互沟通。学习和生活中产生的隔阂、孤独和无助等不良情绪得以化解，增强了集体的凝聚力，强化了同学间、师生间的情感互助。学校体育文化活动还能够增强学生的事业心和责任感，激励学生保持高昂的情绪和进取精神。

（四）凝聚功能

学校体育文化活动像一条无形的纽带，把学校人与学校体育文化活动紧密联系在一起。学校人对于学校体育文化活动的目标、制度和准则产生认同感，与作为学校一员的使命感、自豪感、归属感整合、凝聚形成强烈的向心力、内聚力和群体意识。

学校体育文化活动是一种群体文化，它有赖于群体的共建，同时又反作用于每个个体，使个体把这种集体的行为风尚内化为自我要求。最突出的是培养学生的社会认同感、团队意识等社会观念和行为模式。因此，通过学校体育文化活动可教育学生热爱集体、关心集体、服从集体、维护集体，有效地培养学生的集体主义观念与精神。学校体育文化活动的许多项目都要求参与者们共同配合与协作，长期的风雨同舟可以使队员们相互理解与相互帮助，加深友谊，同时也可使队员树立以集体利益为重的大局观。各种学校体育文化活动的开展加深了学生们彼此间的感情，增强了集体荣誉感，增强了团体的凝聚力。

（五）社会经济功能

学校体育文化活动，可以拉动体育健身消费，刺激内需的增长。首先，学校体育文化活动刺激了体育产品的需求。学校是一个聚集的场所，人数密度较大，举行体育文化活动对于运动器械、球衣、鞋帽的需求是一个不小的数目。其次，带动非体育产品的消费。学校较多的体育文化活动，吸引了众多爱好者来到学校参与、观赏，带动餐饮业、交通运输等相关产业的发展。

随着市场经济的发展，学校体育文化活动的经济功能越来越显示出它的影响力，并发挥越来越大的作用。具体体现在两个方面。第一，发挥学校体育物质文化固有的作用。体育文化活动的场馆、设施、仪器，设备除了满足日常的教学、活动外还可以向社会开放，承办各种国内外体育比赛，接纳歌舞戏曲表演、举行体育文化宣传活动，提高了场馆的利用率。学校体育设施既完成了固有功能，又能创造经济价值。第二，发挥体育教师自身的专业特点和运动技术特长，在校内外举办或联办各种类型的培训班（如健美操、武术、气功、拳击、散打等培训班）、校内外体育文化活动、卫生知识讲座、咨询等，能提高师生员工自身的社会价值，达到资源共享，并能带来一定的经济效益和社会效益。

（六）在构建和谐学校中的作用

构建社会主义和谐社会是中国特色社会主义的本质属性，是国家富强、民族振兴、人民幸福的重要保证。构建社会主义和谐社会，是用科学发展观，从中国特色社会主义事业总体布局和全面建设小康社会全局出发提出的重大战略任务，它反映了建设富强、民主、文明、和谐的社会主义现代化国家的内在要求，体现了全党全国各族人民的共同愿望。

构建社会主义和谐社会，首先要发展和建设和谐文化，它是构建社会主义和谐社会的基础，也是全国各族人民团结奋斗的思想道德基础。学校体育文化是学校文化的重要组成部分，学校体育文化活动的开展，对于社会和谐发展具有不可替代的独特功能和作用，是和谐社会、和谐学校建设的重要环节。和谐学校是和谐社会的基础，构建和谐社会，首先构建和谐学校。学校是人才培养基地，和谐学校可以为社会各行业培养具有和谐精神的人才，促进社会各行业的和谐。学校是人才聚集之地，和谐学校可以产生示范诱导作用，带动整个社会的和谐。

学校体育文化活动不仅仅是一种身体运动，更是一种教育手段、一种生活方式、一种精神载体，充满了生生不息的动力和蓬勃向上的活力，培养人们勇敢顽强的性格和迎接挑战、不畏艰险的品质。公平正义是社会和谐的基本条件，大家站在同一起跑线上、横杆面前人人平等，平等参与、切磋技艺、展示实力、享受过程，活动不分种族、性别、信仰，摒弃偏见、歧视、欺诈，追求并实现公正的核心价值。

构建社会主义和谐社会，就是要推动物质文明、精神文明和政治文明的全面协调可持续发展。学校体育文化，对促进人自身的身心和谐，人与人关系的和谐、人与自然、人与社会的和谐和对提高民族素质、振奋民族精神、增强社会凝聚力、促进社会和谐发挥着越来越重要的作用。

第三节　学校体育文化的构成

一、学校体育物质文化

学校体育物质文化是构成学校体育文化的有形部分。学校体育文化是指学校内看得见、摸得着的物化的体育文化形态，是学校体育文化存在和发展的物质基础。同时，它又是学校体育文化的载体，体现着一定的价值目标，审美意象等。学校体育物质文化学生在不知不觉中，自然而然地受到熏陶、启发和感染，从而实现学校体育文化的育人功能。学校体育物质文化主要体现在学校体育物质文化环境上。

（一）学校体育场馆建筑

学校体育场馆建筑是以物质载体的形象综合反映了学校文化内涵和学校文化的心理，它是以一种意义独特的文化形式存在于学校之中。学校体育场馆建筑具有多种文化内涵。

首先，体育建筑设计具有其鲜明个性和独立特征，它是学校标志性的建筑，具有较高的文化品位，它主要通过建筑物表达体育文化的精神，彰显体育文化的魅力、文化的功效，这也是体育建筑获得持续的生命力的动因之一。

其次，学校体育场馆建筑，突出表现了人的顽强进取、勇于竞争、挑战极限、超越现实的理想主义色彩和人文特征以及通过体育活动获得心理释放感和自我能力实现的快乐感。学校体育场馆建筑以其色彩、标志物、雕塑、壁画等丰富多样的艺术形式和简明、象征性的建筑语汇，是对体育精神、体育思想、体育观念物质化、形象化的注解和诠释。学校体育建筑是建筑艺术与体育文化、体育精神、教育文化交融的物化形式。

再次，学校体育建筑是学校标志性的外在形象，它是学校号召力、吸引力和综合实力的表现，是一个文明、开放充满活力的学校必不可少的。学校体育场馆建筑和其他建筑相比有其独立的功能和魅力，更具文明、开放、充满活力的鲜明特征，体育场馆建筑以其建筑语言充分表达了学校教育文化和体育文化意蕴。

学校体育建筑是承载体育文化活动行为的物质基础，其中渗透了体育文化精神、体育文化思想、体育文化观念、体育文化艺术、体育文化心理、建筑文化艺术，它们共同构筑了学校整体的、复合的文化教育属性，并表现出文化教育多层面的品格特质。学校体育建筑是一定社会政治经济文化发展的产物，也是一定教育思想和教育观念在建筑形式上的物化和体现。它是某一社会历史时期教育的象征之一,因而其风格和形式是多种多样的。学校体育建筑对学校教育、教学影响较大。它将对教学情景、教师教学心态、学生学习心理、学生参与体育文化活动和体育锻炼行为,以及对学校体育文化活动的开展有直接影响,甚至影响到整个学校教育的质量和效果。

（二）学校体育场、馆设施器材

1. 运动场

运动场包括田径场、篮球场、足球场、排球场、网球场、羽毛球场等。它属于露天建设,方便向学生开放,因此成为学生参加体育活动的最主要场所,学生的体育课、课外体育活动、体育文化节、体育竞赛等都依靠体育运动场进行。而根据各个地区的经济发展程度不同,学校体育运动场的质量存在着很大的差距。在经济发达地区,运动场规模较大、造价较高。如塑胶田径场、篮球场、网球场、绿茵足球场等,而且外延设施比较齐全,比如设有看台、风雨棚等,而在经济贫困地区,大多是煤渣跑道,或是不太正规的跑道,篮球场、排球场大多是水泥地。相对而言,贫困地区的运动场地质量以及规模比较落后。

2. 运动馆

运动馆包括综合性的体育馆、篮球馆、排球馆、乒乓球馆（房）、艺术体操房、游泳馆、肋木区、单杠双杠区、攀爬角、健身角等。相比运动场它的造价高而且开放时间有限,因此不能成为大众学生参加课余体育活动的首选。但运动馆不受天气影响,场地质量较高,安全系数比室外运动场高,通常一些重要的比赛都在运动馆里进行。

3. 运动器材

按照不同运动项目所需的器材分类,学校的运动器材可分为体操类器材、球类器材、田径类器材、健身类器材等。通常学校的运动器材是与学校开设的课程相匹配。随着人们对体育活动要求的提高,学校运动器材的配置必须完善。种类齐全、数量充裕、质量较好的体育运动器材是学生从事体育文化活动、体育健身锻炼、体育竞赛活动开展的基础。

4. 其他体育物质形态

学校其他体育物质形态包括体育雕塑、体育壁画等。看起来它对学生参加体育活动并没有实质性的作用,但实际上它对营造学校体育文化氛围以及培养学生浓厚的体育兴趣具有重大意义。如学校的体育雕塑、体育壁画以最直接的方式传达给学生浓厚的体育寓意,学生在看到体育雕塑的时候自然会联想到一段体育历史故事,从而对体育产生浓厚的兴趣。犹如学生通过观看一段高水平的体育录像,会激发出参加体育活动的热情。因此,不能忽视学校其他体育物质文化形态在学校体育文化环境中作用。

（三）学校体育文化传播设施

学校体育物质文化建设，不仅要注重学校体育物质环境地改造和创新，还应重视体育文化设施的建立与健全。体育文化宣传设施是体育文化不可缺少的组成部分，是文化传播的物质载体，它对学校师生员工思想观念、行为的形成同样起着不可估量的作用。尤其在今天的信息社会，学生不仅在课程上、从书本中接受信息，而且还在课程以外的其他多种活动中，从各种传播媒介，如电视、计算机、广播、报刊、书籍等中接受信息。现代强大的传播媒介已经成为现代学生获取各种信息的主要渠道。在这种情况下，就要求必须加强学校内各种文化传播设施的创设与管理，以净化学生接受各种信息的来源渠道，扩展学生的知识面，促进其全面发展。学校体育文化传播设施既包括学校计算机网络、计算机中心、闭路电视、广播、报刊等传播工具，也包括体育图书室、体育电子阅览室等。电视具备声、像、文字等各种形式，比其他文化传播工具更为直观、形象，因而为广大师生所喜闻乐见，已成为表现学校体育文化的一种极好形式。学校的广播也是一种有效的文化传播工具，它以"短、平、快"见长，以声音的无限魅力征服听众，以其独特的形式渲染一种热烈的气氛。

学校里除各种声像传播工具外，还存在着文字形式的传播媒介，如各种体育报刊，其中有正式出版的，也有自办的。体育报刊是学校师生了解体育时事新闻、学习各种体育知识的重要来源，大大拓展了学生的知识面。体育图书馆、图书室，在学校众多的文化传媒设施中起到重要作用。

二、学校体育制度文化

学校体育制度是指由教育部、国家体育总局以及相关机构和社会体育组织制定并在学校实施的较固定的各种制度和办法的总称。我国的学校体育制度是根据我国的社会制度、文化、经济和教育发展水平等，从社会发展和全面建设小康社会的实际出发，根据不同的历史、社会和教育及学校体育发展的阶段而逐步建立、完善和发展起来的。学校体育制度文化主要指学校中特有的体育规章制度、体育管理条例、学校领导体制、学校体育政策、学校体育组织、学校体育机制，体育检查评比标准，以及各种体育社团和体育文化组织机构受其体育职能范围等。它是一所学校正常开展体育文化活动的条件和保证。学校体育制度文化还包括体育信念、体育价值观、体育态度及体育行为方式等，它体现着社会对学校在体育方面的正式要求，并通常以国家正式文件的形式被明确规定下来。

（一）学校体育制度文化的理论基础

《中华人民共和国宪法》第四十六条明确规定："中华人民共和国公民有受教

育的权利和义务。国家培养青年、少年、儿童在品德、智力、体质等方面全面发展。"《中华人民共和教育法》(以下简称《教育法》)第五条规定:"教育必须为社会主义现代化建设服务,必须与生产劳动相结合,培养德、智、体等方面全面发展的社会主义事业的建设者和接班人。"《中华人民共和义务教育法》第三条规定:"义务教育必须贯彻国家的教育方针,实施素质教育,提高教育质量,使适龄儿童、少年在品德、智力、体质等方面全面发展,为培养有理想、有道德、有文化、有纪律的社会主义建设者和接班人奠定基础。"

1995年8月,《中华人民共和国体育法》(以下简称《体育法》)在第八届全国人大常委会第十五次全体会议上获得全票通过。《体育法》的颁布,不仅填补了国家立法的一项空白,而且标志着中国体育工作开始进入依法行政、以法治体的新阶段,这是中国体育事业发展的一座里程碑。《体育法》第三章对学校体育工作做了明确规定。

1990年,《学校体育工作条例》和《学校卫生工作条例》正式施行。这两个条例是学校体育卫生工作的根本依据。它的颁布实施不仅有利于学校体育卫生工作管理的规范化、制度化,而且对提高学校体育卫生工作质量,深化学校体育工作的改革有着深远的意义。

(二)学校体育的法规、制度

1. 体育课程教学的法规、制度

《学校体育工作条例》第七条规定:"学校应当根据教育行政部门的规定,组织实施体育课教学活动。"《体育法》第十八条规定:"学校必须开设体育课,并将体育课列为考核学生。学业成绩的科目。"这明确了体育课不仅是学生平时的考核科目,而且还是学生毕业、升学考试的科目。

《体育与健康课程标准》中也明确了体育与健康课程的性质,指出:"体育与健康课程是一门以身体练习为主要手段、以增进中小学生健康为主要目的的必修课程是学校课程体系的重要组成部分,是实施素质教育和培养德智体美全面发展人才不可缺少的重要途径。它是对原有的体育课程进行深化改革,突出健康目标的一门课程。"

《全国普通高等学校体育课程教学指导纲要》指出:"体育课程是大学生以身体练习为主要手段,通过合理的体育教育和科学的体育锻炼过程,达到增强体质、增进健康和提高体育素养为主要目标的公共必修课程;是学校课程体系的重要组成部分;是高等学校体育工作的中心环节。""体育课程是寓促进身心和谐发展、思想品德教育、文化科学教育、生活与体育技能教育于身体活动并有机结合的教育过程;是实施素质教育和培养全面发展的人才的重要途径。"

2.课外体育活动、课余体育训练与竞赛法规、制度

《学校体育工作条例》第三章对课外体育活动做了明确规定。《学校体育工作条例》第四章对课余体育训练与竞赛做了明确规定。《体育法》第二十条明确规定："学校应当组织多种形式的课外体育活动，开展课外训练和体育竞赛，并根据条件每学年举行一次全校性的体育运动会。"

3.体育教师法规、制度

《学校体育工作条例》中第五章对学校体育教师做了明确规定。《体育法》第二十一条规定："学校应当按照国家有关规定，配备合格的体育教师，保障体育教师享受与其工作特点有关的待遇。"这些法律规定使体育教师的工作和体育教师队伍建设，有了直接的法律依据。体育教师作为从事学校体育工作的专业人员，要符合国家对教师的基本要求。《学校体育工作条例》和《中华人民共和国教师法》（以下简称《教师法》）规定了合格教师的基本条件。《教育法》对教师的聘任、考核、奖励制度，以及教师合法权益的维护做了明确规定。

4.体育场地设施法规、制度

体育场地、器材和设施是开展学校体育工作的重要物质基础，是保证学校体育活动正常开展的基本条件。《学校体育工作条例》中第六章对场地、器材、设备和经费做了明确规定。《体育法》第二十二条规定："学校应当按照国务院教育行政部门规定的标准配置体育场地、设施和器材。学校体育场地必须用于体育活动，不得挪作他用。"《教育法》对体育场地、设施设备等，都有相应的规定。为中小学生身心健康发展提供保证，教育部制定了《中学体育器材设施配备目录》和《小学体育器材设施配备目录》。将体育器材设施分两类：必配类和选配类。2005年，教育部发布了《中小学体育器材和场地》国家标准。《中小学体育器材和场地》对检查、督导、评估、规范学校体育工作，提高学校体育教学质量，促进学校体育改革与发展有重要意义。2008年，为保障中小学体育、卫生工作的正常开展，保障广大中小学生健康成长，我国实施《国家学校体育卫生条件试行基本标准》，分期分批配置体育器材，满足教育、教学和课外体育活动的需要。

5.学生健康检查和体制监测法规、制度

（1）《国家学生体质健康标准》

《国家学生体质健康标准》测试是指测试人员采用规范的技术、方式和方法组织学生参加《国家学生体质健康标准》所确定的测试项目及有关内容的实际测评，是促进学生体质健康发展，激励学生参加身体锻炼的教育、评价和反馈手段，重点监测学生的身体形态、身体机能、身体素质和运动能力等方面的情况及其变化趋势。《国家学生体质健康标准》于2002年开始试行，2007年正式实施，2014年修订。

《国家学生体质健康标准》是为了贯彻落实"健康第一"的指导思想，切实加强学校体育工作，促进学生积极参加体育锻炼，养成良好的锻炼习惯，提高体质健康水平而制定。《国家学生体质健康标准》是国家对不同年龄段学生体质健康方面的基本要求，也是建立健全国家学生体质健康监测制度的个体评价标准，适用于全日制小学、初中、普通高中、中等职业学校和普通高等学校的在校学生。

（2）《学生体质健康监测评价办法》

为提高学生体质健康监测评价的制度化、规范化和科学化水平，深化学生综合素质评价、学业水平测试和考试制度改革，完善学校体育工作评价机制，促进青少年身心健康、体魄强健，教育部于 2014 年 4 月颁布了《学生体质健康监测评价办法》（教体艺 [2014]3 号）。《学生体质健康监测评价办法》适用于全日制普通小学、初中、普通高中、中等职业学校、普通高等学校的学生体质健康测试以及各级教育行政部门以此为基础开展的学生体质健康监测评价工作。《学生体质健康监测评价办法》要求各级教育行政部门以强化体育课程和课外锻炼为基础，以《国家学生体质健康标准》为依据，在本行政区域内统筹开展面向全体学生的体质健康测试，逐步建立健全包括学校测试上报、部门逐级审查、随机抽查复核、动态分析预测、信息反馈公示、评价结果应用等相关制度和管理措施在内的，学生体质健康监测评价体系。

6. 学校体育运动伤害事故的政策法规制度

学校体育运动伤害事故的法规制度是指防范和处理学校体育工作中出现伤害事故的政策法规制度，它是学校体育工作得以全面落实的重要保障。我国有关学校运动伤害事故的处理，除了适用《中华人民共和国民法通则》《中小学幼儿园安全管理办法》《中华人民共和国未成年人保护法》等普通法规的有关规定之外，针对校园伤害事故（包括运动伤害事故）的专门法规主要有《学生伤害事故处理办法》《教育部关于加强学校体育活动安全防范工作的紧急通知》《教育部办公厅关于在全国学生体育竞赛活动中加强卫生防疫与安全工作的通知》《关于进一步推进校方责任保险工作完善校园伤害事故风险管理机制的通知》等。

《学生伤害事故处理办法》的处理对象包括国家或者社会力量举办的全日制的中小学（含特殊教育学校）、各类中等职业学校、高等学校中全日制就读的受教育者。第一章第二条明确了学生伤害事故的范围。第二章至第五章详细规定了事故与责任、事故处理程序、事故损害的赔偿以及事故责任者的处理。《学生伤害事故处理办法》的实施为学校处理学生伤害事故提供了有力的政策法规依据，是学校体育安全管理制度的重要组成部分。

三、学校体育精神文化

学校体育精神是在一定的社会发展阶段中，学校体育文化与社会主流文化、意识形态、价值观念不断冲突、融合，经过沉淀和提炼出来的具有学校特征，反映学校体育文化的行为准则、价值观念和意识形态的总和。学校体育精神包括学校、班级气氛中形成的良好体育传统与风气，领导者的体育风格，体育教育理念，体育教师的人格魅力，体育教育中的心理气氛等。学校体育精神直接影响着学生主体的精神状态和体育观念，以及学校的体育指导思想和体育教学管理。学校体育精神文化是指一定历史阶段，在学校体育文化建设中积淀、整合和提炼出来的，反映学校体育文化的行为准则，价值观念和意识总和，是学校人的体育精神生活方式和意识形态的反映。学校体育精神文化是在学校中由师生长期创造的特定的精神财富和文化氛围，是学校体育文化建设的灵魂和核心。其主要内容包括体育思想观念、价值取向、精神理念、道德风尚、实践能力和审美观念等。学校体育精神培育的主要内容包括个方面。

（一）公平竞争精神

学校育人的方向是根据社会需求而定的。在当今市场经济的体制下，竞争是最突出的社会表现。而学校体育精神最能体现出公平竞争的精神。学校体育精神是给体育精神加上一个特定的学校体育环境，它的公平竞争精神的本质没有变。学校体育竞赛本着公正、公开、公平的原则进行，在此原则下每个人公平参与比赛，每个参赛的选手都能享受到公平比赛所带来的气氛，使得学生在生活中养成一种公平竞争的意识。公正诚实是道德的底线，服从规则是体育制度的要求。体育运动的竞争必须是公平的竞争，公正的竞赛。竞技赛场的实质就是人类对体育道德的追求和法律面前人人平等美好理想向往，它蕴含着人类以公正、平等、正义为主要内容的社会理想。

体育竞技是以公开竞争为前提的，但竞争又不是无序的和盲目的。现代社会的发展使得仅靠道德的力量不足以维护公平竞争的秩序，更需要有严格的体育制度。因此要求所有的竞争都有严格的制度，所有参加者都拥有平等的权利，每项竞赛都有细致而严格的评判标准，场地、器材有统一的要求，是双方在公平的条件下进行技术、战术、体能、智慧及心理素质的综合较量，只有这样才能体现对人的尊重和人人拥有平等权利的体育价值观。对运动员来说，在参赛时服从规则，在竞赛中服从裁判，既是体育制度的要求，也是文明的表现。体育作为一种教育，最重要的功能或许并不是激励人们怎样去争取赢，而是怎样对待输，怎样尊重对手。

（二）顽强拼搏精神

顽强拼搏精神在当今社会必不可少。在竞争激烈的社会中，每件事情的成功都必须付出一定的努力，就如求学的道路上必须克服一道道难题，坚强面对种种挫折一样。学校体育弘扬顽强拼搏精神，让学生养成对真理的执着追求，对目标的坚定奋斗，克服困难的坚强意志和良好的心理素质。激烈竞争是体育的魅力，顽强进取是体育的灵魂。竞争是体育运动的基本形式，人类正是在体育竞争中发展了向极限挑战并不断超越自己和他人的进取精神。奥林匹克的格言是："更快，更高，更强"它不仅表现在竞技运动中要不畏强手，敢于胜利，而且鼓励人们在生活和工作中不甘于平庸，朝气蓬勃，超越自我，为高尚的事业将自己的潜能发挥到极限。在学校教育中，竞技体育则能培养学生的忠诚、勇气、合作精神，能够引导学生在任何艰难困苦的条件下都尽自己最大的努力，同时又要懂得自我控制，遵守规则，公平竞争，保持荣誉和尊严。

（三）爱国主义，集体主义精神

爱国主义，集体主义精神一直是我国精神文明建设的主旋律，学校体育活动作为学校文化建设的一部分，弘扬我国精神文明主旋律是必不可少的。学校体育精神倡导个性的弘扬与集体的配合相结合。为完成共同的目标，学生一方面展示个性特征和个人才能，另一方面互相支持、相互配合、团结合作，这是集体主义精神的体现。同时，学校体育活动中的升国旗、唱国歌，组织观看国家的比赛，为我国的运动健儿呐喊助威等等本身就是爱国主义教育的形式。而且，学生作为建设祖国的后备力量，爱国主义、集体主义精神是每个学生必须具备的。所以，不管现在还是将来，爱国主义、集体主义精神都是学校体育精神的重要内容。体育竞赛增进了同学之间、师生之间、班级之间的友谊，提高了班级凝聚力和团队精神，培养了积极向上的集体荣誉感。

（四）开放创新精神

实施素质教育就是要以培养学生的创新精神和实践能力为重点，而学校体育文化环境更适合培养学生的开放创新能力。因为相比于其他的文化活动，学校体育活动更具有学生自主的发展空间。学生为了能够获得胜利，不断去对内容进行创新，不断地研究新的战术以便战胜对手，从而使得学生在这一过程中形成一种创造精神。

（五）体育道德精神

学生从步入学校的第一天起，就开始不断被灌入新的知识。在体育知识方面，学生从开始的小学游戏活动逐渐地对体育活动有了朦胧的认识，然后随着知识的增长对体育精神有了充分的认识。同时，学生在学习的过程中不断的参与实践活动，开始懂得如何通过体育进行人际沟通，懂得如何去尊重对手，也开始明白友谊第一，比赛第二的真正体育道德精神。可以说，人们对体育道德精神的培养是从学校开始萌芽和成长的。因此，学校体育给予了体育道德精神一个良好的空间。

1.理想主义精神

理想主义精神指为实现强健体魄，报效祖国的理想目标而执着地追求，满怀信心地坚持，矢志不渝地为之奋斗的精神。一个人只有具备了为崇高理想而献身的精神，才会真正具有一种历史使命感和责任感，一种爱校、爱国、报国之心，一种为人民服务的思想意识，一种伟人信念和百折不挠的信心。这是学校体育精神追求的最高境界。

2.科学理性精神

学校体育精神要倡导和培育科学理性精神，具体表现在两个方面。一是对真理的执着追求，即有着对客观事物孜孜以求的探索精神，不轻信、不盲从、不唯书、不迷信的精神。二是追求体育精神与人文精神的和谐统一，既关注社会发展，更关注人类的命运；既追求体育科学的进步，更追求人性完美的人文理想。只有在科学精神和人文理想的共同关注下成长起来的人，才有可能成为真正现代意义上的完整的人。

3.不轻易放弃的竞争精神

竞争在当今社会无处不在。学生升学存在竞争，以后的工作充满竞争，就业后同一职位同样存在竞争。可以说，如今竞争已经和生活形成一体，不可分割。把竞争精神列入学校体育精神教育的内容，将有助于学生对竞争意识的培养，及早地适应处处充满竞争的社会。学校体育竞争精神教育主要体现在两方面。一方面组织多种形式的体育比赛，鼓励学生大胆发挥技术，敢于拼搏，具有不怕输、不服输的精神。另一方面集中力量宣传奥林匹克精神，特别对那些在奥运会上勇于拼搏，敢于向世界强大对手挑战的队员或团体进行宣传，以此来鼓舞学生在面对困难时也敢于发出挑战，给学校营造出在学习上你追我赶的竞争气氛。

4.意志品质磨炼

意志品质是指一个人的果断性、坚韧性、自制能力以及勇敢顽强和主动独立等精神。在意志品质方面，学生的独立意识和自觉性明显增强，对自己的行动的目的性和社会意义有较清晰的认识。但果断性、坚毅性和自制力存在着较大的个体差异，意志品质方面表现出极大的不稳定性。因此要充分发挥体育运动竞技特点，培养学生顽强的意志品质和拼搏精神。体育运动中，艰苦的锻炼、顽强的拼搏和超越自我的境界是对人意志的最好磨炼。一时的失败和挫折并不代表一世的失败，失败了仍然要顽强抗争，终有一天，失败会成为通向成功的台阶。"更快，更高，更强"的奥林匹克格言向人们昭示着一种顽强抗争，尽力拼搏的体育精神，同时也是一种不断超越，奋力拼搏的人生信念，学生就是在不断追求中，锻炼自己的意志，培养积极进取，奋力拼搏的精神品质。

5.团队意识

社会竞争注重集体力量的发挥。在体育团体活动中，人和人之间交往频繁，不论是集体项目还是个人项目，训练都离不开集体的协作。在比赛中要取得胜利，既要发挥个人作用，还要依靠集体的力量和智慧。对学生来说，在学校体育教育或运动竞赛中，不仅可感受到集体活动对个人行为的要求，同时还能感受到完成锻炼任务或取得良好成绩所需的集体协作精神的帮助。因此，学校体育精神教育应加强对学生集体协作精神的培养。一方面，在教学中，要加强教学的组织性和教学秩序，鼓励学生互相帮助、互相学习、共同进步。此外，在体育比赛中，要求队员养成集体战术配合的习惯，一切以集体胜利为目的。体育竞技中渗透着强烈的团队精神。

6.遵纪守法精神

在当代中国，任何组织和个人都没有超越宪法和法律的特权，遵纪守法是每个公民的基本义务。体育竞赛、裁判规则也是社会法规制度的模拟和缩影。学生在参加体育活动时必须在体育运动特定规则下施展自己的才能，如果违反体育规则就会受到处罚。这种遵纪守法精神教育有助于增强学生对社会制度的认识和行为的自我控制力，克服感情用事以及改正不良习惯，培养社会生活中的遵纪守法意识。因此在学校体育精神教育中，要重视学生遵纪守法精神的培养，要教育他们在比赛中服从各项运动竞赛规则，在竞赛中自觉遵守规则、服从裁判、尊重对手，在日常生活中，懂得遵守校纪、校规和法律。

第二章　学校体育文化发展史

第一节　古代学校体育文化

一、中国古代的学校体育文化

（一）先秦时期的学校体育文化

1. 原始社会的体育教育

中华民族从原始人群打制和使用粗石器开始，变产生了以传授劳动经验和原始礼仪为内容的教育。这种原始的教育没有专门的组织形式，多数是在劳动和生活的实践过程中进行的。氏族部落的首领和教师，把生产和社会经验以言传身教的方式教给年轻一代。传授中的燧人氏教民以渔、伏羲氏教民以猎、神农氏教民农作等，都反映了远古先民的教育内容。这种口耳相传、实际模仿的教育方式，具有鲜明的体育教育的特征。

原始社会的教育不单是传授劳动知识和技能，还进行原始礼仪和道德习俗的教育。原始礼仪就是原始图腾和禁忌。图腾是氏族的徽号和保护神，受到敬仰和膜拜，并派生出许多礼仪、禁忌、歌舞和神话故事。在某些礼仪活动中，一举一动都有严格的规定，错一点会被认为是渎神、大不敬，会给整个氏族部落带来灾难。其中一些图腾和禁忌的教育就是通过儿童的活动游戏进行的。通过游戏，人们既学习了生产、生活技能，又受到道德礼仪的训练，同时锻炼了身体和心智，这体现了原始社会体育教育的多功能特征。

原始社会末期，中国古代学校开始萌芽。舜时的学校称为庠，庠的原意是养，即把有道德、有经验、有知识的老人养在那里，专门从事教育青年一代的工作。

2. 夏、商、西周时期的学校体育文化

夏是中国历史上的第一个朝代。夏为培养子弟，建立了学校。夏朝初具形态的学校有庠、序、校，主要进行伦理教育和军事训练的场所，其中体育教育的内容居多。商朝已有学校教育制度。商代有庠、序、学、瞽宗四种贵族学校，主要进行伦理教育、培养军事人才，教授读、写、算等一般的知识。

西周继承了夏、商的学校体育制度，建立了政教合一的奴隶制官学体系，形成了文武兼备的六艺教育。西周官学分为国学和乡学。国学设在王城和各诸侯国的国都，分小学和大学两级。小学在城内宫廷中，大学在南郊。乡学分为庠、序、校、塾等。西周的小学入学年龄在8岁到15岁之间，一般高级贵族子弟入学较早，中低级的贵族子弟入学较迟。大学有东序、辟雍、泮宫、成均和太学等。西周的大学不仅是贵族子弟学习的地方，也是贵族成员集体行礼、集会、聚餐、练武、奏乐之处，兼有礼堂、会议室、俱乐部、运动场和学校的综合性质。西周的教学内容包括德、行、艺、仪四个分面，以六艺为基本内容。西周的学校教师由官吏兼任，国学、乡学和宫廷教育的情况基本相同。国学由国家的礼官大乐正主持，下面还有各司其职的许多官员。其中的师氏、保氏兼管王室的武备。师最初是军官的称号，师氏指的是高级军官，除了负责警卫、随从、军旅等大事之外，还兼管贵族子弟的教育工作，特别是射、御方面的教练。后来师就转为教育者的称呼，所以"教师"的名称，实际上是起源于军官。

3. 春秋战国时期的学校体育文化

西周末年，奴隶主贵族的统治开始动摇，奴隶主贵族的官学也日趋衰颓。到了春秋时期，周天子逐渐失去了"共主"的地位，贵族中的一部分逐渐向封建地主转化，出现了新的社会阶层——士。士阶层兴起，贵族官学更趋没落，代之而起的是私学。各诸侯国的执政者从巩固自己的统治权力需求出发，争先招贤纳士，于是兴起了养士、用士的风气。到春秋末期，公室养士，私门也争相养士，进一步促进了私学的发展。当时著名的私学有儒墨两家。

（二）秦代至清代的学校体育文化

1. 秦汉时期的学校体育文化

秦灭六国以后，建立了统一的专制主义中央集权的封建王朝。为了适应政治需要，秦代在文化教育方面采取了许多重大措施，如颁布"禁私学"令，"焚书坑儒"；普设官学，以法律代替教育，以官吏代替教师，一度影响了学校教育的发展。

汉承秦制，"罢黜百家"，在教育上"独尊儒术"，采用儒家的教育方式，重新肯定教育在培养人才和教化百姓方面的作用。汉武帝时，官学和私学都得到了空前的发展，教育制度已初具规模，逐步形成了中国封建社会儒学独尊、官学、私学并存的教育模式。汉代学校教育的内容包括三方面，一是六德，即智、信、圣、仁、义、忠；二是六行，即孝、友、睦、姻、任、恤；三是六艺，即礼、乐、射、御、书、数。

2. 魏晋南北朝时期的学校体育文化

魏晋南北朝时期是我国历史由统一转为分裂和战乱的时期。长期的战乱影响了学校的正常秩序，这个时期学校废置无常，学校教育出现了衰落的趋势，从某些学校的教学活动中，可看到礼射的遗迹。

3. 唐代至元代的学校体育文化

唐朝建立后，重视文化教育，同时也重视军事准备。学习武艺也成了一种教育形式。武举是唐代加强军事的制度之一。武举是用考试的方法来选拔武官。考试的内容除武艺、体力外，有时还要考经书和兵书。准备考武举的人，从小就开始锻炼身体。唐代是我国古代国力强、经济繁荣、文化发达的朝代，官学有较大的发展，学制也较完备。中央官学有国子监、太学、四门学等，招收各级官员的子弟入学。四门学除官员子弟外，也招收少数民家子弟。京都、州、县设有地方官学。这些学校专门学习儒家的经学，其中也有一定的体育教育内容。

宋朝开始创立武学，是专门习武的学校。学生来源是官员的子弟和有官具保的民间子弟。经过考试，合格才能入学，武学学校的内容，理论部分是兵法和历代战争分析，实践部分是武艺和军事指挥。武学生考试优秀的，可直接参加武举殿试，或出任武官。这样使习武成为一种学制，和武举相联系，建立了培养军事人才的新体制，进一步提高了习武的地位。而且对习文的学校也有影响，有些习文的学生也练习射箭。这对普通学校的体育发展是有利的。

宋朝的学校分为官学和私学两类。中央设有国子监和太学。还有一些专科学校，如律学、算学、画学、书学、医学等。私学方面，私人办的儿童蒙学，称为蒙馆，主要教授学意识字、写字和封建道德的常识，注重背诵和练习。从宋代开始，普通学校体育又有了一定的发展。南宋教育家朱熹曾主张："今使幼儿之士，必先有以自尽乎洒扫、应对、进退之间，礼、乐、射、御、书、数之习。"（《小学辑说》）基于这种观点，他在出任同安县主簿之初，立即着手整顿县学，并与"监盐税曹候沆共同开发辟射圃……"（《朱文公文集·射圃记》）。于此前后，南宋的太学也置射圃，开展射箭活动。

辽金元时期的官学和私学，"较多地保留了北方少数民族的'尚武'精神以及淳朴学风，注重骑射武艺的训练。"（毛礼锐、沈灌群《中国教育通史》）

4. 唐代至元代的学校体育文化

明朝在中央设有国子学，后改称国子监，州府县也设有学校，并令乡村设立社学，军队的各卫所设立卫学。学校体育出现了制度化的趋势。据《陈王连府学射圃记》和《深州风土记》记载，在洪武年间，两文提到的今在广西与河北的两所学校都是"分科教习，礼律书三事为一科，乐射算三事为一科。"《深州风土记》还记载了当地州学教学内容和时间的安排，即"侵晨学经史，学律，食后学礼乐书算，晴时学射、试重石械器。"

清朝承袭明代的学校制度，在京师设称国子监，地方设州府县学，经过推进或考试，地主阶级的子弟都可以入学。清统治者为清皇族子弟设立了宗学、觉罗学，为旗民设立了八旗官学，还有算学、天文、医学等专门学校。清统治者为巩固军事统治和施行民族压迫政策，在所设的宗学、觉罗学和八旗官学等满族人的学校中，教育的内容是文武并重，既学文，又学武。清朝没有专门的武学校，只有附属于儒学的武学生，据《清史稿·选举三》记载，"武生附儒学，通称武生。"这种办学方式对儒学的体育教育是有积极意义的。

一些汉人的地方学校也有习射等体育内容，如清初教育家颜习斋在执教漳南书院时，重视六艺教育，设文事、武备、经史、艺能等斋。文事斋教授礼乐、书数、天文、地理等科，武备斋教授诸子兵法、陆水战法、射御、技击等科，经史斋教授十三经、历代史、诰制、奏章、诗文等科，艺能斋教授水学、火学、工学、象数等科。颜习斋还于院外辟"马步射圃"，常带领学生举石、超距、击拳练习、比赛射箭等。

二、欧洲古代的学校体育文化

（一）古代希腊的体育教育

1. 斯巴达的体育教育

斯巴达是古代希腊最大的城邦。公元前8世纪，斯巴达人以武力征服当地希洛人，建立了土地和奴隶均归国有、实现奴隶主寡头政治的城邦国家。为了维护这种统治，斯巴达全民皆兵，一切活动皆以军事为出发点，建立在这一基础上的体育，乃至整个教育，实质上多被局限于单纯的军事训练上。斯巴达的体育制度，培育出了一支纪律严明、能证善战的军队，这支军队是当时希腊最强大的军队之一。这种严格的体育制度，也使斯巴达人获得了比其他城邦的居民更加良好的身体素质。从公元前720年开始，在140年间，一直在奥林匹克祭神竞技会上保持优势。由于斯巴达人偏重于军事体育而忽视了知识教育，因而在古希腊给人类留下的文化遗产——具有高水平的文学、哲学、艺术、建筑术中，斯巴达人并没有做出什么贡献，这一切，只有到古希腊的另一城邦——雅典寻找。

2. 雅典腊的体育教育

公元前6世纪以前，雅典也推行过同斯巴达一样的寡头共和制。这种政治体制使大量自由公民沦为奴隶，又妨碍了已经出现的新兴工商业的发展，雅典城邦矛盾重重。到公元前600年左右，这些矛盾已经异常激化，终于出现了公元前694年的梭伦改革。梭伦改革代表了梭伦本人所属的工商业奴隶主阶级的利益，改革采取了削弱氏族贵族奴隶主的私人财产权以保护平民下层群众利益的措施，得到了工商业奴隶主和平民的广泛支持和拥护，因而得以成功。这一改革使雅典成为奴隶主民主制城邦。到伯里克利执政时，雅典的民主制发展到了全盛时期。雅典推行民主制后，解放了为数众多的债务奴隶，并使之享受到较大的民主权利，国内矛盾大为缓和，政治面貌为之一新。在民主制度保护下，工商业得到了迅速发展，海上霸权的确立又保障了财富和奴隶的来源，雅典所在的阿提卡半岛成为希腊最富裕的地区。

随着经济的发展，哲学、史学、文学、艺术、建筑等也都达到了古代最高水平。所有这一切为雅典体育的发展提供了良好的政治条件，奠定了丰厚的物质基础，创造了理想的文化环境。雅典体育正是在这样的条件下发展、繁荣的，并形成了自己的特征。雅典体育的重要特征之一是体育的民主性。这种民主性最突出的体现是公民都享有体育权。一个雅典公民在尚未成年前，便有资格接受包括体育在内的全面发展教育，从文法学校、弦琴学校、体操学校到体育馆各级教育机构都对他们开放，成年自由公民也享受国家提供的参加文娱活动和从事体育运动的待遇，并不因财产的多寡而有所差异。在战争频繁的希腊城邦时代，雅典体育有着强烈的军事性质。但是，雅典并没有像斯巴达那样，把体育的目标限于狭隘的军事范围，雅典人的体育有更多更高的追求。

为适应雅典社会丰富多彩的生活需要，每个即将步入社会的公民在各方面都要有所准备。于是，既不偏重军事也不局限于智育或德育的、全面发展的雅典教育制度就应运而生了。发达的积极和较高的文化，要求雅典公民既是军人，又是社会活动家。所以，雅典教育把体育与德育、智育、美育结合起来，培养身心和谐发展的人，形成了比较完整的教育体系。雅典人进行身体练习不仅着眼于军事准备，而且重视身体的匀称健美、动作的协调灵活，还重视培养勇敢、果断、谦让等品质。

（二）古罗马的体育教育

1. 王政时期的体育教育

公元前 753 年至公元前 510 年间的王政时期，正值罗马社会处于氏族社会向奴隶制社会过渡的阶段，奴隶占有现象已经出现，但尚未形成奴隶占有制度。居民分为贵族和平民，国家大权操纵在以国王为代表的贵族手中，国内外事务都由氏族中最富有的人组成的百人团处理。王政时期的教育以培养既能劳动又能守卫国土的农民军人为目的，其内容以忠于国家民族的道德教育及传授军事和劳动技术的身体训练为主。教育由家庭负责实施。孩子从小参加各种农事和家务劳动，并接受父母的教育。父母教育孩子敬神、爱国、尊老，培养孩子诚实谦逊的品德和坚强勇敢的精神，指导孩子学习骑射、角力、游泳等技术以及使用各种武器的方法。家庭有时也教孩子读书、写字、计算，但这方面的教育是不受重视的。除在家庭进行身体训练外，一些传统的宗教庆典活动，也为罗马人提供了身体训练的机会。

这个时期，与罗马人共同居住在意大利半岛的民族还有依特拉利亚人。这个民族十分喜爱体育运动和竞技比赛。公元前509年，罗马人征服了依特拉利亚人也涉取了他们的一些体育内容，如角斗等。

2. 共和时期的体育教育

公元前6世纪，当古希腊城邦体育进入繁荣时期时，罗马也从氏族社会过渡到共和政体，古典奴隶制基本形成。在共和国建立之后的几个世纪里，共和政体的教育、体育体制逐渐形成和定型。体育虽然被罗马人狭隘地用于军事目的，但罗马人却没有设立斯巴达人那样，用以培养青少年的军营，同时也没有雅典人的体操馆，全国只有唯一的一个用于青少年活动和军队训练的马提亚斯广场。同过去一样，家庭仍是罗马人实施教育的主要场所。根据法律规定，凡年满14—17岁的罗马青年，经过特定的仪式后，要穿上成人的长袍。这表示他们已经成为罗马公民，开始履行公民的职责，作为公民便是军队的一员，开始接受正式的军事训练。在57岁前，一旦有战事发生，公民即应召入伍，直到战争结束，方可暂离军队。军营内的军事训练极为严格，内容包括跑、跳、投掷、摔跤、游泳、击剑等练习，骑兵部队还练习骑射。军营内经常进行军事检阅和实战演习，每月大约进行3次野外行军，行军时必须全副武装，带上足够两周食用的粮食，用于野战的炊具和攻城战具。这种以军事训练为目的的体育体制，训练出一支当时地中海最强大的军队。正是凭借这支军事力量，罗马人与公元前3世纪初统一了意大利半岛。此后，经过3次布匿战争和3次马其顿战争，罗马人先后征服了迦太基、西班牙大部、马其顿和希腊地区，控制了地中海。

3. 帝国时期的体育教育

公元前30年至476年间的帝国时期，军人逐渐职业化，普通人不再参加军事训练，奴隶主上层只需要擅长演说和辩论的人才，文法学校、修辞学校应运而生。罗马公民过着腐朽的享乐生活，对体育的军事价值和道德目标已不感兴趣，只热衷于举办豪华的竞技活动，观看残忍激烈的角斗和模拟海战，或为了个人健康和消遣娱乐而进行一些轻松的活动。在专门的角斗学校中，身强力壮的年轻战俘或逃亡不遂的奴隶在教练的严密监督下，进行刺杀和摔跤训练，被培养成供奴隶贵族和平民观赏取乐的斗士。骄奢淫逸的生活使青年人意志消沉、道德败坏、健康下降，这些引起了学者的关注，诗人尤维利斯提出"健全的精神寓于健全的身体。"教育家昆体良认为：紧张的智力劳动应与休息轮流调剂，学习时才更有精神，而最好的休息是游戏；体育和舞蹈有益于恢复体力，促进学习，帮助演说家培养成优雅的姿态。著名医学家盖伦对职业选手的剧烈和过度训练提出批评，认为体育应当使人全面协调发展、行动机敏，人才能承担公务和军事重任，体育是既能锻炼身体又能使人心情愉快的方法。

（三）欧洲中世纪的学校体育文化

从 476 年西罗马帝国灭亡到 1640 年英国资产阶级革命前的这段时期，被称为欧洲中世纪。日耳曼人的入侵，毁灭了昔日繁荣的罗马文明。封建制度在罗马文明的废墟上逐渐形成，基督教渐渐成了统治西欧的精神支柱，并垄断了文化教育，使中世纪初期成了体育的"黑暗时代"。但在培养效忠教会和领主的骑士教育中，古代希腊和罗马的体育活动和竞技得到了一定的继承和发展。

1. 基督教对学校体育发展的制约

基督教产生于 1 世纪，诞生在巴勒斯坦，早期基督教是犹太民族反抗罗马暴政、争取解放斗争的消极产物，后来被罗马统治者利用作为统治人民的工具。西罗马帝国灭亡后转而为封建制度服务。基督教造成人们对现世人生的冷漠和对未来审判的恐惧，使人们对体育的主观需要也丧失殆尽。罗马教廷和各地区教会都采取强硬措施禁绝体育娱乐活动，"如果有人在节日、礼拜日或圣诞节的晚上去参加游戏、赛马或戴假面具，在 7 年内禁止外出，令其每天鞠躬 100 次，祈祷 200 次"。基督教垄断文化教育后，教育成了神学的侍婢，宣传教义的工具，学校不开设身体活动课。为扼制学生的"肉欲"，只安排频繁的祈祷，连夜间也要几次起床祈祷忏悔；棍棒和鞭子是学校的必备品，体罚、监禁、绝食是学生的家常便饭，使学生身心备受摧残，体质普遍下降。

2. 骑士教育中的体育教育

骑士是中世纪欧洲封建社会统治阶级的最下层，是以服骑兵军役为条件，臣属领主并获得国王或领主采邑封地的小封建主，是对外参加掠夺战争、对内镇压农民起义、维持封建社会秩序的职业军人。骑士教育制度形成于 11 世纪，兴盛在 12—14 世纪，后因封建制度解体和枪炮的广泛使用而逐渐没落。骑士教育分为三个阶段。家庭教育阶段：7 岁前在家接受身体养护教育。侍童教育阶段：7—15 岁的贵族子弟被送到上级封建主城堡里侍奉主人和主妇，学习上流社会的各种礼节，同时学习赛跑、角力、拳斗，进行"比武"训练。扈从教育阶段：15—21 岁，他们重点学习骑士的七技（骑马、游泳、投枪、击剑、打猎、下棋和吟诗），平时主要服侍女主人，照料领主的战马和武器，陪伴主人散步、打猎，战时随主人出征。21 岁时，通过测验，他们接受牧师和领主祝福后被授予骑士称号，成为领主的封邑官和教会的卫道士。

骑士的标准是剽悍勇猛、虔敬上帝、忠君爱国、宠媚贵妇。因此，中世纪骑士是神权和王权的刽子手，"骑士精神"是基督教义与日耳曼贵族野蛮性的综合体。骑士体育里不存在古希腊人的全面发展思想，忽视智育，更没有早期罗马人在体育中对国家和民族的责任感，只有对宗教的狂热和对领主及贵妇人的献媚。

3."快乐之家"的体育教育

文艺复兴运动产生的人文主义是新的思想体系，促使人们重新认识生活，形成对人、人体和体育的正确认识，为近代体育和娱乐活动的产生提供了理论基础。维多里诺·德·费尔特雷是意大利当时从事教育改革的最有影响的人物。他不仅是个精通艺术、数学、希腊文的知识渊博的学者，而且是个击剑、骑马、舞蹈专家。"文武双全"使他成为当时社会人们崇拜的对象。费尔特雷的教育思想是新旧思想的混合物，其中既有古希腊人的身体观和古典文学的思想，又有基督教精神和文艺复兴时代的人的尊严感。他的教育方法则是由古罗马教育家昆体良的教学法演化而来的。1415 年，费尔特雷被曼图亚公爵聘为教师。在教育实践中，他对自己的教育思想和方法进行了尝试。他根据自己的教育原则，亲自对学校环境作了布置。他用普通课桌取代了原宫殿的豪华家具，在墙壁上挂起儿童喜欢的壁画；各个教室都窗明几净，空气流通；教室外面宽敞的草地和丛林，被辟为学生的游戏场。这样的学习环境既舒适、又安宁。费尔特雷把自己的新学校取名为"快乐之家"。

在这所新式学校中，智力教学同游戏活动有机地结合在一起，二者互为补充，相互调节。按规定，无论天气如何，学生都必须参加体育活动。其活动内容基本上是沿袭中世纪宫廷学校的几种身体活动形式：骑马、击剑、跳跃、赛跑、射箭、游泳，以及远足旅行、球类运动和军事活动等。费尔特雷十分重视军事活动，他认为这种活动可为学生未来的军事生活打下基础。但是，他并未因此忽视一个最基本的前提：体育同德育、智育一样，都是培养人的整个教育的有机组成部分。这样，体育第一次被当作普通教育的一个不可缺少的内容，这正是费尔特雷对体育的巨大贡献。

费尔特雷的教育改革很快收到实效，他培养的学生有较高的素质，有的还成为当时著名的学者。因而他的学校也得到了很大的发展，学生从 3 人陡增为 70 人，连邻国的不少富家子弟也来他的学校求学，有的甚至来自德国。他也因此成为欧洲教育界效仿的榜样。他的快乐之家也为近代学校体育的兴起奠定了基础。

第二节　近代学校体育文化的兴起与确立

一、早期学校体育的出现和学校体育制度的建立

英国资产阶级革命和法国启蒙运动促进了近代体育思想的形成，而首先将这

些思想付诸实施的是德国泛爱教育。第一所泛爱主义学校是贝纳特·巴泽多在德绍的一位公爵资助下创办的。随后，又相继出现了几个类似的机构。实际推行体育教育的泛爱主义者中，菲特和古茨穆斯所起的作用最为重要。由于他们的努力，体育进入了学校教学大纲，学校体育开始成为学校教育的重要组成部分。

（一）德国泛爱学校

直到 19 世纪中期，德国还没有形成统一的国家，资本主义发展比较缓慢，但这里是宗教改革的故乡，新兴资产阶级的思想和理论对各邦影响很大。18 世纪末至 19 世纪初，德国的新人文主义运动使社会文化出现了生动活泼、欣欣向荣的景象，在哲学、历史、文学各方面都有光辉的成就，为教育和体育的发展奠定了基础。19 世纪初，法国拿破仑的侵略刺激了德国资本主义的发展，激发了德国人收复失地、要求统一的爱国主义与民族主义情绪，为近代体育的实施创造了条件。

1. 巴泽多与德绍泛爱学校

巴泽多是德国 18 世纪泛爱主义教育家。巴泽多受卢梭的影响极力推崇自然主义教育，于 1744 年在德绍创办了一所私人学校（泛爱学校）。这所学校重视劳动教育和体育，鼓励学生开展户外活动和游戏，认为健康的身体是儿童心智发展的必要基础。德绍泛爱学校的体育运动，其"素材"来源于三个方面：一是古希腊体操；二是欧洲固有的骑士运动；三是德国民族形式的游戏。根据古希腊的体操，巴泽多发展了德绍学校的五项竞技——赛跑、跳跃、攀登、平衡和搬运。骑士运动主要是剑术、马术、舞蹈。德国民族形式的游戏，主要有手球戏（与现手球类似）、九柱戏、大球戏、跳背、滚翻等。当时该校课程安排大致是：每天五小时读书，三小时体育，两小时手工。每年暑假两个月野营，在野营时开展打猎、钓鱼、游泳、爬山、赛跑、跳跃等体育活动。可见体育在该校课程中所占比例是较大的。

在这所学校担任体育主任的是西蒙。西蒙是德国最早的近代体育教师，他是"德绍五技"的设计者和提倡者，他还按学生年龄分组进行体育教学。他的继任者杜托依还把军事训练纳入了体育计划，并创造了一种体操器械——斜梯。曾任该校校长的菲特于 1794 年至 1795 年间相继出版了《体育百科全书》1~3 卷。书中记叙了欧洲、北美洲、拉丁美洲、中国以及德绍学校的体育，探讨了身体练习发展史；他应用物理学和数学原理论述了各项运动的科学方法，同时对体操的分类和各项运动的历史做了研究，设计了平衡木、木马、弹簧板、平台、不同高度的单杠等体操器械。德绍泛爱学校的教育思想和实践为新兴资产阶级培养人才探索了一条道路，在当时影响很大，德国各地模仿它先后建立了很多这类学校。

2. 古茨穆斯及其体操体系

古茨穆斯是德国体育教育家，从 1786 年起担任司尼芬撒尔泛爱学校的体育教师，任教长达 50 年。他使德国近代早期包括巴泽多的体操形成一个完整的体系，使之在理论上和实践上成为教育体操。他对体育发展有重大贡献，被誉为德国体操之父。古茨穆斯的著作很多，具有代表性的是 1793 年出版的《青年体操》一书。书中描述了他所创造的体操体系，包括八项基本运动、手工作业和青少年游戏三大类。其中第一大类"八项基本运动"与体育发展的关系最为密切。古茨穆斯的"八项基本运动"是：跑步运动、跳跃运动、投掷运动、角力运动、悬垂运动，平衡运动、举起、搬运、手倒立、拔河、跳绳、滚翻运动，舞蹈、步行和兵士运动。古茨穆斯所创建的德国体操体系是当时德国体育的典型，它很快被许多中欧国家所采用，并传出欧洲，1825 年被介绍到美国。德国的泛爱学校改变了原来的课外活动和游戏的形式，采用课的形式进行体育教育，并在学校体育的实践中对体育教学内容、手段进行了分类整理研究，从教育的角度出发，建立了学校体育的内容体系。

（二）各国学校体育制度的建立

近代体育首先从德国泛爱学校开始实施后，19 世纪逐步在欧美一些国家普及，各国用法律和法令的形式对学校体育作了全面的规定。这标志着学校体育的最终确立。1809 年丹麦政府颁发了在中等学校开设体操课的训令，1814 年对小学体育的训令提出男生体操是必修课，明确规定了体操教师的录用和运动场地设施的标准，这在欧洲是第一次。英国学校多为私立，历来重视游戏和运动，自 1870 年颁布《小学教育法案》，国家才开始管理教育，1885 年规定体育为小学必修科目，但对大、中学校无明确规定。美国联邦政府对体育无统一规定，但地方政府和体育组织积极推行体育，1900 年前将体育列为学校必修科目的有 50 多个城市，各大学到 20 世纪初也逐渐将体育列为必修课目。从 1866 年至 1930 年间共有 36 个州有了体育立法，有 20 个州设了体育督学。在中国，1903 年清政府颁布了《奏定学堂章程》，在该章程中规定了各级各类学堂都设"体操科"（体育课），小学每周 3 学时，高等学堂每周 3 学时（另有兵学 1 学时），教授内容主要是普通体操和兵式体操。

学校体育的确立和发展，使各国陆续设立了一些体育学校以培养体育师资，其中较早的有：丹麦皇家陆海军体操师范学校、英国体育师资训练班、法国久因维耳军事体育师范学校、美国体操联盟师范学校、青年会创办的春田体育学校等。

二、近代学校体育文化的形成

（一）欧洲大陆体操和学校体育

19 世纪初拿破仑帝国在欧洲大陆的侵略、扩张和一些国家的兼并战争，促使爱国主义、民族主义、沙文主义和军国主义在不同的国度、不同的程度上得到了发展。爱国主义、民族主义成为近代体育形成与发展的条件和动力，这也促成了不同国家的不同体育流派和不同民族的不同体育风格的形成。在欧洲大陆体育史上的这个特殊时期，对近代学校体育发展具有重要作用和影响的有德国体操和瑞士体操两大流派。

1. 德国体操

德国体操可以分为杨氏和施皮斯两个阶段。

（1）杨氏

杨为德国体育教育家，德国体操的主要创始人之一，他具有强烈的爱国热情，渴望祖国早日统一，并且创造性地把这种思想意识灌注到体育运动中去。他把体育与精神教育和意志的培养紧密地结合起来，创造了以器械体操为中心，重视爱国主义、民族主义及意志的教育与培养的德国体育运动体系———德国体操（又称杨氏体操）。杨在近代体育的实践方面贡献是卓著的，他不仅在学校里实施近代体育，而且把体育引向社会，被后世誉为"德国国民体操之父"。

杨为的主要贡献可概括为三个方面。第一，在体育的内容和形式上有较大的创新。他除了继承古茨穆斯的体操体系外，在器械体操方面有不少的创新和改革。第二，扩大了体育的实施范围。杨氏既在学校开展体育活动，又在市民特别是社会青年中开展体育活动，可以说是"社会体育"的先驱和创始人。第三，把体育与精神意志教育紧密结合。杨氏爱国，有民族主义意识，渴望祖国统一。他把这些思想意识灌输到体育运动中去。杨氏的体操体系中，虽有古希腊体操的内容，但大多数是采用德国所固有的运动、游戏，有的是自己首创的。他十分重视所谓的"练习效率的体操"，也就是不以身体的均衡发展或健美为目标，也不以矫正身体的某一部分为目标，而是以有计划地实施由易到难的运动练习为目标。这与以后的竞技体操、器械体操是类似的，以提高练习者的意志品质为主要目的。杨氏体操运动虽属当时资产阶级与小资产阶级自由主义运动的一部分，但它在本质上具有明显的军事意图。然而，由于他过分地强调了意志品质的培养，忽视人体生理特点，忽视通过体育锻炼达到人体健美的一种目的，甚至完全否定与排斥旨在均衡发展身体各部分的瑞典林氏体操体系，就必然造成了他的片面性和缺乏科学的弊端。正因为如此，在当时杨氏体操也遭到一些人的反对———出现了一场"德国、瑞典体操之争"。

（2）施皮斯

施皮斯是德国体育史上影响最大的人物之一，他对杨氏体操加以改进，创编了既适应当时学校需要，又为社会所接受的教学体操体系，把体操从社会引向学校。他被称为"学校体育之父"。施皮斯有很高的音乐素养，他把音乐和体操练习结合起来，为女子自由体操的发展开辟了道路。在体操教学中，他最早运用分解法和完整法，还根据学生的性别、年龄选用合适的教材，循序渐进地进行教学。1852年他主持修建了德国最早的室内体操馆。

19世纪的德国为近代学校体育的发展奠定了基础。杨氏体操和施皮斯体操不仅成为学校体育的教学内容，而且为现代竞技体操的出现和发展提供了各种可能性，但德国体操派把体育的一切内容都归入体操，也暴露出了其自身的弊端。

2.瑞典体操

瑞典体操是19世纪初，在瑞典面临法、俄侵略的背景下产生的，因而具有较强的军事性质，但其动作以解剖学、生理学等为科学基础。林氏在他的《体操的一般原理》一书中阐明：身体的动作不应像德国体操那样受器械的制约，而应该通过设计使其符合军事、教育与娱乐的目的。他根据动作需要改进器械，首创了屏栅、瑞典栏、鞍马、窗梯、跳箱和低综合台等器械。林氏在其《体操的一般原理》一书中把体操分为四类：教育体操、兵士体操、医疗体操、健美体操。

林氏体操总的要求是保持身体各部位之间、身体和武器之间以及身心之间的协调与均衡。林氏在把体操引向科学化方向上，有不可磨灭的功绩。林的儿子哈慕尔·林，发展了教育体操，并把它引入了各类学校，从而为瑞典学校体育奠定了基础。当时，大部分高等学校设有体操场，而一般学校在教室里也安置了肋木等器械。

19世纪末，随着运动、游戏在各国的开展，瑞典学校中也开展了一些田径、球类活动。但直到20世纪初，瑞典体操仍然在学校中居于中心地位。19世纪的瑞典体操也为近代学校体育的发展奠定了基础。教育体操与医疗体操是瑞典体操最显著的特色。从解剖学、生理学知识这一角度，瑞典体操充分显示了其科学性与合理性。瑞典体操以它的科学性传遍欧洲各国。

（二）英国户外运动与游戏

18世纪中叶以后，工业革命中生产技术的大变革导致了社会生产力的迅速提高。在这种形势下，英国的近代体育也随之得到了相应的发展。英国素有"户外运动之家"的美称。不论王室贵族还是庶民百姓，他们都喜爱户外竞技运动和活泼的娱乐活动，有终生坚持户外运动的良好习惯，并引以为豪。人们在可以得到政府支持和赞助的业余体育俱乐部里参加各项运动。据文献记载，12世纪的时候，年轻的伦敦人就常常在街道附近的广场上开展疾跑、跳跃、投重物、角力和球戏等活动。整个中世纪盛行赛马、射箭，尤其是射箭的活动还会得到奖励。星期日、教会祭日和地方的定期集日成为平民百姓的娱乐日，人们在这些日子里开展各种运动和娱乐活动。

18世纪末到19世纪初，英国盛行的传统运动和游戏有狩猎、钓鱼、射箭、游泳、登山、划船、帆船、旅游、赛跑、滑冰、跳高、跳远、投重物（铁球、石头、铁槌等）、撑竿跳、高尔夫球、曲棍球、板球、网球、足球等。这些运动项目有的是英国固有的，有的是从欧洲大陆传入的。其中很多项目是近代田径、球类和水上运动的雏形，多有竞赛特点。

竞技运动与户外运动在英国公立学校里广泛开展，并有多样化的比赛活动。英国学校体育的发展是从板球开始的。这个运动项目在学校与划船、网球和冰球同时出现。现代足球和橄榄球在英国学校体育运动中也占有特殊的地位。当时球类运动被看作是培养学生集体精神的非常好的途径。英国学校体育的形成，为今后的学校体育，特别是学校体育中球类运动的开展奠定了良好的基础。

由于欧洲大陆正处于大国争霸和资产阶级建立民族主义国家的过程中，各国政府对学校体育的组织管理和体育的内容，都带有强烈的军事色彩。学校体育以体操为主要手段，主要有德国体操、瑞典体操，而英国学校体育却以户外运动和游戏为主要手段，形成了近代体育教学内容的三大基本体系。

三、近代学校体育文化的初步传播

19 世纪末至 20 世纪初，近代体育随着资本主义扩张而在全世界得到广泛传播，世界各地的学校体育也在此传播过程中逐渐兴起与发展。其传播路线主要是：由欧洲到北美洲，再由欧美到亚洲、非洲、拉丁美洲和大洋洲。

（一）近代学校体育文化在北美的传播

北美原是英国的殖民地，1775—1783 年独立战争后建立了美利坚合众国。独立战争前，北美几乎没有有组织的体育活动。17 世纪末以后，随着欧洲大量移民不断涌进，欧洲的体育娱乐活动，如九柱戏、溜冰、撞球、雪橇、滑雪、拳击、冰球、角力、射击、跳跃、竞走、远足、骑术、狩猎、划船、板球、高尔夫球等渐渐流行起来。独立战争后，特别是 19 世纪初，随着政治、经济、文化的发展，外来体育也相应增多。如德国移民贝克、福林等人将德国体操传入北美；瑞典体操通过英国人的著作和瑞典人尼森传入了美国；大批德式体操俱乐部也在美国出现。1850 年，美国北部体操俱乐部联盟改名美国德式体操联盟，并于次年举办了第一届国民体操节，随后于 1861 年创办了美国第一所体操师范学校，加快了近代体育在学校的传播。至此，欧洲流行的一些近代新兴体育项目如田径、体操、球类在美国的学校中传播开来。

经过南北战争后，体育的重要性为更多的人所认识，加上各州政府的重视以及体操联盟、基督教青年会的推动，美国在学校体育、体育专业教育、竞技运动、体育组织、体育科学理论研究等方面都取得了长足的进步。

在学校体育方面，许多学校建立了体育馆，校际比赛日趋活跃。1885 年制定了学校体育实施方案，并出版了体育书籍。1890 年后，各州相继制定和通过一些有关体育的法令，师资培养发展很快，并逐步系统化、正规化。1860 年成立体育学院，1889 年体育师范成立。

（二）近代学校体育在拉丁美洲的传播

拉美国家在 16 世纪之前，就流行着本民族的各种体育活动，如赛跑、射箭、投标枪、练战斧、摔跤、游泳、举重等。哥伦布发现美洲后，西班牙、葡萄牙等国纷纷涌入拉美国家进行殖民扩张和掠夺。随着殖民者的入侵和移民的增多，欧洲体育项目，如马术、击剑、射击、拳击、自由摔跤、体操、斗牛、国际象棋等也随之在拉美国家中传播。到 19 世纪末，许多拉美国家逐渐形成了以民间体育和欧洲体育相结合的体育体系，出现了体育俱乐部、全国性和地区性的体育组织及体育运动竞赛。有些国家开始与国际奥委会建立联系。1896 年，智利代表拉丁美洲首次参加了第一届奥林匹克运动会。拉美国家开始登上国际体坛。20 世纪初，拉美体育发展迅速，不少运动项目以新的面貌出现在国际体坛上。

足球是拉美国家流行最广的项目，尤其在南美，历史悠久，实力雄厚，风格独特，1916 年欧洲战云密布时，南美就举行了第一届足球冠军赛。棒球、拳击、篮球、排球、田径等项目在拉美国家也很普及，发展很快，在一些重大国际竞赛中，取得过优异的成绩。但拉美体育发展不平衡，除阿根廷、巴西、墨西哥、古巴、委内瑞拉等几国外，一般还不很发达。

（三）近代学校体育文化在亚太地区的传播

1. 日本

明治维新以前，日本还是封建社会，文化和体育受中国影响很深，骑术、剑术、箭术、游泳、柔道、相扑、马球、蹴鞠在贵族和武士中十分流行。1868 年明治维新后，日本走上了资本主义道路，不断引进西方体育。首先引进的是普通体操和兵式体操，20 世纪初瑞典体操逐步盛行。但欧美竞技运动项目不断传入，引起了日本人的极大兴趣，于是日本体育进入以竞技运动项目为主的新时代。

1872 年，明治政府建立了统一的国民教育体系，体育成为学校的必修科目。1878 年体操学校成立，聘美国人乔治·利兰德为顾问，介绍美式体操、游戏和竞技运动。由于 1885 年的法令确定了教育中的军国主义性质，兵式体操成为学校体育的主要内容。1913 年文部省颁布的第一部《学校体操教授要目》中，以瑞典体操为主，并把竞技运动项目放在突出的地位。一些户外竞技运动较早就传入日本，1878 年英国人克拉克把划船和田径项目介绍给日本大学生，20 世纪初，青年会总干事布朗把篮球、排球和团体游戏传到了日本。与此同时，足球、棒球、网球、橄榄球也先后在日本流行，一些单项体育协会也相继建立，球类、田径、游泳竞赛也纷纷举行。

此外，日本在引进欧美体育的同时，十分注意保留、发扬和推广自己的传统项目，如柔道日后就成了世界竞技项目。1911 年日本业余体育总会成立，并组织参加奥运会、远东运动会和明治神宫体育大会（全运会）等。

2. 印度

印度于 1757 年之后逐步沦为英国殖民地。印度的一些传统体育活动如马球、瑜伽曾通过英国殖民者传到西欧，欧洲近代体育项目也通过殖民者传到印度。英国统治时有许多退伍军人担任了印度学校的体育教师，体育内容基本上是瑞典体操和兵式体操。1928 年巴克创办了马德拉斯青年会体育干事学校，英国人布坎南 1930—1950 年担任加尔各答体育学院院长，他们对近代球类、田径等运动在印度的传播起了积极作用。印度的曲棍球很普及，但由于政治、宗教方面的原因，印度体育的社会化程度和大多数项目运动水平一直都比较低。

3. 澳大利亚

澳大利亚 1770 年沦为英国殖民地，1901 年为英联邦成员，居民中 95% 为英国移民后裔，近代体育就是由他们带到澳洲的。据记载，最早的板球比赛出现于 1803 年的加尔各答号轮船上，有组织的足球比赛自 19 世纪中叶开始，赛马、拳击、网球、高尔夫球、滚木球等在 19 世纪前后就非常流行。20 世纪初，丹麦人彼得森对澳大利亚体育影响很大，他于 1910 年担任联邦政府教育部的体育监督，对瑞典体操在澳大利亚学校的传播起了重要作用。澳大利亚气候温和，城市大都邻近海滩，因而游泳、冲浪、划船运动都很盛行，1900 年就成立了皇家冲浪救生协会。之后，澳大利亚在游泳方面曾多次创造世界纪录，冲浪、划船等项目在国际体坛上享有盛名。

第三节 19 世纪末学校体育文化的发展

一、欧洲学校体育文化的发展

（一）欧洲学校体育文化的发展概况

1. 英国的学校体育文化

英国学校体育的开展是以本国的户外运动和竞技运动为主的，同时体操的内容也开始在学校体育中开展。19 世纪 70 年代以前，学校均属私立或者宗教与慈善事业的，政府不直接管辖教育。1870 年英国政府公布了教育法案，政府开始管理部分小学。1885 年，政府规定小学必须开设体育课。而此时政府对大中学的体育课还没有以法定的形式规定，这种状况一直持续到 20 世纪 30 年代。19 世纪末，国家已经十分注意学生的健康检查，在学校中设置了校医、护士，并重视营养与户外活动等健康教育措施，使之形成体系并以法律形式规定下来。但是，其推行的范围只限于少数城市，能实现的不多。

19世纪末英国的公立学校中广泛开展了竞技运动和户外运动，并且开展了多样化的比赛活动，从而在学校中形成了专门的运动训练活动。在这些活动的开展中，学生的自治会组织起到了很大的作用。到19世纪70年代，由于大陆体操体系的引进，英国学校体育已经是竞技运动和户外运动并存了。1878年，英国政府聘请瑞典学院的毕业生罗福文小姐到英国开设了一所体操教师训练班。直到1881年，她的任职由瑞典人奥斯特勒格继承，并于1885年开设了英国第一所体育学院。在伦敦，女子已经实行了体操训练，但这种瑞典体操在男生中却没能成功推广。

2. 德国的学校体育文化

德国的普通教育在19世纪末已经相当完善。学校的普及与增多，为学校体育的开展提供了物质条件，使近代体育在这些学校中得以延续实施。1871年，普鲁士俾斯麦统一了德国。此后，德国的学校体育也弥漫着浓重的军事色彩，体育课在很大程度上是为了满足军国主义的需要。

学校体育仍然是以传统的德式体操为主。但是，人们对参加有组织的娱乐及户外运动的态度有了改变，从而对这些运动的开展起了促进作用。部分学校也引入了这些运动。1878年，英式橄榄球和板球以及美国的棒球在学校中已经相当普及了，并成为学校体育的固定课程，每周用两个下午进行这些活动。1879年政府规定初级和中级学生必修球类，1882年规定高年级学生也必修球类。到19世纪末，德国已经在全国的学校全面开设了体育课程。德国是较早进行体育师资培训的国家之一。到19世纪末，除了柏林的中央皇家体育学院外，一些大学里也逐渐设立了体操师资培训班。1889年以后，许多地方举行了体操教师资格考试。

3. 瑞典的学校体育文化

瑞典的学校体育教育和师资培训在近代一直走在世界的前列，成为当时很多国家效仿的对象。

19世纪末，随着运动、游戏在瑞典全国的普遍开展，学校中也开设了田径、球类等活动。但是，瑞典体操在本国学校体育中居于中心地位。除皇家中央体育学院外，在一般的师范学校中也有体操科，主要是培养中小学体操教师。但瑞典体操的传播，首先是在军队中开始的。这是由于它的产生背景是瑞典所处的危险境地促成的爱国主义与民族主义，使它有着增强军事力量的目标。后来瑞典体操才逐渐进入各类学校。

4. 俄国的学校体育文化

沙皇俄国是欧洲教育近代化进展最缓慢的国家，全国文盲比例很高，近代体育的发展也大大落后于欧洲其他国家。19世纪70年代以后，体操才陆续被列入各级学校课程中，仍然以兵式体操为基本教材。

政府在体育教育方面的态度很明显，那就是使体育和智育脱离，并使体育专门服从于青年军事训练。俄国国内没有足够的、能开设体育课的合格教师。体育师资的培训也很落后。

（二）欧洲学校体育各运动项目的发展

19世纪末，学校体育的运动项目已经比较丰富，欧洲大陆的体操体系和英国的竞技运动与户外运动在各国学校体育中出现了并存的局面，并且都在不断地向前发展。

1.德国体操体系的发展

德国体操经历了杨氏和施皮斯两个阶段，有五个方面的发展：单杠运动得到发展、体操得到推广、体操的教育功能得到重视、出现新教学方法、三大类体操形成。

2.瑞典体操体系的发展

由于分类合理，从科学的角度强调了人体自身的完美与和谐的发展，林氏体操成为19世纪后半期国际流行体操的重要基础。

3.新的体操体系的发展

当时德国体操和瑞典体操在欧洲各国比较普及，但由于内容和形式缺乏创新，其地位也受到了正在形成的新体操体系的威胁。健美性体操和提高军事和生产能力的体操就是在这一时期出现的两大体系。

4.竞技运动与户外运动的发展

英国的竞技运动与户外运动从19世纪70年代开始向欧洲各国传播，并逐渐在学校体育中站稳了脚跟。

（三）欧洲学校体育改革

19世纪末，随着社会的发展，多数欧洲国家都进行了教育改革。体育教育的改革也得到了重视，表现较突出的国家有德国、法国和俄国。

1.德国的学校体育改革

受传统的影响，到19世纪末，德国的体操体系已经在学校中发展得相当完善。同时，德国人注意到了竞技运动和户外运动的特殊功用，因此在国内开展起这些运动来，并很快将其引进了学校，作为学校体育的内容。

2.法国的学校体育改革

法国学校体育教育的改革主要是受普法战争的影响。1870年，普法战争的失利使法国当局认识到在学校中开展体育教育的重要性，随后将体操体系引入法国学校中。1891年当局设立了师范学校，进行比较科学的体操训练，并引进瑞典体操。在此之前，法国的学校体育在欧洲诸国中开展得较差。

3. 俄国的学校体育改革

19 世纪末，俄国学校体育的改革举措较多，但效果不好。沙皇俄国的教育与欧洲其他国家相比显得十分落后，学校体育也是如此。在舆论的压力之下，政府由陆军部长黄洛夫斯基出面，几次答应要进行学校改革，特别是答应要在学校中实施体育教育。但这些诺言，始终没有实现。为了适应军事的需要，俄国政府极力在学校中推行军事体操。但由于当时中等学校缺乏物质基础和专门的干部，改革没能实现。后来，列宁在评论当时政府所提出的国民教育方面的改革和政府的诺言时认为：政府这一阶段的教育改革充满了谎言。

二、美国学校体育文化的发展

（一）美国学校体育文化发展概况

19 世纪末，拉丁美洲各国由于受殖民主义的影响，学校体育发展较为缓慢，其项目主要是欧洲体操。美国学校体育则发展较快，如开始进行学校体育的立法、师资培养，发明新运动项目等。

1. 美国学校体育的发展

（1）学校体育的推行

按美国宪法的规定，教育归各州管辖，小学、中学、大学都由各州自行管理。因此，美国各州的学校体育，在课程设置、教学方式上都有很大的差异。

1886 年，俄亥俄州通过法案，对全州各校的儿童均进行卫生教育和身体训练；1892 年，该州又规定，在较大的学校实施体育课；1909 年改为全州学校一律开设体育课。此后，路易斯安那州、威斯康星州、北达科他州、宾夕法尼亚州也先后通过了在学校实施体育的法案。

美国各州实现体育立法，一是由于德式体操联盟的成员向各州提出体育法案，二是由于基督教妇女节制联合会总会专门设置了一个体育部，要求各州立法规定所有学校增设体育课。

体育训练已成为许多大学课程的组成部分，有些大学还仿效哈佛的做法，修建体育馆，聘请体育主任。这些早期的体育主任大多数是医学博士。在大学里，瑞典体操和德式体操都被采用。在中等学校中，男、女书院和私立学校的体育活动主要是游泳、球类游戏、柔软体操和舞蹈。到了 19 世纪末，体育在美国学校课程中的地位已经确立起来了。

（2）美国学校体育文化的内容与发展

第一，德国体操教学是以班为单位进行的，继承了德国杨氏的教学法，主要是讲解、示范和练习。一节典型的德国体操课包括几种器械练习、全班或个人的游戏、徒手操或轻器械操。美国的瑞典体操是坚持按林氏制定的程序进行教学的。

两种体操教法都很机械化、形式化，一个教师可以在比较小的场地照管一大批学生进行练习。

第二，沙金特体系是沙金特博士在提倡瑞典体操和德国体操的基础上，推行他自己设想的游戏活动和竞赛运动。沙金特的独特贡献，在于创造了适合使用者体力特点的各种器械，它包括锻炼胸肌的滑车器，锻炼背、腿、腕、指、足、腹、颈和肩等部位肌肉群的各种器械。以后他又主张在哈佛大学把体育从选修课改为必修课。

第三，基督教青年会的体育课程内容广泛，主要有球类运动、田径项目、水上运动、娱乐活动、柔软体操和器械操。一般青年会的体育教学方法都比较随便，因为青年会的会员都是自愿橄榄球、棒球、篮球、排球、网球。

第四，在 19 世纪末期，竞赛运动主要在大学中开展。如足球、橄榄球、棒球、篮球、排球、网球。

第五，体育方法、手段方面最重要的发展集中在人体测量和体力测验两个方面。

（3）体育师资的培养

美国是较早开始解决体育师资问题的国家。在 1900 年以前，体育师资的培养都是由私立学校承担的。1861 年，迪欧·路易斯在波士顿创办了体育师范学校，采用欧洲的教学模式，教学内容为解剖学、生理学、卫生学、哲学和教学法。暑期学校也培养体育师资。如沙金特博士开办的哈佛暑期体育学校，主要培训来自全国各地的在职体育教师。

（4）体育专业组织的兴起

1885 年 11 月，由威廉·安德生博士发起，第一次体育促进学会会议在布鲁克林的阿迪尔菲书院举行。1896 年，该学会开始发行《美国体育评论》季刊。大学体育馆主任协会是经过安德生博士的努力，于 1897 年在纽约大学创立的，当时是只限于大学体育馆主任参加的专业协会。

2.加拿大学校体育文化的发展

在殖民初期，移民中通常流行荡木舟、划船、快艇、冰上掷石游戏、滑冰、雪橇等运动形式。后来，来自欧洲的橄榄球、体操、拳击、摔跤、高尔夫、板球、举重、网球、羽毛球、田径、射击等运动项目也在加拿大广泛发展起来。

（二）美国学校体育中各运动项目的发展情况

这一时期，一些运动项目被发明。篮球是春田专科学校的一位教师詹姆斯·奈史密斯为了安排冬季的室内活动，于 1891 年的深秋发明的。排球是由马萨诸塞州霍立约克督教青年会总干事威廉·摩根发明。橄榄球是从足球演化来的。1859 年，第一次大学校际棒球比赛在皮茨菲尔德俱乐部举行。1872 年，棒球已被称为美国的民族运动。此后，棒球通过多次重要的规则修订而不断演进发展。

（三）美国学校体育的改革

1. 学校体育的确立和广泛开展

体育在 19 世纪晚期进入美国学校主要有三个方面的原因。一是一些资本家已经明白，使用身体健全、受过教育的工人比使用身体羸弱、缺少文化的工人更为划算。二是一些教育家，如美国的新体育理论家们，从教育的角度，看到了体育对人的德育、智育培养的作用。三是社会学家们发现，在青少年中开展体育活动，可以有效地防止堕落和犯罪。这样，19 世纪晚期，体育在美国的教育改革中，终于在学校课程中争得了一席之地。南北战争后，美国普及教育提上日程，并且节节落实。从 1865 年到 1900 年，学校的发展主要是数目的增加与巩固。体育随着体育立法、体育的推行、体育师资的培养在学校中广泛开展。

2. 科学化运动在体育方面的影响日益增强

教育中的科学化运动是指研究教育问题时实施或应用科学方法而言。19 世纪末，差不多所有的体育专家都曾取得医学方面的学位，他们力求把医学原理应用在体操练习中。科学化运动在体育方面的影响主要表现在：人体测量，测量体力器械的使用，运动成绩测验，接受瑞典医疗性体操和教育性体操，比较充分、全面地培养体育教师以及体育促进学会的建立。

三、亚洲学校体育文化的发展

（一）亚洲学校体育文化发展概况

19 世纪末，西方资本主义列强对亚洲地区的入侵和统治，一方面给亚洲人民带来了极大的灾难，同时客观上也是对这些地区落后社会制度的冲击，传播了新兴的资本主义文化。亚洲近代体育就是在这时开始发展的，其主要特征是随着资本主义的入侵和殖民主义的统治而使亚洲地区引进了西方近代体育。近代体育传播较早的地区和国家，当属远东的日本，近东的土耳其，东南亚的印度尼西亚、菲律宾以及南亚次大陆的印度。中国则是在 1840 年鸦片战争之后才逐渐引入的。

1. 近东的土耳其

近东包括土耳其、叙利亚、黎巴嫩、以色列、约旦、伊朗、伊拉克、阿富汗、沙特阿拉伯、也门等国。这些国家多是在第一、二次世界大战后才逐渐独立的。他们由于原先多是英、法、美等国的殖民地，体育也受其影响。土耳其的学校体育工作由教育部负责，普通中学每周两小时体育课，学生中广泛开展体操、活动性游戏，15 岁以上的青少年可参加俱乐部的活动，各单项协会对各项运动的开展起着重要的作用。在土耳其，摔跤、举重、足球都是开展十分广泛的项目。其他项目如拳击、自行车、马术、田径、射击、网球等也都具有一定的水平。土耳其虽属于亚洲国家，但其体育组织历来属于欧洲，传统上参加欧洲比赛。因此，土耳其未参加过亚运会和亚洲的其他单项比赛。

2. 东南亚的印度尼西亚

东南亚包括缅甸、柬埔寨、越南、印度尼西亚、马来西亚、菲律宾等国。第二次世界大战后，这些国家才由英、荷、法殖民地转为独立国家。在体育运动上受英国、荷兰影响较大。菲律宾和印度尼西亚的体育较好一些。从1602年开始，印度尼西亚先后沦为荷兰、日本的殖民地，当时的运动水平很低，开展体育运动既缺少资金、场地和设备，也缺少专业人才。1945年成立的印度尼西亚共和国，直到1950年才被承认。当时印度尼西亚仍处于文化较落后、学校体育很不发达的状态。印度尼西亚体育运动中以羽毛球、足球、网球及田径、体操、游泳、篮球、排球、棒球、水球、冲浪、划船等较为突出，尤其以羽毛球和网球最为突出。

3. 南亚的印度

印度体育运动由联邦政府文化教育部领导。各个运动项目都有全国性协会，它的主席、副主席均由社会名流担任。印度的学校体育开展也较为普及，学生一般从14岁起开始体育锻炼。在印度开展最普及的项目有足球、田径、曲棍球、摔跤、拳击、网球、篮球、羽毛球等。瑜伽是印度人民喜爱的一项修心和健身活动。它起源于印度，历史悠久。印度河文明的遗物表明，早在公元前3000年瑜伽就已经存在。瑜伽是印度六大正统哲学体系之一，影响着许多其他印度思想派别。瑜伽广泛运用于运动训练、赛场心理调控与赛后恢复过程等训练学实践领域，具有良好的训练实效。

（二）日本学校体育文化的发展（近代前期）

日本的近代体育应该说是以学校为基地发展起来的。而学校制度也主要是仿照外国制定的，以1872年《学制》为开端，在1879年，这个学制被重新修改，称作《教育令》。文部省在1878年设立了体操传习所。从这个时期开始，日本的体育逐渐脱离外国的模式，开始重视符合日本实际情况的体育。通过对传习所的学生的教育，为体操教师的培养和体操的普及做出了贡献。这样，体育教师的培养和体育研究的基础在日本建立起来了。

（三）中国近代学校体育文化的发展

1. 洋务派"新教育"中的学校体育

（1）洋务派兴办"西学"

鸦片战争失败后，加上太平天国的沉重打击，当时统治阶级中有些掌握军政实权的大官僚和大军阀如奕䜣、曾国藩、李鸿章、左宗棠、张之洞等人意识到要抵御外侮，镇压农民起义，以挽救清王朝的灭亡，就必须向西方学习，必须进行自强、求富的洋务运动。在教育方面，他们主张学习西方的科学技术，兴办"西学"，以培养科技人才，提出中学为体，西学为用的口号，但是在思想上仍以维护封建专制制度和封建思想道德的旧学为主，只是学习西方实用的科学知识和技术。他们在各地开办了造船厂、机器厂等工厂，开办了各类学堂，并派遣留学生到欧美各国学习，称为新教育，这是我国设立近代新式学校的开始。

（2）军事学堂开始引进西方的体育

洋务运动中先后建立了一些新式学堂，其中有培养军事人才的军事学堂，如北洋水师学堂、天津武备学堂、湖北武备学堂、广东陆师学堂、南洋水师学堂等。这些军事学堂除开设一些近代军事学科外，还设有体育课程，称为体操课。洋务派开始在我国开办新式学堂，并开始把西方的体育引进我国。这些学校中出现的体育是中国较早具体实施的近代体育，这表明洋务运动对近代体育在中国的传播和兴起，在客观上起到了一定的积极作用。但是，洋务派的主观目的是为了稳定和维护清王朝的统治，而对体育的概念、目的、内容、方法等尚无基本的了解。他们开展一些体育活动只是纯粹为增强军事力量。

2.维新主义的体育思想与学校体育

在维新运动期间，统治阶级颁布的法令中含有一些学校教育方面的内容，如令各省督、抚将省、州、县的大小书院一律改为兼习中西学的学堂，派人出国游学等。维新主义的教育思想对以后的学校教育产生了极为深远的影响。资产阶级维新派是最早接受西方近代教育思想和体育思想的代表人物，他们以救亡图存为目的，用教育的观点来论述和倡导体育，这样就初步形成了中国近代体育思想。这一思想对促进近代体育在中国的广泛传播、学校体育的兴起、尚武风气的形成，起了一定的作用。但是他们对近代体育的认识还是肤浅的，同时维新派的尚武强国论也成了军国民思想的先声。

第四节　20世纪上半叶学校体育文化的发展

一、欧洲学校体育文化的发展

（一）欧洲主要国家学校体育文化发展概况

20世纪上半叶，人类遭遇了历史上空前的两次世界大战，这给人类文明发展造成了灾难性的影响。但这并没有阻止人类文明前进的步伐，教育继续向着现代化方向发展，学校体育也不例外。

1.英国学校体育文化

（1）学校体育的开展

20 世纪初，体育在英国进一步引起重视。由于战争的原因，英国政府于 1903 年特派苏格兰皇家体育考察团进行考察，1904 年又责成英国各部门研究体力衰退问题委员会进行研究。结果显示，体力衰退的原因是体育训练不足。这引起了政府及各界人士的重视。同年教育部规定在初级学校里推行瑞典体操制度。随后，政府及各界人士对竞技体育又给予了一定的重视，以使两者结合起来。医学在"一战"后发展很快。1934 年，英国医学界—医药协会对体育运动和体育娱乐表示了极大的关注，成立了一个体育委员会。

在英国，大学并不强行实施体育锻炼，学校不开设体育课。"第一次世界大战"后，以伦敦大学为中心，一些大学举行了毕业生的体育达标测试，并于 1932 年起对合格者颁发毕业证书，这在很大程度上提高了学生参加体育锻炼的积极性。1938 年，全国健康会议以及大学生赠款委员会拨发一笔巨款，为各大学学校建造体育场馆。大学体育活动出现了新的气象。

（2）有关的体育法规与文件

1937 年 2 月，英国政府发布了一份有关体育与娱乐的白皮书，随后设立了全国体育娱乐顾问委员会，下设 30 多个小组委员会，同年 7 月，体育与娱乐法案成为法律性文件公布。1944 年，英国国会通过了教育法案，使 1918 年的《费希尔教育法》中有关体育训练的条款更加明确，使它成为强制性的规定，其中第五十三条规定：地方政府应为学校体育提供体育以及康乐设施。教育法案同时把全国健康委员会、赠款委员会移交给教育部，以使之在教育与体育上发挥更大的作用。

（3）体育师资的培训

随着学校体育受到国家重视和广泛开展，体育师资培训的受重视程度也进一步提高。1905 年，瑞典女体操家来英国传授瑞典体操技术，为英国培养了大批女子体操教师。陆军体育训练班的学生，有的也到地方任教。伯明翰大学最先为学生开设了体育专业班次，并于 1946 年开始授予毕业生学士学位。

2. 德国学校体育文化

20 世纪以来，德国体育内容有很大的变革，表现为：德国体操之外的各种体育运动形式受到全面重视，竞技运动与户外运动由私人推动逐渐转为由社会组织管理的一项事业，体育场和体育团体大量出现。

"第一次世界大战"前夕，根据军国主义的需要，政府下令增加学校体育课程。1910 年，政府下令从小学四年级起每周上三小时体育课，实行两个半天的强制性体育训练活动。1924 年又颁布法令，初级学校高年级学生和中等学校学生一律强行实施每天一小时的体育训练。政府号召开展竞技活动，以培养勇敢竞争精神与顽强战斗的能力，同时还规定学生可以参加社会上的体育业余训练。

"一战"后，德国设立了全国集中管理体育运动的中央机构——全国运动联合会。它负责领导学校体育和社会上各项体育活动与竞赛。1920年后，这个组织成了德国推广竞技运动与各项体育活动的权力机构。

为了培养社会所需要的体育师资，柏林、格勒斯登、慕尼黑等地设立了专门学院，得到了政府的支持与资助。第二次世界大战中，体育学院曾一度被纳粹废除，在战后又得到了恢复。柏林体育学院于战后恢复，不久后迁到科隆，成为联邦德国体育教学与科研的中心。东德的莱比锡体育学院是另一个中心。

3. 瑞典学校体育文化

瑞典在19世纪已经发展了近代体育运动，尤以体操为盛，成为欧洲体育先进国家之一。进入20世纪后，瑞典学校体育也进一步发展。1915年，瑞典成立了竞技与户外运动推广委员会，以督促开展青少年儿童体育，并实施了达标测验的办法，每年举行一次瑞典学童体育周。1919年达标测验改进，增添了体操、滑雪、越野赛跑、游泳等项目。瑞典政府很重视体育场地建设。

4. 法国学校体育文化

20世纪初，法国的教育有了根本的改变，普及了初级学校教育，由政府管辖教育，使课程标准化。1900年至1920年间，法国的学校体育受三种体育制度——阿摩罗斯体操体系、瑞典体操体系以及赫巴特所创立的自然运动的影响。由于医学界支持瑞典体操体系，军事学院支持赫巴特体系，体操协会又支持阿摩罗斯体系，三个体系相持达20年之久。在"第一次世界大战"期间，军事体操的训练列在首位，作为军事体育训练手段。后来，体育训练受美国教会青年会的影响有所变化，改为以排球、篮球、田径、游泳、拳击、角力运动为主。此后，集体游戏与竞技运动在城镇学校中开展起来。

（二）欧洲学校体育运动项目的发展

经历100多年的发展，学校体育的运动项目发展趋于多样化与人本化，19世纪末出现的排球和篮球已经被基督教青年会和军人带到世界各地。特别是"第一次世界大战"以后，传统的德国体操和瑞典体操已经完成了历史使命，取而代之的是在各种体育思想流派指导下的运动体系。

1. 体操流派的发展

（1）以体操为基础的流派

以体操为基础的流派在欧洲各国都有发展，它们都以建立文明与人体的生物平衡为出发点，其中奥地利流派的地位特别突出。奥地利流派把体育课分为准备部分、全身性练习、自由练习和镇定情绪练习，这对现在的体育课发展仍有借鉴意义。

（2）以运动和游戏活动为基础的体育流派

以运动和游戏活动为基础的体育流派把人的身体和精神的统一作为改革的出

发点，并且特别重视体育对学生心理的影响，认为体育的主要任务在于当儿童"渴望自我表现时"给予支持，甚至可以让学生自行选择体育内容。到了 20 世纪30 年代，娱乐体育思想出现，并迅速在欧洲传开，这在很大程度上促进了现代竞技项目进入学校体育。

（3）现代体操和保健派

起初现代体操和保健在女子学校中开展比较普遍，后来被用来改进学校儿童体育。在"第一次世界大战"前，现代体操和保健为英法两国的军事做出了一定的贡献，因而在这两个国家得到了极大的发展。

2. 竞技运动项目的发展

进入 20 世纪，竞技运动项目的发展主要是由竞技运动比赛的广泛开展而促成的。竞技运动比赛促使比赛场地、器材、规则等不断地向前演化，训练手段不断趋于科学化，各种项目的发展趋于规范化。这为竞技运动项目在学校中发展提供了方便。另外，竞技比赛市场化后，对学校体育项目发展的刺激更为明显，使很多学校出现了传统项目，很多学生也更愿意用这种方式来体现自己的人生价值。

（三）苏联学校体育文化

1. 苏联学校体育文化发展概况

20 世纪上半叶，苏联（"一战"前称为俄国）发生了巨大的社会变革。苏联的学校体育在这 50 年中，大致可以分为五个阶段。

第一阶段：军事体育充斥阶段（1900—1917 年）

20 世纪初，沙皇政府认为在中等学校高年级学生中进行军事训练有特别重大的意义。因此，学生无论在上课时间还是课外作业时间都进行着军事体育运动。军事体育的教令被学校用来作为教学大纲，高年级的体育课时数增加了，此外还增加了战斗训练和射击。

第二阶段：学校体育的摸索与整合阶段（1918—1929 年）

十月革命后，苏联政府开始重视学校体育的发展。1918 年 10 月，政府颁布了《关于俄罗斯联邦共和国的统一劳动教育公告》，这对苏联国民教育事业的发展具有重大的意义。苏联政府认识到，在中、小学校中进行体育教育对改进青年的体育教育具有特别重要的意义。于是，政府逐步在中小学中开始实施较为科学的体育活动，高等学校的体育教育也被定为必修课程。虽然苏联政府颁布了一系列政府命令和文件，敦促地方政府和学校重视学校体育工作，但是在 1930 年以前，苏联学校体育的开展情况并不尽如人意，处于一个摸索与整合的阶段。

第三阶段：规范化与科学化阶段（1930—1940 年）

1930 年，苏联通过了普及义务教育法。根据这个法案，国家重新检查了中小学的教学和教育工作组织，使这一工作组织服从一个任务——让学生牢固而系统地掌握教学计划所规定的各学科的知识。苏联从 1930 年开始制定并实施劳卫制，在很大程度上促进了苏联学校体育的发展，这在当时特殊的历史时期对促进苏联学校体育的发展具有不可估量的作用。在 20 世纪 30 年代中后期，除正常的体育课之外，苏联各地学校都比较广泛地开展了群众性的体育工作。各加盟共和国的学生群众性运动工作也有很大改进。

第四阶段：抗战时期的学校体育（1940—1945 年）

在战争年代里，除了暂时被德寇占领的省、区以外，全体青年学生的体育教育并未停止。即使在战争中，苏联中小学校也同样对学生进行了军事体育教育。军事体育教育是培养苏联青年参加保卫祖国的极为重要的手段之一，因此具有重要意义。

第五阶段："二战"后的学校体育（1945—1950 年）

"二战"后，苏联政府采取了一系列旨在进一步改善儿童和青年学生体育教育的重要措施。普通学校、工艺学校、铁路学校和中等专科学校取消了军事训练，恢复了作为一门独立学科的体育课程。学校的编制中增加了体育教师。俄罗斯共和国教育部和苏联部长会议体育运动委员会制定了适合和平时期的新的学校体育教学大纲，同时采取了一些改进学生的课外活动和校外群众运动工作的措施。从此，苏联的学校体育事业沿着一条健康的道路向前发展。但劳卫制仍是当时苏联学校体育的基础。

2. 苏联学校体育师资的培训

在国内战争时期，苏联就奠定了培养体育干部制度的基础。当时普通军训部急需体育教育的专家，于是从 1918 年开始建立了许多专门训练班。1930 年以后，为培养体育师资，苏联政府新设了体育师范学院，并在师范学院中设立了体育专修科。体育师资的培养向科学化与正规化方向发展。

二、亚洲体育文化的发展

（一）亚洲学校体育文化发展概况

亚洲体育是从 20 世纪初开始初步兴起的。各国都已确立了自己的学校基本制度。例如在中国，早在 1903 年就颁布了中国近代史上的第一个普遍实行的学制《奏定学堂章程》，其中已有各级各类学堂开设体育课的规定。1911 年，中国召开了近代史上的第一次全国性运动会——全国学校区分队第一次体育联盟会。1929 年，中国又公布了历史上第一个《国民体育法》。1927 年，国家成立了体育指导委员会，作为政府系统的体育组织机构设置。亚洲各国近代体育制度的基本确立，促进了亚洲地区的社会文明和进步。在中国，近代体育制度的基本确立，冲击了旧有教育制度和社会文弱风气，增强了国人要求进一步了解西方和学习西方的意识，从而使西方文明在中国得以传播。

1.近东的土耳其

土耳其学校体育受德国和瑞典体育制度的影响，在"第一次世界大战"后，基督教青年会首先在君士坦丁堡设立了体育协会，篮球、排球、田径运动较受欢迎。"第二次世界大战"前土耳其设立了户外运动联盟。1926 年，安卡拉大学设立了体育学院。土耳其是亚洲第二个参加奥运会的国家。

2.东南亚的印度尼西亚

"第二次世界大战"前，印度尼西亚 14 所中学里实施了欧洲式的体育教学。直到共和国成立后才成立了隶属教育部的体育司。体育课包括体操、自由运动、竞拔与户外运动、民族舞蹈和木塔克（自卫技巧运动）。政府很重视体育运动的发展，采取了一些措施来开展体育运动和提高竞技水平。印度尼西亚开展的体育项目较多，羽毛球、足球、网球和非奥运会项目跆拳道和保龄球等都是深受印度尼西亚广大群众喜爱的项目，也是竞技水平较高的项目。尤其是羽毛球更受人们喜爱。

3.南亚的印度

印度是亚洲第一个参加奥运会的国家，成为亚洲第一个参赛选手和奥运会奖牌获得者。印度奥委会成立于 1924 年，是负责全国体育运动的机构。

（二）日本学校体育文化

日本的学校体育也是随着社会环境和时代风潮的变化而变化的。日本政府根据 1913 年颁布的《学校体操教授要目》对学校体操进行了整顿，内容大致可以分为体操、军事训练、游戏，但还是以瑞典体操为中心。明治以来富国强兵政策和国家主义思想渐渐渗透到学校教育中。陆军努力把兵式体操（军事训练）引进学校教育中，日本的学校体育进入军事训练时代。文部省立刻颁布了《军事训练要目》。1941 年，国家颁布了《国民学校令》。国民学校的教授科目主要有国民科、理数科、体炼科以及艺能科四科（在高等科里多了一门实业科）。

1943 年，日本的所有的学生运动会都被终止，甚至明治神宫国民锻炼大会都没能召开。在中等学校和高等专门学校，取而代之的是战场运动、战技训练。在那个期间，开始了学生勤劳动员、防空训练，学校教育完全变了模样。学生在学校军队里接受教育，进行勤劳动员和战技训练。

（三）中国学校体育文化的发展

1.清末的新教育制度中的体操课

（1）《奏定学堂章程》

1903 年，清政府颁布《奏定学堂章程》（癸卯学制），对小学至高等学堂课程均规定设立"体操"课。《奏定学堂章程》颁布后，各省、府、州、县都将原来的书院等改为学堂或新设立学堂，发展很快。《奏定学堂章程》是中国第一个近代学制，这个学制一直沿用至五四运动以后，方始正式废止。学校体育的完整体系均已在这个时期建立。

（2）清末学校体育师资的培养

1906年，清廷学部通令各省，于省城师范学堂"附设五个月毕业之体操专修科，授以体操、游戏、教育、生理、教授法等，名额百名，以养成小学体操教习"。在此前后，一些赴日本学体育的留学生陆续回国，也在各地创办了一些体操学校或体操专修科，如四川体育专门学堂（原四川高等学堂）、中国体操学校、中国女子体操学校、大通师范学堂体操专修科。

2.五四运动与学校体育文化的发展

（1）学校体育的变化

从1912年教育部制定的《小学校教则及课程表》和1916年制定的《高等小学校体操科教授要目草案》看，体操课的内容同清末没有多大区别。但由于当时的教会学校开展了以田径、球类为主的课外体育活动，并不时举行校内外体育竞赛；一些官办学校除有体育课外，也开设课间操与课外体育活动，并逐渐组织了各种体育部和运动队。因此，人们把当时学校既有"以兵操为主"的体操课，又有以田径、球类为内容的课外活动的做法称之为双轨制体育。

1918年，"第一次世界大战"结束，实行军国民教育的德国战败，学校"以兵操为主"的军国民主义体育受到进步人士的谴责。1922年《学校系统改革令》（壬戌学制）公布，这就是新学制。新学制颁布以后，1923年《中小学课程标准纲要》颁布，正式把学校的"体操科"改名为"体育科"。从此，兵操在学校体育中被彻底废止，我国的学校体育发生了重大变革，进入了一个新的历史时期。

（2）体育师资的培养

1912年—1927年间，由于学校体育的变化、运动竞赛的发展以及女子体育的逐步兴起，体育专业教育也有了较大的发展。此期，除原有的培养体育师资的机构外，又陆续创设了一些新的体育系、科和学校，如南京高等师范学校体育专修科、北京高等师范学校体育专修科、广东高等师范学校体育专修科、东南女子体育师范学校、上海两江女子体育学校、浙江体育师范学校、成都高等师范学校体育专修科、私立东吴大学体育专修科、辽宁省立师范学校体育科、私立上海中国体育学校等。这些校、科，大部分又属于私立性质（有相当一部分是中国体操学校毕业生创办的），其条件、设备极差，招收学生人数很少，办学经费拮据，一般在三五年内即告停办。所以当时体育校、科数量虽多，而毕业的学生实际上不多。但总的来讲，这些校、科仍然为近代中国培养了一批体育专门人才。

3.国民党政府时期的学校体育文化

（1）学校体育的行政管理和体育法规

为使学校体育发展趋向系统化、正规化，国民党政府除了在颁布的《国民体育法》《国民体育实施方案》等体育法令中对学校体育作了一些原则性规定外，还在1929年—1944年间专门制定和公布了一些学校体育的法令。这些法令主要有：《小学体育课程标准》《小学体育改进要点》《初级中学体育课程标准》《中等学校体育实施方案》《中等学校体育实施成绩考核办法》《中等以上学校体育改进要点》《师范学校体育课程标准》《各级学校体育设备暂行最低限度标准》等。在这些法令的基础上，国民党教育部于1940年公布了《各级学校体育实施方案》。它是中国近代史上第一个比较全面的学校体育实施方案，对近代学校体育产生过一定的影响。

（2）编写出版体育教材

国民党政府教育部在制定学校体育有关规定的同时，还组织编写和出版了一些体育教材。1933年，教育部聘请国内体育专家着手编写中小学体育教材，至1936年编印出版24册《体育教授细目》。这一套中小学生体育教科书是以美国和德国学校体育教材为蓝本进行编写的，是我国第一部较完整的中小学体育教科书。1942年—1946年，教育部又组织人员编写教材和参考书，但教材的大部分内容与当时学校的实际情况不相符，未能在各级学校中普遍实行。

（3）体育师资的培养

除五四时期延续下来的一些体育学校和大学体育系、科外，国民党统治时期，各地又新设了不少体育专业学校和大学体育系、科，如中央国术体育专科学校、上海市立体育专科学校、云南省立昆华体育师范学校、国立中山大学体育学系等。先后派送了一些留学生出国学习体育专业。在派送留学生中，以赴美者居多，其次是赴德、日、法等国。国民党政府曾采取办短期体育训练班、传习所的办法来培训中小学体育教师、公共体育场及国术馆工作人员等体育人才。

（4）学校体育的学说思想

①自然主义体育思想

自然主义体育思想是针对枯燥、呆板的德国体操、瑞典体操而言的。自然体育思想在中国的传播，对近代体育，特别是学校体育产生了重大影响。

②体育军事化思想

日本帝国主义1931年侵占我国东三省以及一系列罪恶侵略行径，激起了中国学校体育界的强烈爱国主义热情，体育军事化思想就是在这种影响下产生的。这种思想在抗日战争开始前在军队有一定市场，抗日战争开始后在学校体育中推行并受到重视，成为所谓"战时体育"的理论基础。其所提出的国防体育的某些措施，在反对日本帝国主义侵略中国的背景下也有某些积极意义。

③国粹主义体育思想

国粹主义体育思想是我国武术界所倡导的一种体育思想。1927 年国民党政府明令建立国术馆系统，把武术等传统体育看成我国的国粹。中央国术馆和中央国术体育传习所编写了国术教材，在学校推广应用，而这种体育思想在学校体育中也有一定影响。

4.革命根据地、解放区的学校体育文化

（1）革命根据地苏区的学校体育文化

列宁小学又称人民学校，是对 7—15 岁儿童实施普及义务教育的机构。为革命战争服务是列宁小学的体育具有的鲜明特点。1933 年，中央苏区创办了苏维埃大学，此后，又创办了诸如红军大学等若干所大学和专科学校。这些学校有的开设体育课，有的结合军事训练进行体育锻炼。

（2）解放区的学校体育文化

陕甘宁边区政府颁布了《小学法》。对于中等学校的体育，陕甘宁边区政府颁布的《暂行中学规则草案》。1941 年以前，有些师范和中学开设体育课。1941 年以后，由于战争环境，中等学校不再设体育课，主要进行爬山、侦察等军事锻炼。

1937 年红军大学改名抗日军政大学后，很重视体育，经常举行比赛和运动会。延安其他高等学校都很重视体育。中央党校的体育开展普遍，每两个支部就有一个排球场，三四个党支部就有一个篮球场，此外还开展了足球、跳高、跳远、双杠、石锁、太极拳、滑冰、游泳等运动，并常互相进行友谊赛。解决边区体育师资和体育干部缺乏的问题，1941 年春，在中共中央青年工作委员会体育部的领导下，青年干部学校建立了一个体育训练班，设在青年干部学校内。同年 9 月，青年干部学校与陕北公学、延安女子大学合并为延安大学，成立体育系。其他抗日根据地的学校体育，如盐阜区、淮南地区也得到了一定的重视。

三、美国学校体育文化的发展

（一）美国学校体育文化发展概况

进入 20 世纪后，美国学校体育在指导思想、体育立法、教学内容方法、师资培养等方面得到了迅速发展，在美国各国中发展最为突出。

1.学校体育文化的推行与发展

在 20 世纪初期，美国的学校体育工作者对学校体育的认识更加深入，开始关注休闲与健康。1914 年以后，各州的体育立法改进了，呈现了"具体化"的特点。到了 1949 年，全国共有 41 个州有了体育法，绝大多数州设置了州体育督学或体育主任。在 20 世纪 20 年代，美国大学中的竞赛运动在各个方面都有了十分广泛的发展。代表队的数目和参加比赛的运动员人数都大大增加了。校内课外竞赛运动最早是在大学开始的。"第二次世界大战"后，美国中学体育发生了许多变化，其中包括体育课时增加，参加体育课学生数目激增，学校管理者给予体育更多的关注，对体育课给以学分等。联邦政府教育总局出版发行了《从中学胜利队的体育取得健全体格》，它建议每个中学生每周应有五天有体育课。有30多个州推行了这一规划。

2. 美国学校体育文化的内容与方法

最早列入体育教学内容的竞赛运动有田径项目（如跑、跳、攀登）和重竞技项目（如摔跤、拳击和击剑），这些项目适合于在班上集体练习。篮球和排球也逐渐被列入体育课。

在20世纪20年代，人们提倡在休息时间或成年后参加一些运动项目，如游泳、手球、高尔夫球、羽毛球和网球。这些运动项目也开始列入学校体育课程。"第二次世界大战"后，学校体育朝着内容标准化方面迈出了一大步。有些大专院校的体育部教师编订了教学大纲或手册。在体育教学方法上，主要是实施"新体育"的基本步骤。

3. 美国体育师资培养体系的发展

1914年—1921年，州立师范专科学校增加到28所，设体育专业的州立大学增加到20所，捐助基金兴办的院校中设置体育系的达到22所。到1950年，有400多所高等院校创办了体育系科。当年有10000多名体育专业大学生毕业，满足了社会需要。研究生的培养是托马斯·伍德博士在哥伦比亚大学师范学院开始的。1910年该学院授予了第一批体育硕士学位。1930至1950年间，70多所大学设立了体育硕士学位，将近20所大学开始设立博士学位。基督教青年会也培养出一些专家。

4. 美国体育专业组织的发展

1903年，美国体育促进学会改名为美国体育学会，并制定了新的会章。1930年，《美国体育评论》被《卫生与体育》杂志代替。同时，《研究季刊》出版，这标志着体育卫生研究工作的新发展。1908年，大学体育馆主任协会改名为大学体育主任协会，1933年改名为大学体育协会，协会曾经主持编印几种重要图书资料，其中之一是《体育教材全国规划》。大学运动竞赛开展得十分广泛。美国大学校际竞赛运动联合会对高等学校运动竞赛的发展影响较大。

5. 美国在第一次和"第二次世界大战"期间的学校体育情况

"第一次世界大战"爆发后，尽管体育界及一些军事领导人反对，许多大、中学校的体育还是被军事训练所代替。"第二次世界大战"对于军事训练的需要，影响并统治了美国的体育。由于战时的需要，学校体育工作主要集中在体格检查和复查、急救、免疫和传染病预防、营养以及保健教育和指导。由于战时重视锻炼学生健全体格，常见的测验项目包括：引体向上、俯卧撑、双杠臂屈伸、爬绳以及赛跑项目。

（二）美国学校体育各运动项目的发展

通过对规则的修改，大学生篮球得到很大的改进。橄榄球在广泛开展的同时，也存在着大量的损伤事故以及球员资格等问题，这使橄榄球运动的发展受到影响。

第五节　20世纪下半叶学校体育文化的发展

一、教育思想对学校体育文化发展的影响

"第二次世界大战"结束后，世界许多国家都面临着教育重建问题，不论是受战争破坏的国家，还是战后取得民族独立和解放的国家，都在国家重建过程中对原先的教育观念、教育体制以及学校内部的具体问题进行了积极的教育改革。在这股教育实践改革热潮的推动下，各种世界教育思想涌现出来。学校体育作为学校教育的一个分支，其不可避免地受到教育思想的影响。

（一）结构主义教育思想对学校体育文化发展的影响

20世纪50、60年代，在结构主义教育思想的指导下，美国掀起了全国性的课程改革运动，随后西欧乃至世界各国也加入这一改革运动。在这一改革浪潮中，教育课程的自身规律越来越受到关注，致使20世纪60年代出现了世界性的课程理论改革。

60年代带有世界意义的课程理论改革的主导动向是源自美国的学科中心论。学科中心论引进了发现教育、程序教育、课程结构化等新概念，在其影响下，"美国的各州不同程度地加强了对学校体育的指导，在当时先后建立了一些健身和竞技体育指导委员会，帮助各州的学校体育，促进学生的身心发展。也有一些州制定了体育锻炼的方案和标准，例如，较有重大影响的是库珀提出的有氧锻炼和有氧锻炼的健身测试法，一开始在德克萨斯州推行，一直影响到美国和全球。"[①] 与此同时，日本1958年的体育大纲强调规范性和系统性；1968年的大纲以增强体力为特征，同时强调规范性和系统性，这些都是以学科中心论作为主导思想的。

（二）人本主义教育思想对学校体育文化发展的影响

继60年代学科中心之后的又一次世界性课程理论改革的主导动向是人本主义。人本主义课程不像学科中心课程，仅仅把重点放在智力上，它是以人的全面

---

① 顾渊彦，凌平主编. 域外学校体育传真[M]. 北京：人民体育出版社，1999：350.

发展为目的，认为除了智力以外，情绪、态度、理想、价值均是教育过程应当关注的重要领域。人本主义课程对世界各国的体育课程改革产生了推动作用。

人本主义体育课程主要表现为两个方面的特征，一是由学科结构向学习结构转移；二是由关心技能或体力发展向关心技能、体力、情意协调发展的方向转移。

这一课程理论改革，使得学校体育由学科中心向人本主义方向转移。学校体育在提倡素质教育基础上，由强调学科结构向注重学习者和他的学习结构方向发展。从而把适应学生的学习结构，包括学生的兴趣爱好、实际水平和需要作为体育教学的灵活性目标。至此，学校体育在设计课程时，不再侧重强调学科自身，开始关注学生的身心特点和个性发展的需求。把体育内容变为由多种项目组成，同时可以供学生或教师自主选择的，既强调统一性又强调灵活性的课程结构。

（三）终身教育思想对学校体育文化发展的影响

20 世纪 60 年代后期，终身教育思想在教育领域引起了一场广泛而深刻的革命。在终身教育热潮的影响下，终身体育逐步兴起。终身体育兴起之后，学校体育便不再仅仅是教育的一部分，开始扮演双重角色——既是教育的一部分，也是终身体育的一部分。当时，正值终身体育和休闲体育在国际领域开展炽热之际，学校体育中出现了为终身体育和休闲体育服务的新趋势。

为了适应终身体育发展的需要，学校体育作为终身体育最重要的、带有决定性意义的中间环节，开始注重学龄阶段培养学生终身从事体育学习和锻炼的观念和习惯，并使学生掌握终身体育的基本理论和方法。为此，学校体育的总体目标进行了有效规划，使零散的阶段性目标串联成带有长远效益的总体性目标，并对学生不同学龄阶段的学习进行了有效整合，体现出了终身体育的特点。

终身体育思想的到来使世界各国重新确立了学校体育的改革方向，拓宽了人们的思路，它不仅对学校体育教学思想、目的以及教师都产生了深刻的影响，同时也对学校体育课程和体育教材内容产生了深刻的影响。因此，世界各国从这一时期开始修订体育教学大纲。在体育学科的目标中，增加了"培养终身体育能力"的内容。这样，学校体育的目标就由过去的促进身心健全发展，变成了促进身心健全发展和培养终身体育能力。而在培养终身体育能力方面，学校体育更加注重培养学生的体育兴趣、意识、习惯和能力，这将更加适应现代社会。

这一时期，在终身教育思想的指导下，为实现终身健康快乐的生活，人们开始把参加体育运动作为自己生活中不可缺少的充满情趣的重要内容来享受。学校体育由此出现了新的飞跃，人们逐渐意识到体育应是贯穿终身的主要生活内容，学校中的体育不能随着毕业而视为终点，而应被视为人在一生中不间断地进行体育运动的重要组成部分。从此，学校体育被作为终身体育的入门期，便有了无限的广延性和终身性。

二、"二战"后世界学校体育文化的发展概况

"第二次世界大战"后，两极对立格局与世界经济霸权的形成、新技术革命的兴起、生活方式的改变以及对现代教育的需求，都对学校教育和体育的发展产生了深远的影响。

1957 年苏联发射人造卫星引起了科学主义在世界范围内的普遍盛行，极大地改变了各国科学和教育的面貌，学校体育逐渐转而注重对运动技术和体力增长的研究与教育。这一时期学校体育仍然承担着传统的实现全面发展的人的培养任务，但是，受社会体育和竞技体育发展趋势的影响，学校体育在教学目标、内容和方法方面出现了重大的变化。

在美国、日本、联邦德国等国家，学校体育在完成传统的培养教育任务的同时，已开始被视为未来终身体育的入门阶段或一个环节，这便要求学校体育的目标作以适当的转变，即从单纯的教育目标向培养学生的体育兴趣、意识、习惯和能力的目标过渡。

从这一目标出发，"美国卫生、体育和娱乐学会便曾协助学校推行钓鱼、射击、射箭、划船等活动；1965 年成立的终身运动基金会也在学生中传授羽毛球、滚球、网球、高尔夫球、滑水、潜水、花样滑冰、自行车等运动项目。这两个体育团体在学生中实施的体育内容，与过去体育课的田径、体操等已经不同，它们更具娱乐性，与社会体育的内容一致。"①之后，这种情况在日本和联邦德国也同样发生了。

至于这一时期教学方法的变化，在日本颇有代表性。"二战"前，日本各级学校曾无视个人兴趣及个体能力的差异，对学生做统一要求的体育课，曾引起学生普遍反感。但新的体育方法则首先考虑学生的个体差异，有针对性的安排教学内容和要求，从而使过去由学生适应体育课标准的状况改变为体育课顺应学生需要的新局面。

另外，鉴于战争的经验和教训，这一时期世界各国对青少年的健康与身心发展十分重视，并采取了积极有效的措施，在一定程度上也促进了学校体育的发展。

三、世界主要国家学校体育文化的发展

伴随着政治的更迭、经济的变革和科技的发展，20 世纪 70 年代前后，世界各国进入了知识经济时代和学习化时代。为适应社会发展的需要，教育发生了深刻的变化，世界各国纷纷提出了课程改革的方案，形成了举世重视教育改革的新局

---

① 颜绍泸，周西宽. 体育运动史 [M]. 北京：人民体育出版社，1990：443.

面。学校体育也在各国教育或课程改革中向终身体育和快乐体育的方向发展。

（一）美国学校体育发展及其改革

在美国，中、小学，甚至大学乃至整个教育都由各州管理。在这种地方分权教育体制的管理下，各州学校体育的课程设置和教学方式不尽相同。尽管各州没有统一的体育教学大纲，但是归纳其教学目标可分为以下三个方面，即发展身体，包括发展技术和体能；培养终生体育锻炼的习惯；培养学生对体育的良好态度。从而可看出，美国中小学体育教学目标的实质就是通过体育促进学生在身体、认知、社会、情感这四个方面的发展。

20世纪50年代，青少年体质下降问题引起了美国政府的高度重视，因此，1956年成立了青少年体质总统理事会，1958年美国第一次举国庆祝总统体适能周，1961年总统理事会出版了青少年体质蓝皮书，其主要目的是促进学校体育课程改革，使社会与学校共同关注青少年的体质健康。

20世纪60年代中期，美国的第二次教育改革浪潮伴随着民权运动开始了，改革的主要目标是促进教育机会平等。这一教育改革打破了种族享有共同参加体育与运动机会权利的壁垒，因此大学的各种学校运动队都招收了黑人运动员，与其他种族运动员同场竞技。这一时期学校体育有两个发展趋势：一个是以竞技体育为主的课程设置，另一个是以健身和参与为目标的课程设置。20世纪70年代，有氧锻炼与有氧运动课程深受学生和大众欢迎。20世纪80年代，美国社会逐步向知识密集型社会转变，提高教育质量和公民的科学文化水平成为时代的迫切要求。为了满足社会发展的需要，美国掀起了学校重建运动。在地方分权教育体制的管理下，一直以来美国都没有统一的体育课程标准，直到20世纪90年代中期《全国体育标准》的推出才填补了这一空白。

随着美国学校体育课程的不断发展，体育课程的改革呈现了一定的发展趋势及自身的特点。课程改革发展趋势有两大方向，"一是能够给予青少年全面教育的'优秀学科'的方向；一是主张体育具有独特的教育价值，针对社会要求发挥体育作用的方向。"①其特点概括起来有这些：强调体育的学科性；重视健康体能的教育；强调发展运动特有价值的运动课程；重视发挥教学评价的作用；教学内容的多元化；强调具有终身体育价值的运动的教学；舞蹈、韵律体操和娱乐活动等受到重视等。

（二）英国学校体育发展及其改革

"第二次世界大战"期间，英国开始重建国民教育。英国加强对教育的宏观控

① 张建华，高嵘，毛振明. 当代美国体育课程改革及对我国的启示[J]. 体育科学，2004，24（1）：51—52.

制，其目的是加速教育事业的发展，实现教育的普及化。教育法的颁布对学校体育的组织领导体制产生了很大影响。1945年，教育部的体育科从原教育部医药局的管理下脱离出来，成为独立的行政部门。这既反映了政府对学校体育工作的重视，也表明了学校体育的目标发生了根本性的变化。

1945年以后的体育指导书籍在体育的概念的运用上有了很大的变化，把学校体育作为学校教育的有机组成部分。在学制方面，1944年前，英国只有一种公立中学，1944年以后，出现了多种类型的学校，没有统一的体育教学大纲。在修订体育教学大纲、确立体育教学内容方面，学校具有很大的自主权。

为了加强宏观领导，教育部于1952年、1953年分别发行了《运动与成长》《制定教学计划》两本书，对加强学校体育的宏观指导起到了很大作用。在《制定教学计划》一书中，把运动领域分为身体训练、游戏、舞蹈、游泳四个项目，形成了该时期体育教学内容的特色。

与战前相比，战后的体育教学大纲把体育训练改为体育教育，这一概念对体育课程领域产生了积极影响。战前强调体育的身体发展功能，战后则是在肯定身体发展功能的前提下，进一步强调了体育的社会与心理领域总体的教育功能，并且在教学内容中进一步重视了游戏、舞蹈和游泳。

70年代初期，受科学技术发展的影响，世界各国的课程均强调个性发展，但英国仍保留有历史上影响深远的双轨教育的遗迹，进行彻底的改革迫在眉睫。1988年，英国进行了战后最有力度的一次教育改革，学校体育课程存其发展演变的过程中也进行了相应的改革。

1.学校体育课程的演变

（1）凸显"运动"（1972年—1987年）

这个时期的英国学校体育是重视游戏和竞技的典型时期，1972年南教育科学部修订出版了体育教学指导书，该书较1952年版增加了游戏和竞技项目，包括体育教学计划和一切活动的共同因素。英国在教学计划的安排中将教学内容分为四类：运动实践与研究；通过运动的开展培养创造性地表现能力；运动专门技术指导；通过运动追求强身健体的运动效果。

教学内容由教育体操、舞蹈及韵律操和表演、游戏和竞技、基础体力练习四部分组成。70年代学校体育的特征是：积极导入选修制；运动教育成为制定体育教学计划和实施教学的重要因素；游泳、体操受到绝对重观；小学和中学中引入了舞蹈教材；室内体育引入了击剑、柔道、乒乓球；野营、划船、滑雪等，野外活动受到重视。

（2）进一步完善学校体育课程标准（1988年—1991年）

1988年实行的教育改革打破多年来的地方分权的教育行政制度，加强国家宏观控制和校长的管理权，削弱地方政府的教育管理权。1988 年以后，首次将体育课作为必修课，国家制订课程标准，使其更具法定约束力，对学校体育教学具有一定的制约作用。体育课程标注选择的运动项目领域有六个方面：田径、舞蹈、游泳、体操、野外活动、游戏，并将这些项目分别在四个年龄阶段按不同要求实施。

第一阶段的学习以掌握基本运动技能为主题，第二、三阶段以体操和各种运动项目、野外活动为主题，第四阶段可自由选择一项体育项目为教材。这样形成了四个阶段的递增教学模式。

2. 英国体育课程改革

1988 年以后国家确定了体育课程标准，并按年龄阶段确定了各个阶段学习重点，在实施中充分表现出了英国的教育特色。游戏进一步发展成为竞技运动项目。在低年级表现为游戏，在高年级表现为竞技运动项目，但不再以取得优异成绩为主要目标，重视"Movement"专门技术指导。从 1992 年开始，作为国家的体育课程标准把"Movement"练习集中体现在舞蹈和体操两个领域，并对各个年龄段课程分别提出了指导性要求。

（3）教学组织形式

英国从 19 世纪下半叶开始，就形成了双轨制的教育制度。在这样的教育制度下，选修制和按能力分班就成了英国教育的传统。即使经过了 1988 年的课程改革，选修制和按能力分班也体现在体育教学中。选修制促进了按能力分班的教学组织形式，这种分班形式有能力分组、能力分段、混合能力分组、学科能力分组四种形式。开展体育选修主要采用的是体育学科能力分组。

（4）课程改革出现的偏差

对于 1988 年实施的课程改革，尽管很多方面给予了积极的和肯定的评价，但对学校体育和学校体育课程方面有一些不同的意见，集中在对国家课程标准的制定、国家调控功能的加强、地方教育行政权的削弱、学校自主权的增加等给学校体育带来的新问题，并出现了一些偏差：体育课课时减少；由于扩大了学校的自主权，学校出卖土地包括运动场的现象增多；课外活动的人数减少。

（三）德国学校体育发展及其改革

"第二次世界大战"以前，学校体育强调的是健康、体力、军事准备和种族仪式，体育内容侧重军事操练和体操。

"第二次世界大战"以后，新的学校体育观念成为战后德国学校体育改革的思想基础，并走上独特的发展道路。这一时期德国学校体育观念变革的主要标志之一就是由体育教法学向体育教育学的变迁。随着学校体育的变革，德国的体育课程和教学内容也进行了相应的改进。

1. 体育课程模式的演变

这一时期，德国体育课程的演变经历了两个阶段。第一阶段是理论不完备阶段、"第二次世界大战"后的体育改革是以战前为起点的，体育课实施着体操、运动、游戏等各种运动项目，战时的法西斯理论被摒弃，新的理论还没有建立，体育课只能参照认知发展和身体发达的原理，并以此为中心开展课程设计，全国体育课程各行其是，没有统一要求，处于较为混乱的状态。

第二阶段从 20 世纪 60 年开始，是哲学人类学阶段。这个时期以生理学和解剖学为依据，提出身体发展的原理，并进一步提出教学目标、教学内容和学生身体发展的一致性，比前一阶段的思想较为系统。但是它轻视人文和社会，轻视学校的社会因素，在理论上仍不完备。在此阶段很多专家探讨了身体运动的价值，并以此价值设计体育教学的行动模式。教师从重视游戏和比赛、重视竞争、重视目标达成、重视表演和表现形式这四种体育教学的模式中挖掘出体育教学的基本结构，为完善体育教学创造了一定条件。

2. 教学内容的演变

战后联邦德国只颁布体育课程指导文件，具体的体育课程标准由各州颁布。因此，没有全国统一盼课程标准，各州有各州的特色，但是竞技运动项目是其体育教学内容的重点。这一时期的教学内容以儿童行为特点作为教材理论的根据，认为学生身体发育发达阶段可以作为改变教学内容的根据，但又不能成为教学内容的分类依据。因此以何种标准进行分类，出现了比较混乱的状态。为改变这一局面，教学内容的分类依据出现了向以运动项目为单位这一分类标准发展的趋势。

在 20 世纪 60 年代，德国开展的旨在实现全民健身的《黄金计划》的实施，使学校体育进一步融入社会体育中，体育作为社会文化的一个重要层面，被人们广泛承认，社会体育也成了学校体育的基础。

伴随着教育改革的逐步深化，德国的学校体育也发生了全方位的变革。由教法学向教育学的变迁、运动教育学的产生、体育教学系统模式的建立、运动行为能力的提倡等，对整个体育课程的发展，包括体育课程的理论、目标、模式以及教学内容等的改进均产生了积极的影响。

3. 体育课程理论的演变

"二战"前的德国是典型的手段论体育观，到 20 世纪 60 年代，手段论体育观受到批判。进入到 70 年代后，人体运动论和目的论体育观取代手段论体育观。"二战"后德国的体育课程论实质上是清算手段论体育观，逐步完善目的论体育观的过程。

4. 运动课程目标的演变

随着目的论体育观的逐步发展和完善，20 世纪 70 年代以后，德国的体育课程目标除了以健康和教育为主，并承认竞技运动项目的价值外，开始注重培养学生的社会适应能力，并力求从六个方面中寻求运动的新功能：培养运动行为能力；通过自身经验，掌握技术技能；维持健康，弥补缺陷；提高安全感，稳定情绪；重视人际交往、社会经验及社会认识；教给孩子利用余暇时间的方法和必要的行动方式。

5.体育课程模式的演变

从 70 年代开始，体育课程便进入课程理论结构化阶段。在该时期，世界教育改革的进程加快，在体育教学领域中广泛使用了社会科学的理论，产生了有关体育的新学科以及反映体育学科规律和学科领域的新观点，这为体育课程进一步结构化、系统化奠定了基础。

20 世纪 80 年代以后，德国进一步重视建立体育教育学的理论体系，体育专家们认为，各个运动项目具有特定的教法体系，建立适合各种专项的教法学体系是困难的，只有从宏观上、从社会学及教育学的发展中汲取营养，才能建立具有教育学意义的体育教育学体系，这使体育课程的理论进一步体系化。在此阶段体育课程理论进一步完善，德国的运动教育学形成了三个派别，并产生了相应的三种课程模式。第一种是重视开发运动项目的学派，其课程模式是开展多种多样的体育项目。第二种是重视开发运动行为学派，其课程模式是开发运动行为能力。第三种是重在重视体验与参与的学派，其课程模式是强调体验与参与。

（四）日本学校体育发展及其改革

"第二次世界大战"后到 20 世纪 70 年代，依据日本体育课程改革的分期将学校体育划分为三个时期，即经验主义时期、学科主义时期和体力主义时期。在这个过程中，学校体育的目标应教育改革的要求也进行了改革。其中体育目标改革的历史分期与体育课程改革的分期保持一致。

1.经验主义时期（1945 年—1958 年）

1945 年，日本战败后，美国当局清除了日本军国主义，日本的教育便由战前军国主义教育，转为战后民主主义和自由主义教育。这一时期受美国的实用主义和经验主义教育思想的影响，学校体育目标侧重强调体育的生活化，把体育运动作为手段，通过身体活动来培养人的民主主义思想。这一时期的体育教学大纲把体炼课改为体育课；要求教师通过创造性劳动和学校特点自主制定教学计划；强调娱乐和竞技运动项目，从学生出发选择教材，教材以游戏和竞技运动项目为中心；健康教育作为体育课的教学内容；重视从小学到大学的衔接，将体育列为大学必修课。

这个时期学校体育是处于一个以学生为中心，重视体育的生活化和教育课程的自主编制时期，但由于片面吸收美国的教育理论，过分强调民主化、自由化，单纯的根据学生兴趣从事体育教学，使学校体育发展到了放任自流的状态。

2. 学科主义时期（1958 年—1967 年）

进入 20 世纪 50 年代后期，日本借助美国的扶持及朝鲜战争这一有利时机，复苏了本国经济。"随着产业社会经济的高速增长，培养学生的'学力'和'基础体力'已成为日本的主要任务，"①再加上赫尔辛基奥运会和墨尔本奥运会日本的运动成绩都不佳，使日本更加深刻的意识到了培养学生基础运动能力和基础体力的重要性。在这种情况下，1958 年日本文部省公布了新大纲。大纲提出学校体育目标侧重强调提高"基础的运动能力"和"运动技能"，由此宣告以体育生活化为目标的时代结束。

该大纲从维持和提高国家义务教育水准出发，提出学校体育的规范要求，法定约束力得到加强，而灵活性受到限制。大纲以运动项目自身特点作为分类的依据，将教学内容分为体育理论、徒手体操、器械运动、田径、格技、游泳、舞蹈、球类，并规定了各类教学内容的时数比重。这样的分类依据一方面吸取了经验主义时期大纲过于灵活的教训，同时也是为了保证教学的系统性和促进学生的身体全面发展。

3. 体力主义时期（1968 年—1976 年）

伴随着日本的技术革新和消费革命，日本进入了经济高速发展期，生活水平日益提升，日本青少年的体格也有了显著的改善，但是体力却有了明显的下降。这引起了日本朝野的重视。

1968 年到 1970 年文部省先后修改了小学、初中和高中的大纲。体育目标由过去的提高运动能力彻底转向了增强体力。由于增强体力的实施，日本青少年的体力大幅度提高。但是，体育教学和课外体育活动缺乏娱乐性和文化性，成为机械的身体训练。学生开始厌烦体育课，喜欢自己运动。在这种情况下，一些从事学校体育研究的教师，开始批判单纯从生物学的角度去增强体力的弊端，主张对学校体育进行改革。

20 世纪 70 年代，日本已成为仅次于美国的世界第二经济大国，社会结构、生活方式发生了巨大变革。在这种社会背景下，日本文部省于 1977 年公布了小学和初中教学新大纲，1978 年公布了高中新大纲。大纲一改体力主义教学大纲的那种过分的规范性和系统性，力图扩大学校的自主性和教师的创造性，使其成为一个较为灵活的大纲。

20 世纪 80 年代后，日本向国际化、信息化和老龄化社会发展。为适应社会的需要进一步实施生涯体育，日本在总结经验的基础上，1989 年又公布了新的教学

---

① 毕红星. 日本现代学校体育的演变［J］. 四川体育科学，2008（4）：5.

大纲。在生涯体育思想的指导下，把培养学生的能力，发展个性作为学校体育的目标。为了实现学校体育的目标还"提出了新的学习观，即培养学生对体育学习的态度，通过体育学习，提高学生的思考、判断和表现能力。"①这一次新的教学大纲，小学初中高中同一时间修订，但实施却是分阶段进行的。1992 年开始实施小学新大纲，1993 年开始实施初中新大纲，1994 年开始实施高中新大纲。

---

① 周晓军，韩长军. 日本学校体育改革演进趋势及其启示[J]. 山西师大体育学院学报，2007，22（4）：6.

第三章 学校体育管理文化

第一节 学校体育管理概述

一、学校体育管理的含义和内容

学校体育的组织和管理者依据教育、体育和管理的规律，通过实施决策、计划、组织、领导、控制、创新等管理职能，发挥人力、财力、物力等资源的合力作用，有效地实现学校体育目的的系统活动过程。

学校体育管理工作可以分为学校体育工作管理和体育专业与学科建设两大部分。学校体育工作管理包括体育课程管理、体育教学管理、课外体育活动管理、课余训练管理、课余竞赛管理、体育师资管理、体育设施设备管理、体育经费管理、体育文化管理和体育知识管理。体育专业与学科建设方面，专业建设包括专业设置管理、专业目标管理、课程方案管理、师资队伍管理、专业教材管理、物质条件管理、专业经费管理；学科建设包括学科管理体制、体育学科组织、体育学科制度、体育学科发展。

学校体育管理的两大部分内容之间既有区别又有联系。从管理范围上看，学校体育工作贯穿大学、中学和小学，甚至包含学前教育；体育专业与学科建设主要是针对高等院校和职业院校。从管理对象上看，学校体育工作涵盖所有的在校学生，而体育专业与学科建设主要是针对体育专业学生。从管理目的上看，学校体育工作是为了增强学生体质、传承体育文化，体育专业与学科建设主要是为了培养体育人才，传承体育文化，服务于学校体育工作。尽管两者的范围、对象和目的不同，但是两者有着紧密的联系。学校体育工作是基础，培养学生的基本运动能力，体育专业与学科建设是体育工作的升华和逻辑延续，是更高层次的学校体育工作。学校体育工作为体育专业和学科建设提供了基础，体育专业与学科建设又反作用于学校体育工作，为学科建设提供指导和师资力量。学校体育工作和体育专业与学科建设是相互促进、共同提高的逻辑关系。

二、学校体育管理的原理

（一）系统性原理

学校体育管理系统是指由学校体育目标联系起来的诸要素组成的有机整体。学校体育的系统主要包括两个子系统：一是学校体育工作子系统，包含体育教学子系统、课外体育活动管理子系统、业余训练与竞赛子系统等；二是体育专业与学科建设子系统，包括体育专业建设和体育学科建设。

学校体育管理的系统性原理就是要从整体上把握学校体育管理的运行规律，运用系统方法调节和控制学校体育管理活动，将学校体育管理系统有机整合以实现既定的目标。系统性原理要求，既要根据每一个子系统的特性实施管理工作，同时又要将每一个子系统置于学校体育这个大系统之下统摄每一个子系统的运行。此外，还要做到战略系统性、过程系统性和环境系统性。

（二）人本原理

人本原理就是学校体育管理的一切活动都要依靠人、培养人和发展人。所以在学校体育管理的过程中要以人为本，调动人的积极性，做好学校体育工作；学校体育管理的目的是满足人的要求，一切活动要以培养人和发展人为目标。学校体育管理系统中涉及的人主要有三类：第一类是学生，是管理的主要对象；第二类是教师，是学校体育管理工作开展的主体和对象；第三类是学校体育管理人员，是实施学校体育管理的主体。人本原理在学校体育管理中主要体现为过程的人本性和目标的人本性，强调学校体育管理要善于利用物质激励、精神激励等各种激励手段调动各类人员的积极性和创造性，善于运用各种管理手段，保障一切活动都是为了人。

（三）动态性原理

学校体育管理的系统是运动变化的。动态性原理是指管理者必须以动态的观点把握学校体育管理系统的规律，及时调节和控制各个环节，以保障学校体育管理目标的实现。不同的地区、不同的学校、不同的学生使学校体育管理所处的环境和管理对象千差万别，在管理中必须要考虑差异性，考虑各种不同的相关因素，为管理的实施留有可调控的余地，根据时间、地点和人员的不同采用适宜的管理方式，以提升管理的效果。从学校体育管理的过程来看，动态性原理要求做到计划和决策的动态性、组织和领导的动态性、执行和控制的动态性。

（四）高效性原理

高效性原理是指学校体育管理工作要做到高效率和高目标达成度，即在高效率的工作下高水平地达成管理的目标。高效性原理包括两层意思：一是管理工作的高效率，即在最短的时间内用最少的资源获得最大的产出；二是管理工作的高效果。高效性原理要求学校体育管理的每一项活动都有利于目标的实现，每一项举措都有利于效果的达成。达成效果需要用学校体育管理的目的指引管理工作的全过程，并贯穿于学校体育的决策、计划、组织、领导、控制和创新等环节中，使每一个环节都围绕管理的目的展开，全面地监控管理工作对目标达成的效果。如出现不利于目的达成的行为和倾向，要及时进行纠正，以促进学校体育管理目的的实现。

（五）全面效益原理

学校体育管理注重社会效益、长远效益和整体效益。注重社会效益是注重学校体育对学生培养的效益，注重学生素质的提高，而不是为了经济的节约，放弃体育设施引进，减少体育课程，或者偏重于利用学校的体育设施开展经营性体育活动。注重长远效益是指学校体育管理中不能急功近利，不能为了应付检查工作而突击开展各种体育活动，不能为了一时的体育成绩而不顾学生身体发育的规律。注重整体效益是指学校体育管理不仅仅是为了教学，还要培养学生终身体育的习惯和能力，还要为竞技体育的发展培养后备人才。注重社会效益、长远效益和整体效益的同时还要兼顾经济效益和局部效益，提高学校体育管理的全面效益。

（六）责任原理

责任原理是指学校体育管理中各单位或者个体所应完成的任务和承担的责任，分为内部责任和外部责任。内部责任是指个人对单位应尽的责任，外部责任是组织或者单位对社会应尽的责任。

贯彻落实责任原理，要遵循责权利对等的原则，做到合理分工、明确职责、授予权力及监督奖惩。合理分工要在科学研究的基础上，明确体育管理组织职能，根据职能设立合理的工作岗位。授予相应地的管理权力，即人、财、物的管理权力，这些权力应该与职责相匹配。监督奖惩是指根据责任的完成情况对责任承担者实施奖励或者惩罚，以保证职责的有效履行。

（七）竞争原理

竞争原理是指学校体育管理的个体之间、组织之间为了实现自身目标而相互竞争以求取胜和共同发展。运用竞争原理开展学校体育管理，可以不断促进学生积极参加体育课程、课外体育活动、课余训练和竞赛活动，并且培养其勇敢、坚强的意志品质。同时，不同学校之间展开相互竞争，可以提高学校办学水平，促进学校体育水平的共同提高。学校体育管理的竞争原理要求做到适度竞争、公平竞争、奖惩及时。

三、学校体育管理的方法

学校体育管理的方法是指为了实现学校体育管理预定目标，保证学校体育管理顺利进行而采取的各种途径和手段。学校体育管理方法因划分标准的不同可以进行不同的分类。按照学校体育管理的过程划分，可分为预测方法、决策方法、计划方法、组织方法、实施方法等；按照学校体育管理方法的层次分，可分为宏观方法、中观方法和微观方法。本书按照宏观、中观和微观来划分学。

（一）宏观方法

学校体育管理的宏观方法又称为哲学方法，是以马克思主义哲学为指导的哲学体系，它是世界观和方法论的辩证统一，具有普遍的适用性，能涵盖一切领域，为学校体育管理提供正确的思维方式，用哲学的原则解决学校体育管理中的具体问题。

（二）中观方法

学校体育管理的中观方法又称为一般方法，包括定性管理方法、定量管理方法和综合性管理方法。定性管理方法是从事物的内在规定性来管理事物的一种方法，具有灵活、快捷、满足开放性管理措施需要的优点，但是也具有主观性强、精确性差的缺点，如行政类管理方法。管理定量方法是把管理引入一些可以量化的要素，或者使用可量化的模型去管理某些问题，如经济类管理方法。定量方法具有精确、科学的优点，但是存在数据难以获得、开放性不足的问题。综合方法就是将定性方法和定量方法结合运用的方法。

（三）微观方法

学校体育管理的微观方法是解决学校体育管理的具体问题而采取的措施和途径。按照作用的原理不同，学校体育管理微观方法包括行政类管理法、法律制度类管理法、经济类管理法和社会心理类管理方法。每一类方法又有具体的方法，形成一个有机的整体，管理者可合理选择利用。

1. 行政类管理法

行政类管理法是指学校体育行政机构依靠行政权责，借助于命令、指示、计划、指挥、监督、检查、协调等行政手段，协调学校体育事务实现既定目标的方法。行政方法具有权威、强制、直接、无偿、垂直、统一和高效的特点。合理运用行政类管理方法，能够系统地贯彻国家有关学校体育的政策和方针，能够快速、高效地处理学校体育事务，可以有效解决学校体育的意外事件。由于行政管理方法具有强制、无偿的特点，所以执行中易于引起被管理者的心理抵触，而且管理的有效性取决于领导者的水平，易受主观因素的影响，造成过度集权。因此，在学校体育管理中，行政类管理法要注意与其他手段结合使用。为了提高管理质量，现代行政管理方法出现了目标管理法、标杆管理法、行政全面质量管理法等新型方法。学校体育管理的行政类管理法具体包括发布行政命令法、直接指挥法和监督检查法等。

2. 法律制度类管理法

法律制度类管理法是指借助各级学校体育行政管理部门的法律法规和学校的规章制度，调节并控制管理对象实现管理目标的方法。法律制度的形式包括法律、法令、条例、通知、标准、规定和制度等。法律制度方法具有强制、规范、稳定的特点。法律制度管理法能够使管理活动稳定、规范地进行，能够解决管理中的共性问题，保证学校体育工作的正常秩序，但是法律制度有一定的局限性，不能够解决特殊问题，缺乏灵活性。具体来讲，学校体育管理的法律制度类管理法包括法律方法、规章方法和制度方法等。

3. 经济管理法

经济管理法是指学校体育管理中借助于经济手段调节控制学校体育工作各方面利益关系，激励和调节被管理者的积极性和主动性，实现学校体育管理目标的方法。经济管理方法具有普遍、持久、定量和灵活的特点，适当运用经济管理法能够利用经济杠杆调节被管理者的活动，协调人员之间、人与组织之间的关系，激励被管理者积极投入工作中。例如通过设置训练竞赛经费、福利和奖金等来促进课余训练和竞赛水平的提升，再如利用专项活动经费支持"阳光体育运动"，促进课外体育活动的开展。要想使经济管理法能够有效地发挥作用，必须要做好基础定额、科学计量、实施奖惩工作，运用数学计量法实施管理。经济管理法具有一定的自发性，容易导致过度追求经济利益而牺牲他人或者集体利益情况的出现，如体育竞赛中的年龄造假问题，因此，经济管理法要与其他方法结合运用。学校体育管理的经济类管理法具体包括奖金法、奖品法、改善待遇法、罚款法和取消待遇法等。

4. 社会心理类管理法

社会心理类管理法就是根据社会学和心理学原理的客观规律，在学校体育中运用教育、宣传、激励、沟通等手段塑造组织环境氛围，影响和协调被管理者活动，实现管理目标的方法。社会心理类管理法具有思想性、灵活性、激发性和滞后性的特点，其形式包括思想政治工作、宣传教育工作、精神鼓励和行为促进等。运用社会心理类管理法要善于宣传和沟通，以人为本，结合被管理对象的心理需求开展工作。社会心理类管理法非常灵活，运用范围较广，容易被人们接受。但是社会心理类管理法的有效性是相对的，只有与经济管理法、法律制度类管理法等结合运用才能发挥较高的效力。社会心理类管理法具体包括情感激励法、榜样激励法、表扬法、批评法、宣传法、教育法和沟通法等。

第二节　学校体育工作管理

一、学校体育工作管理的组织

学校体育工作管理是指在国家政策法规的框架下，围绕学校体育工作的目标，遵循学校教育和学校体育的基本规律，运用管理学的理论和方法，对学校体育工作过程及内外部各种因素与环境条件所进行的计划、实施、检查与评定（督导）、总结的动态管理过程。

（一）学校体育管理工作计划

学校体育管理工作计划就是根据我国社会发展环境及学校体育事业发展的内外部环境提出学校体育未来发展目标以及实现路径。它是学校体育工作的依据和具体的行动方案。学校体育管理工作计划既包括政府职能部门的宏观管理工作计划，又包括学校的微观管理工作计划。政府部门的宏观学校体育管理工作计划，是整个国家或某一地区的学校体育发展目标和实现路径的具体体现，也是政府职能部门运用职权干预学校体育工作行动的方案。它的编制依据是国家、地方的有关学校体育政策及地方学校体育的实际情况，往往以纲要、政府工作报告或直接以计划的形式出现。学校的微观学校体育管理工作计划，是指学校内部的学校体育管理工作计划，是对学校体育课程、体育课堂教学以及课余体育活动的具体安排。学校体育管理工作的组织从宏观上引领学校体育的发展，从微观上对学校体育工作进行安排和引导，是学校体育管理的依据，也是学校体育管理工作的关键环节。

（二）学校体育管理工作的实施

学校体育管理工作的实施就是将学校体育管理工作的相关政策、工作计划具体化，并在学校教育、学校体育工作中贯彻执行过程。如将学校体育年度计划进行分解，安排人员进行组织教学、训练，开展课余活动等。学校体育管理工作的实施依据，从宏观上是国家的学校体育管理工作计划，微观上则是某所具体学校的体育工作计划。

（三）检查评估督导

检查评估督导是国家、地方教育行政机关或学校对地方或本学校落实国家、地方学校体育政策法规以及落实学校体育计划情况的专项检查（督导），并对取得的效果进行效果评定的过程。学校体育工作检查是国家赋予地方、学校对学校体育进行督导检查的权利。随着学校体育管理工作政策法规的完善，我国学校体育检查评估的工作正走向科学化、制度化、规范化。

（四）总结

学校体育管理工作的总结是指地方政府或学校对学校体育管理工作过程中取得的成绩进行分析回顾，对存在的问题与不足进行反思的过程。学校体育管理工作总结的作用主要包括两个方面。一方面是为了扬长避短，对学校体育管理工作优点继续发扬，对存在的缺点加以改进并加强防范。另一面，是为找出工作存在的缺位和失位情况，通过制订政策法规等进行防漏补缺，不断完善学校体育管理工作的政策法规制度。

二、学校体育工作管理的内容

学校体育工作管理内容分为宏观管理和微观管理两个层次。宏观管理是指各级政府职能部门、社会组织对学校体育工作的管理机构和政策、法规等；微观管理是学校内部体育工作的管理，主要包括行政管理和业务管理两大类。学校内部体育工作的行政管理内容包括学校体育组织、教师管理、场地设施管理、体育经费管理等；业务管理包括体育课程管理、体育教学工作管理、课余体育工作管理以及学生体质健康标准管理。这里着重介绍学校内部体育工作的业务管理。

（一）体育课程管理

2001 年颁布的《国务院关于基础教育改革与发展的决定》中规定："实行国家、地方、学校三级课程管理。"我国基础教育课程管理从原来单一的国家统一课程管理走向国家、地方、学校三级课程管理。就学校体育课程而言，三级管理是指国家对体育课程的管理、地方对学校体育的管理以及学校对体育课程的管理。

（二）体育教学工作管理

体育教学是学校体育工作管理的中心环节，也是达成学校体育目标、完成学校体育任务的核心途径。体育教学管理包括体育教学计划管理、体育课堂教学管理和体育教学质量评估。

（三）课余体育活动工作管理

课余体育活动是素质教育的重要内容和手段，是学校体育的重要组成部分。学校体育工作要取得良好的效果，除了要加强体育备课、上课管理之外，还要进行课余体育活动的管理。课余体育活动管理主要分为课余体育锻炼工作管理、课余运动训练工作管理与课余体育竞赛工作管理。

（四）学生体质健康管理

学校体育工作除了要做好教学业务之外；还要做好学生体质健康管理工作。学生体质管理工作主要包括组织学生进行体质测试，填写《〈国家学生体质健康标准〉登记卡》，按规定上报测试结果，并针对本校的情况进行分析和运用等。

第三节　体育专业与学科建设

一、体育专业建设

体育专业管理由教育部、高等院校、体育学院（系）负责。教育部是体育专业的宏观管理部门；高等院校一般由教务处负责专业管理工作，体育专业管理也在其工作职责之内；体育学院（系）负责体育专业建设的具体管理工作。体育专业建设的内容主要是指体育学院（系）的体育专业管理具体所开展的工作，具体包括专业设置、目标定位、课程方案、师资队伍、教材建设与选用、物质保障和经费保障等。

（一）体育专业设置

体育专业设置是体育专业建设的第一步，合理地设置专业可以为更好地进行专业管理奠定基础。体育专业设置要做到三个结合。

1.结合社会的需求。专业设置要满足经济建设和社会发展的需要，综合考虑社会体育人才供求状况及其他院校体育相关专业设置情况，有的放矢地设置专业，为社会培养满足需求的体育专业人才。

2.结合学校的综合状况。要根据学校的具体情况合理地设置体育专业。体育专业是学校众多专业的组成部分之一，专业设置要考虑学校的现状和发展，使其能够依托学校培养更多更好的人才。

3.结合体育学院（系）的专业条件。学校应核查开设体育相关专业所需的师资队伍、教材图书、专业经费、教室和实验室以及实习基地的情况，以确定是否具备开展相关专业的条件。

（二）目标定位

目标定位是指体育专业要培养具有一定基本素质、掌握一定理论和技能并且能够从事相应工作的体育专门人才。专业目标的确定具有重要意义，它统领专业建设工作，指引专业管理和专业发展的方向。专业目标应根据该专业的社会需求、发展规律和时代特征来确定。确定专业目标后，要采取目标管理法，围绕专业目标管理体育专业。体育专业的目标管理分为三个步骤。第一，将专业目标转换为工作任务体系，即将体育专业培养目标分化为课程方案、教材建设、师资队伍等各个环节的具体任务。第二，促进体育专业的管理人员和教学人员参与体育专业的管理和目标任务的分解，将目标任务分解到每个参与者并转化为个体的内在要求。第三，确立每个成员具体的任务，根据任务检查、评估和控制，实现体育专业目标。

（三）课程方案

课程方案是实现专业目标的重要保障，是体育专业建设工作的核心。课程方案设置应该做到结构合理、注重能力、力求创新。结构合理是指课程方案要合理分配课程的比例，做到基础和专业相结合，理论和实践相结合，体现在课程方案中既要有通识课程，又要有专业课程，既要有理论课程，又要有实践课程；注重能力是指课程方案要注重学生能力的养成，应设计培养学生实践能力的环节，包括专业实践与实训、社会活动参与等内容；力求创新是指课程方案应该有所拓展，设计培养学生创新能力的课程，如专业前沿课程、跨专业教育、学术与科技活动课程等。

（四）师资队伍

体育专业师资队伍应满足专业建设的要求，能够实现体育专业培养的目标。科学管理专业师资队伍必须做到数量充足和结构合理。数量充足，是指要有一支稳定的师资队伍和具有副教授职称以上的专业学科带头人，整个队伍能够承担70%以上的专业课程教学。教师总体数量应达到教育部颁布的高等学校基本办学条件指标。结构合理，是指体育专业教师的年龄结构、资格结构、职称结构和学历结构满足基本办学要求，教师年龄结构做到老、中、青结合，且以中年教师居多。教师必须具备高等教师资格证书、普通话证书，专业技能教师还要具备相应运动项目的运动员等级证书、裁判员证书或教练员证书。在职称结构上，必须要有副教授以上的学科带头人，高级职称教师占专职教师的30%以上能够较好地完成培养目标，并且教授、副教授应承担一定数量的本科教学任务。在学历结构上，具有硕士、博士学位的教师应达到30%以上，超过50%能够较好地满足教学需要。

（五）教材建设与选用

整体水平较高、使用效果较好的专业教材能够促进学生学习，有效达成课程目标，从而实现专业培养目标。为此，应建立教材的选用制度、建设制度和评估制度，选用制度应该遵循三个原则。第一，尽量采用教育部全国高等学校体育教学委员会审定的教材。第二，选用获得省部级奖励的教材。第三，选用近三年出版的教材。学校应建立体育专业教材建设制度，做好教材建设规划，鼓励教师编写具有地方或者本校特色的教材，以提高教材的适用性。

（六）物质保障

物质保障是指实现专业培养目标所必需的物质条件，包括教学行政用房、实验室、教学科研仪器设备、图书资料、场地器材和实习基地等。数量上，根据要

《普通高等院校基本办学条件指标》规定。管理上，制定教学行政用房、实验室、仪器设备、图书资料和场地器材的使用规定，尽量做到覆盖面广、开放时间长、管理手段先进、服务效果好；设有体育专业学生专用的体育场地器材、实验室和科研设备，满足体育专业教学的需要；加强体育专业实习基地建设，设有一个或多个相对稳定的实习基地，制定专业实习计划，配备指导教师，提供专项实习经费。

（七）专业经费

高等院校本专科业务费、教学差旅费、体育维持费和教学仪器设备维修费总和占学费收入的比例应超过 25%，才能较好地满足人才培养需要。具体到专业经费，经费数额必须满足教学、科研、实验、实习、图书和场地器材等项目的需要。经费使用要符合学校财务规定，建立专业经费预算，根据预算，使用和控制费用支出。

二、体育学科建设

体育学科从属于教育学门类，一级学科为体育学，二级学科为体育人文社会学、体育教育训练学、民族传统体育学和运动人体科学。体育学科建设是指体育学科的管理者为了实现体育学科发展目标，根据体育学科发展规律，对体育学科进行计划、组织、领导、控制和创新的综合活动过程。

（一）体育学科管理体制

1. 国家层面的宏观管理

为了促进经济社会发展，提高国家的科技竞争力，国家通过政策和经费等手段宏观调控高等院校学科建设，调控方式主要有直接调控和间接调控。直接调控是指政府通过与学科直接相关的政策和经费，鼓励高校发展国家和行业急需的重点需求和领域，如 211 工程和 985 工程。间接调控是指国家经济社会发展政策等间接与高校学科有关的政策对高校学科建设的调控。体育学科方面，健身指导、体育产业、体育管理等研究逐渐深入，对体育人文社会学学科的建设与发展起到了重要的促进作用。

2. 教育部

教育部高等教育司对口管理高校学科建设工作，其具体职责是拟定高等学校学科专业目录和教学指导文件，管理的措施主要有制定政策法规规范学科、开展学科评估监督学科和评选国家重点学科发展学科。政策法规规范了高等院校的学科和专业设置，也在一定程度上制定了培养人才的目标，明确了培养的内容，是高等院校学科设置的依据。

3. 省级教育主管部门

各省、市、自治区教育厅设有高等教育处分管相关高校的学科建设工作。高等教育处的职责主要包括执行国家有关学科设置和管理的规定，统筹该地区高等学校学科和专业设置工作，研究拟定并实施学科建设的总体规划。为了规范学科建设，各地组织本地区学科评估和本级重点学科评选工作。

4. 学校内部管理

学校根据国家相关规定设置学科，一般设立学科建设办公室管理本校学科建设工作。学科建设办公室总体规划和组织实施学校学科建设工作，制定学科发展规划，指导学校下设的学院、系、所制定学科建设发展规划，制定学科建设管理办法，组织、实施和检查学科建设工作，管理、分配和监督学科经费，协调学科建设中出现的各种问题。体育学院（系、部）在学科建设办公室的指导下设置并建设体育学科，制定体育学科规划，组织并实施体育学科建设工作，组织科研团队，开展学生培养工作，搭建学科建设平台。

（二）体育学科组织

1. 体育学科组织的含义

体育学科组织是高等院校中管理和运行体育学科的学术组织，在高等院校中一般称为体育学院、体育系或体育部。高等院校的体育学院（系、部）是体育学科产生和发展的基础，同时，体育学院（系、部）也是围绕体育学科建立起来的组织，体育学科的内在发展动力是体育学院（系、部）发展的动力源泉。体育学科组织的含义包括三个要点。

（1）学科组织的范围主要是高等院校：尽管体育学科组织除高等院校体育学院（系、部）以外还包括体育科学研究所、各种体育学会等研究机构，但是高等院校体育学院（系、部）无论是总体数量上还是培养学生规模上都是学科组织的主体，并且随着高等院校体育学院（系、部）的不断发展，它们成为学科组织的主要力量。从这个层面上讲，高等院校的体育学科是整个体育学科的代表。

（2）体育学科组织管理和运行的对象为体育学科。体育学院（系、部）是在体育学科发展的基础上建立起来的，其内部结构的划分也是按照体育学科结构进行布局的，体育学科组织的共同特征是围绕体育学科展开工作，学科组织的成员管理、研究、传播的对象是体育学科。

（3）体育学科组织性质上属于学术组织。体育学科组织以体育学科为主要工作对象，承担着教学、科研和服务社会的职能，其活动主要是学术活动，从本质上讲是学术组织。但是，这并不意味着体育学科组织没有行政管理职能，实际上体育学科组织也承担着管理学科、处理学科相关事务的行政职能，但是学术性是体育学科组织的本质。

2. 体育学科组织的模式

从1952年我国创办上第一所体育学院——华东体育学院开始，我国高等院校的体育学科组织经历了巨大的变化，从体育系、科、教研室、教学中心逐渐演变为了现在的体育学院（系、部）。目前，我国高等院校的体育学科组织主要有四种类型。

（1）学院／系—教研室

高等院校以体育二级学科为主设置学院或者系，学院或系根据专业或者项目设立教研室，我国大部分体育院校采用了该类型的学科结构。

（2）学院—系—教研室

这类模式指高等院校中体育一级学科设院，体育二级学科设系，专业或者项目设教研室，师范类院校多采用这类模式。

（3）学院—系

这类模式以一级学科体育学设立体育学院，体育学院下设二级学科为主的系，通常综合院校采用这类模式。

（4）系—教研室

部分高校在学校内部设置体育系，一级学科设系，项目或者专业设教研室。

（5）部—教研室

该类模式是指高校按照一级学科设体育教学研究部，按照二级学科或者专业设置教研室。

大部分设有体育学院（系、部）的高校都设有相应的实验室或者相应的研究基地作为学科研究的基础平台。

3.体育学科组织的要素

（1）体育学科的发展目标

学科是承担大学四大职能的载体，学科的基本目标就是能够承担大学职能细分到该学科上的任务。对于体育学科来讲，就是体育学科承担的培育人才、科学研究、社会服务、文化传承与创新职能。

体育学科的目标对于整个体育学科的发展具有重要的作用，主要体现在三个方面：一是引导体育学科的发展方向，为体育学科组织的完善和学科的建设提供导向。二是激励组织成员，学科目标激励学科组织的成员为了实现目标而不断努力。三是凝聚组织其他要素，体育学科的目标将组织的要素凝聚到一条主线上，形成学科组织的合力。

体育学科的目标是一个体系，应该涵盖学术性目标、应用性目标、科研成果目标和人才培养目标。学术性目标就是通过学科的建设与发展，体育学科所实现的自身逻辑上的发展和延伸，如体育学科新理论的产生或者体育学科领域的扩展。应用性目标是指学科应用到实践中预期取得的成效，如体育人文社会学的发展为体育产业提供的实践指导。科研成果目标是指学科建设所带来的成果体现，如体育学科专著编写、论文创作的数量和质量等。人才培养目标是指学科建设中所培养人才的目标，如培养研究生的数量、学生学位论文的质量等。这四个目标是一个有机整体，虽然存在相互冲突的领域，但是四者缺一不可，相辅相成，相互促进。

体育学科目标的确定需要有科学的依据，科学的依据来源于国家经济和社会发展需求、行业性的体育事业发展态势、外在的物质条件保障和内在学科发展逻辑。国家经济和社会发展的需求是指经济社会的发展对体育学科发展提出的要求，包括对学科目标学术上的要求和应用上的要求，如国民体质与健康素质的提升、体育产业转型发展等方面的需求。行业性的体育事业发展需求是指体育事业的发展离不开体育学科的理论指导，体育学科的发展目标必须依据体育事业发展的需求，如我国体育管理体制改革与发展研究是体育政府部门改革亟须的理论。体育学科分散于不同的高等院校中，各个学校的学科物质条件也不尽相同，所以学科目标的确定不能脱离学校的实际情况。体育学科有其自身的发展规律及逻辑上的发展要求，需要对体育学科的未知领域进行探索，体育学科目标的确定必须依照自身的发展逻辑而定。

（2）体育学科的学术团队

学科组织在一定意义上就是学者的组织，学者是组织的核心。随着学科建设的发展，学者们逐渐结合形成了学术团队，这成为当前学科组织运行的基础及学科发展的主导力量。体育学科组织的学术团队由学科带头人和团队成员组成。学科带头人是体育学科发展的领路人，他总体规划学科的建设与发展，带领整个学术团队实现学科建设的目标。学科带头人又可以称为专家，其水平的高低一定程度上代表了本校体育学科的总体水平。学科带头人的评判标准主要看其是否进入国家人才评选系列。学科带头人是学术团队的引领者，学术团队成员是学科研究的重要基础，学术团队成员的科研水平高低与学科带头人形成了良性的互动，有利于切实提高本校体育学科的水平。学术团队评价的主要标准是团队结构和科研水平，结构上要求学缘结构、学历结构、年龄结构适宜，科研水平主要通过学科团队成员所创造的科研成果进行评判。学缘结构上应有不同经历的互补，学历结构上主要看博士研究生的数量，年龄结构上要老中青结合。科研成果的评判分为两个方面：一是体育学科著作、论文数量的多少和质量的高低；二是学术团队获得的国家以及省部级课题的数量。

学术团队具有自身特点，管理中应该区别对待，以人为本开展管理。以人为本管理除了调动人的积极性、创造性以外，更强调根据管理对象的特点进行管理。学术团队是学术型组织的团队，且所开展的工作具有创新性和较高科技含量，管理中必须充分下放管理权限，给予学术团队充分的自主权。具体到高校的体育学科组织中，应建立以学科带头人为负责人的民主管理体制，做好学术自治，开展民主管理。应建立能进能出的人才流动机制，分阶段评价学术团队的工作成果，引进新人才，退出落后人才。评价学术团队的工作效果应该从获得的科研项目，尤其是重点项目的数量、科研经费的数量以及科研成果的数量和质量进行评判，从而监督控制体育学科学术团队保持较高的工作绩效，不断创新，多出成果。

（3）体育学科建设的物质保障

物质保障是指体育学科建设与发展所必需的经费、设施设备和各种资料，是学科组织目标落实的物质基础，它为学科组织提供了工作场所、实验设备、研究资料和必需的经费。每个学校的物质保障虽然并不一致，但是需要满足学科的基本需求。

对于学科经费主要来源于两个部分。一是事业拨款、学校和学院的支持经费，这部分经费往往是固定的，且只能满足学科建设的基本需求，对于这部分经费要精打细算，用到最需要的地方。二是项目经费，主要包括国际体育科研项目经费和国内各级体育科研项目经费，这些经费主要通过科研立项获得，获得这些经费的基础就是科研的实力，来源于研究工作的积累，具体包括学术团队科研力量的积累、科研成果的积累和学科水平的提升等。学科经费的使用要依据经费使用的相关法律规定，项目经费要符合项目的要求，经费管理的负责人为学科带头人和项目负责人。

设施设备和各种资料是学科建设的基础，购买和引进应根据学科发展的需要建立设施设备和资料引进计划，采用招投标的手段，以公开、公正的方式获得最优的资源。引进后要建立保管和使用制度，规范管理、合理利用各种设施设备和资料，发挥最大效益。

（4）体育学科平台

体育学科平台是联系学科发展的人、财、物的系统，通过学科平台能够很好地借助于国家、省市以及学校的政策和经费支持，实现学科的迅速发展，是体育学科建设的重点和突破点。

学科平台具有高端性，引进学科平台要做好充分的准备，具体包括准备和申报两部分。体育学科平台的引进，需准备好人、经费、设施设备和学科成果。人即学科平台的师资队伍，体育学院（系、部）应该优化组合师资队伍，结合自身的特色与优势，建立一支结构合理的师资队伍，组织运行校级学科平台。学校和体育学院（系、部）给予校级学科平台相应的设施设备和经费的支持，建立学科平台的管理制度。管理运行学科平台，应做好监督评估，促进学科平台能够做出成绩，做出亮点，而且能够形成一定数量较高水平的学术专著与论文。在前期准备的基础上，合理选择学科平台并开展申报工作。

学科平台引进以后要做好管理工作，确保学科平台能够完成工作目标和任务。首先要完善机构，配备人员。其次要制定规章制度，加强平台管理。学科平台要建立严格的规章制度，加强人、财、物的管理，提高工作效率。最后要做好监督检查和控制。学科平台运行部门要根据管理规定自行做好评估和控制，以保证目标的有效性，主管部门要做好学科平台的阶段性检查与考核，根据学科平台的运行效果及时开展相应的管理工作，进行平台的淘汰或者升级。

第四章　体育教师

第一节　体育教师的专业素养

一、体育教师在学校教育中的作用

学校教育是实现教育方针的重要过程。作为体育教师，主要担负学校体育工作。体育教师是学校体育工作的骨干力量，是学校体育工作的主要执行者和组织者。从学校体育工作的要求来看，体育教师的主要作用有四个方面。

（一）体育教师是促进学生身心全面发展，增强学生体质的组织者和指导者

学生身心全面发展和体质的增强，是在学校统一领导下，由体育教师组织与指导学生参加各种体育活动，积极锻炼身体而实现的。因此，充分发挥体育教师在增强学生体质方面的组织和指导作用，不仅关系到德、智、体全面发展建设人才的培养，而且还直接影响着学生的未来的健康水平和精神面貌，对提高全民族素质都有重要意义。

（二）体育教师是使学生掌握科学锻炼身体方法的授业者

体育教师按照国家对学校体育工作的基本要求，遵循体育教学大纲、教材，以及根据不同对象的具体情况，科学地、有目的地、有计划地通过体育教学和课外体育活动，把体育的基础知识、基本技术和技能传授给学生，使学生健身有道、强体有术，并激发学生参加体育活动的兴趣和愿望，教会学生科学锻炼身体的方法，养成经常锻炼的习惯，为学生的身体健康奠定基础。

（三）体育教师是精神文明的教育者和传播者

体育教师根据学校体育的目标，通过体育教学、课余体育训练、体育竞赛等多种形式，有目的、有计划地向学生进行思想品德教育，传播社会主义精神文明。体育教师在工作中表现出的勇敢顽强、坚韧不拔、吃苦耐劳、机敏果断、乐观活泼、为集体高度负责等优良品质，以及娴熟的运动技巧、健美的体格姿态等，都是一种无形的教育力量，潜移默化地在学生身上发挥着巨大作用。尤其是体育本身所固有的特点，如竞技性、娱乐性、与集体的协调性等，都是与青少年的心理

特点相吻合的。这对学生的影响极深远。

（四）体育教师是发现、培养和输送优秀体育人才的启蒙者

学校是培养人才的场所，也是培养优秀体育人才的基地。竞技运动水平的高低直接影响到国家的威望和民族气势。然而体现我国运动水平，肩负民族期望的竞技体育队伍，如果离开了中小学体育教师的启蒙教育就难以形成。实践证明，一名优秀运动员的成长，大都经过了体育教师的发现、培养和输送。体育教师为我国竞技运动水平的发展所做出的贡献，已被社会所公认。

二、体育教师的专业素养

（一）体育教师的思想道德素养

1. 正确的人生观和世界观

体育教师作为人类灵魂的工程师，应有正确的人生观和世界观。正确的人生观和世界观正如大海上的航标，使体育教师具有优秀的品质，具体体现在师德、教态、教风、学识与能力诸方面，而教师的敬业精神、责任感无不对学生人格形成和发展产生潜移默化的感染熏陶作用。

2. 良好的个人修养

一个具有良好品德修养的教师，他的精神境界和严于律己的人格风范将会被学生视为楷模。体育教学是与学生零距离的教学实践活动，体育教师的一举一动不仅会表现出对工作的热情，而且直接影响着学生的行为和品格。其表现为，教师不仅要将体育知识、技术、技能传授给学生，而且还要教会学生做人的道理、为人处世的准则和学习方法，这就要求教师既要有过硬的品德素养，又要有优良的工作作风，增强非权力性影响力在教学中的作用。

3. 教书育人思想

关心学生，坚持教书育人是体育教育的重要责任。体育教师在体育教学和课外体育活动中，不仅要组织、指导学生锻炼身体，增强体质，增进健康与传授"三基"，而且还要培养学生具有良好的思想品德，关心学生成长，促进学生身心全面发展。体育教师要充分利用和发展接触学生多的特点，以本身的模范行为和高尚的品德修养来影响学生、教育学生。另外，体育教师还应与学生建立良好的师生关系，在学习上需帮助学生，在生活上要关心学生，在学生碰到困难和挫折时要鼓励他们，使自己成为学生的良师益友。

4. 体育观

在体育教育当中，体育教师应注重实用性体育教育，使学生在学校期间所获得的体育运动知识、技能及从事体育锻炼活动能适应将来的学习和生活环境的特点，使其在人生的各个阶段，各种不同情况下都能采用正确的方法手段保证自身

的健康。如今，我国在体育教育中确立了终身体育教育观，因此，学校有了一份责任，就是传授学生从事体育活动，提高健康水平的技能，培养终身体育意识、习惯和能力。

5.创新意识与发展意识

随着科学技术的突飞猛进，计算机网络越来越普及，未来的教育与课堂将发生变化，不学习就落后已成为普遍认识。面对新时代，体育教师没有满足的理由，要勤于钻研本学科的前沿知识，才能在教学中从容不迫地解决实际问题。只有不断地学习与接受再教育来提高自身素质，这样才能更好地对学生实施素质教育，所以，体育教师必须要有创新意识和发展意识。

（二）体育教师的知识素养

1.精深的专业知识

（1）专业知识结构

作为一名体育教师，其专业知识应该包含体育科学基础理论，如人体生物学科、学科发展史、体育专业技术与理论、体育专业教育技术与理论。

（2）人文社会学科知识

其实体育是一门综合性的学科早就被人们认识。体育教师既要掌握理科的知识，又要重视人文素质的培养。加强人文素质的本质在于教人做人。体育教师只有提高人文素质，才会思考人类社会、自然、他人和自身的问题，才可能理解什么是真善美、假恶丑，才能融洽地与他人相处，才可能以一种社会可以接受的方式实现自己的目标。人文科学知识教育，尤其是文史哲知识，对一个人的人文素质的培养具有潜移默化的作用。不理解中国体育传统文化，不清楚其发展的时代背景与特征，就无法正确理解今天发展的体育。

随着科学的不断发展和认识的不断深化，人们对体育的研究已从开始的教育和生理角度扩大到今天的社会、心理、文化等深层领域，体育人文学科随之产生，这是社会发展的必然结果，也是体育科学的发展所在。这些学科包括体育社会学、体育人类学、体育哲学、体育心理学、体育管理学、体育经济学、体育文化学、体育新闻等。

（3）体育与健康的知识

增强学生体质是学校体育的根本任务。然而影响学生体质的因素是很多的，因此，学校体育要走锻炼和养护相结合的道路，加强对学生的健康教育。新世纪的体育教师，应加强健康意识的培养，接受新的体育教学思想，提高健康教育质量的基本素质。这是学校体育发展的必然趋势。因此，未来的体育教师应把健康与体育的本质联系起来，必须掌握有关体质与健康学的基础知识。

2. 拓展知识结构

（1）教育学和心理学知识

教育学和心理学知识是体育教师进行工作的理论基础。体育教师要使所掌握的知识转化为学生个体的智慧，就必须发挥教育和心理学知识的中介作用。根据教育和心理学的基本原理和原则，按照学生身心活动和发展的规律进行体育教育工作，才能达到预期的效果。体育教师个人的感性经验、实践的知识，应与系统的教育和心理学知识结合，充分发挥主导作用，理智地把握整个教育工作的方向。

（2）美育知识

纵观体育运动的发展，艺术体操、体育舞蹈、花样滑冰、花样游泳、健美体操、武术等都可以显示出体育项目与艺术相结合所创造出体育运动美的文化。同样，体育教师将艺术接纳入教学内容，在韵律操、艺术体操、舞蹈及游戏中运用音乐伴奏；也有将音乐运用于枯燥单调的身体练习中，使锻炼环境变得幽雅而轻松，提高锻炼效果。

健康美是我们追求的目标。在通往健康美的道路上，体育教师是通过运用体育运动的手段对学生的身体产生影响，使人的体形发生变化，强壮美、肤色美、身体线条美等由此逐步形成。在进行动作练习形成正确技术技能过程中，使人充分体验到协调、姿态、节奏等美的感受。体育竞赛使学生受到道德美、精神美的感染，美的感官在这些过程中不断地形成与发展。作为体育教师，在体育教学中必须了解并掌握创造运动美、身体美、自然美、艺术美、心灵美与行为美等方面的基本方法，掌握体育美学基本知识与技能，以便更好地完成塑造人体美、健康美的重要任务。

（3）其他方面的知识

一个合格的体育教师，还应了解哲学、数学、语言文学、外语、美学、音乐、艺术等方面的基本知识。应当看到，体育教师对学生的影响绝不限于体育本专业领域，虽然体育教育有自己专业的具体要求，但它的教育对象是德、智、体全面发展的学生，体育教师对学生的影响必然是全面的，这要求体育教师占有更为广阔的知识，也就是说具有比较广博的基础文化知识。因为现代社会的任何一个普通公民，都应当了解有关人生哲理、社会公德规范。懂得各种基本的自然和社会常识，具有基本的审美能力。这种基础文化，是生活的必需，又有助于体育教师全面发展，有自我完善价值。

在科学技术日新月异发展的情况下，体育教师不能固守已有的知识和经验，还应关心与了解与体育有关的知识发展状况，了解新的信息，更新自己的知识，保证自己知识结构的完整，并符合时代的要求。

（三）体育教师的能力素养

1.教学能力

教学能力是指体育教师完成教学任务所应具备的各种能力，也是体育教师综合能力的一个主要方面，它主要表现在对教学大纲、学校体育工作条例等条文、法规的理解和贯彻能力；制定教学管理，教学改革措施和办法的能力；掌握和运用教材教法的能力；准确示范和生动精炼的语言表达能力，严密的教学组织能力；教学检查和评估能力；及时反馈教学信息及采取针对性对策的能力等等。

2.教育能力

教育能力是体育教师育人职责的需要。它包括对学生行为、思想情况的深入了解、分析和判断的能力；灵活运用各种教育方法，抓住教育时机，有的放矢地向学生进行教育的能力。丰富多彩的学校体育活动为教育提供了许许多多的良好机会。体育教师要善于对学生的思想情况、纪律兴趣、动机等及时进行了解、分析，既要会做个体的分析，又要会做群体的分析。在分析的基础上，确定进行思想教育的任务和措施，最大限度调动学生的积极性和主动性，保证预期任务的完成。

3.运动能力

体育教师的运动能力是从事本职工作的最基本能力。它既不同于一般人自我从事身体练习的普通运动能力，又不同于专业运动员参加比赛和训练时的特殊运动能力，而是一种面向学生群体进行专业教学，规范化与普通化相结合，能够与教学、训练手段有机结合的能力。具体表现为规范熟练的动作示范，把握动作技术环节，及时发现与合理纠错等。这种能力的培养与提高，除需不断地钻研运动技术理论，学习新技术新动作外，还要注意根据不同的教学、训练对象在实践中积累。

4.组织管理能力

体育教师的组织管理能力主要包括组织课外体育活动和课余体育训练的能力。课外体育工作的内容丰富、复杂，学校的课外体育活动主要包括早操、课间操以及课余体育锻炼、训练和竞赛等形式。体育教师不仅要组织管理好体育课，同时也要组织管理好课余体育活动。这就要求体育教师善于运用队列队形和口令，迅速调动大型集会，在最短的时间内，把不同年龄、性别和个性的学生组织起来，进行有条不紊的作业和集体活动的能力；必须具备领操能力与指挥能力，体育健身的指导能力，还要善于编制课外体育活动的各种计划；有训练一两个项目运动队的能力；能组织课余体育竞赛并有裁判工作的能力；具有能宣传、发动、组织、依靠群众搞好各项课余体育活动的能力。

5. 创新能力

教师具有创新能力对学生创新能力的培养至关重要，有较高创新能力的体育教师能在更大程度上激发和培养学生的创造性。创新型体育教师应该具备这些特征：善于吸收最新教育科学成果，将其积极地运用到教育、教学、管理等过程中，并且富有独创见解，能够发现行之有效的新的教学方法；在个性品质上往往表现为幽默、热情、乐观、自信，乐于接受不同观点以及对其工作之外的其他事情也表现出强烈的兴趣并积极参与；在教育教学方面，注重教育艺术和机智，有强烈的求知欲和成就动机。在教学风格和技巧上，善于经常变换各种教学手段，激发学生积极思考，鼓励学生参与课堂教学相互交流并讨论各自观点。

6. 综合运用知识的能力

体育教师不仅要具备运用体育专业知识的能力，而且还要具备主动吸收与运用各种新知识的能力，要善于将各种知识交叉组合，构建新的知识板块，综合运用，积极渗透到体育教学与运动训练中。

7. 科学研究与教学反思能力

日本教育家上寺久雄说："教师成长和发展的第一步，就是在于教师自身的反思，教师自身对自身的评价和教师的自我改造。"教师的反思能力是指教师在教学过程中，把自我作为意识的对象，将教学活动本身作为意识的对象，不断地对自我及教学进行积极主动的计划、检查、评价、反馈、控制和调节的综合能力。体育课程改革完全打破了传统的以教学大纲统领教学活动的做法，而以新课标为指导，目标统领内容，自主选择教学方法，这一定程度上要求教师具备教学反思能力。

（四）体育教师的身心素养

健康的体魄、健全的人格是构成体育教师职业素养的基础。体育教师的劳动往往以运动作为其主要的表现形态，工作量很大，不论是寒冬还是酷暑，一年四季都要以操场为课堂，必须具有对自然环境很强的适应能力。不仅如此，体育教师又要以其表情、情绪感染学生。这就决定了体育教师要有良好的体魄、较强的运动能力和较高的身体素质，机体各器官系统的生理机能正常。体育教师要有健康的心理和很强的自控能力，在学生面前应当始终表现出情绪乐观、态度和蔼、表情亲切、举止潇洒、仪表端庄、言谈高雅、朝气蓬勃。体育教师既是学校体育工作的组织者，又是体育锻炼的实践者。体育教师以健康的体格和优美的姿态去感染学生，就是吸引学生积极参加体育锻炼的一种无形的感召力。

第二节　体育教师教育

一、体育教师教育的含义

2001 年《国务院关于基础教育改革与发展的决定》中，我国首次出现了"教师教育"的概念，这一概念表明了新时期教师职业从伦理特征向专业特征的转变，强调教师的职前教育与在职进修的连贯性，是正规教育和非正规教育的结合，是多层次、全方位、立体式的终身教育观，更具有开放性、合理性和进步性。2011 年 10 月，教育部正式颁布了《教师教育课程标准（试行）》（教师〔2011〕6 号），这是我国教育史上第一部关于教师教育课程的国家标准，体现了国家对教师教育课程的基本要求，是制定教师教育课程方案、编写教材、建设课程资源以及开展教学和评估活动的依据。[①]

体育教师教育作为教师教育的一个重要组成部分，是在终身教育思想指导下，按照体育教师专业发展的不同阶段，对体育教师的职前教育、入职教育和职后教育的整体构建，体现了体育教师教育的连续性、发展性和一体化特征。体育教师教育是对体育教师培养和培训的统称，体育教师的培养是指体育教育专业院校有目的地实现培养目标的过程，而培训是指对体育教师的再培养和训练，两者互为基础，共存于教育过程之中。

二、体育教师职前培养

体育教师的职前教育与培养，是指教师在入职前所接受的专业和学历教育。它是体育教师培养过程的第一阶段，主要负责培养未来体育教师和其他体育教育工作者，同时也为体育教师的终身学习奠定基础。目前，我国体育教师的职前培养大部分由高等师范院校和体育院校的体育教育专业来完成。职前培养机构通过建立和实施课程体系、制定和执行教学计划来达到我国体育教育专业人才的培养目标。

培养目标的实现最终要落实到具体的课程设置上。体育教师教育的课程设置，必须以现在和未来的体育教师获得终身学习的能力为基本出发点，培养他们独立获取所需知识的能力。体育教师教育具有双专业性，即学科性知识和教科性知识，

---

① 教育部教师工作司.教师教育课程标准（试行）解读［M］.北京：北京师范大学出版社 2013.1.

学科性知识是指体育学科专业知识，教科性知识是指教育教学专业知识，体育教师的专业化素质并不是这两方面的简单叠加，还必须通过实践性知识和能力对其进行整合，使其内化为体育教师自己的专业素质。因此体育教师教育的课程设置，必须以促进教师学科性知识和教科性知识的整合，以促进体育教师专业发展为着眼点，从整体上考虑课程的内容选择、结构安排和教材使用，基本有四种类型的课程组成，即公共基础课、专业基础课、专业课程和选修课程等。但各院校（或院系）在制定教学计划时，为能更科学地安排课程，便于教学管理，结合本校的具体情况，也会采用不同的方法对课程进行分类。

体育教育实习与专业实践是体育教育专业的必修课程，是体育教师职前培养阶段为培养合格体育师资人才而进行的不可或缺的重要内容。在实习过程中，实习教师全面经受锻炼，将所学的专业基础理论知识、基本技能，在体育教育教学实践中运用和提高，是对实习教师进行实际教育、形成体育教学工作能力的基本训练形式，进而强化学生从事体育教育的事业心，更好地实现体育教育专业的培养目标。

体育教育实习的组织与管理是高校体育教育专业教育管理的一个有机组成部分，具体步骤和要求主要是建立健全教育实习组织机构，明确教育实习过程中的分工与职责，保证实习工作的顺利进行。根据实习的目的和任务以及实习教师的具体情况，确定实习学校、实习对象和内容；制定具体实习计划并和实习学校共同确定组织与实施方案；成立院（校）、系各级教育实习指导委员会，具体安排实习工作。

三、体育教师的入职教育

体育教师入职教育是个体获得教师资格、进入体育教师职业领域后，为新体育教师提供一个时期的系统而持续的专门性教育阶段，是帮助新教师尽快适应教育教学工作，胜任体育教师职务工作的重要环节。体育教师入职教育的基本任务就是消除和缩小新任体育教师现有综合素质和教学能力与本岗位需要的综合素质与教学能力之间的差距，使之符合岗位工作的需要。入职教育的成功与否，决定了一名新教师能否顺利承担教师的职务和角色。

世界各国一般都很重视新教师正式上课之前的培训教育，设有专门的培训机构和专职官员负责培训。新任中小学教师一般到教师进修院校或教育中心接受培训。有些国家的中小学新教师，除参加校外新教师脱产培训外，大多是在校内由本校组织学习提高和认证。

新教师的入职教育是终身教育、终身学习的要求，是沟通教师职前教育与在职培训的需要。对于新教师来说，入职教育既是其职业生涯的导入阶段，又是其专业成长连续过程中的一个独特阶段。无论是从教师个体的专业成长还是教师群体的职业发展来看，对该阶段地位的提升都具有重要的作用。

3. 体育教师入职教育的方式

（1）集中培训。集中培训是当地教育部门委托教育学院或教师进修学校对参加工作第1—5年内的初任教师进行体育教学常规和新的教育教学理论方面的集中培训。

（2）指导教师方式。指导教师制是由教育部门或者学校安排有经验的教师通过对初任体育教师的教育教学实践进行辅导，是教育知识和经验传承的一种基本形式。指导教师的主要目的是帮助刚上岗的新任体育教师树立正确的职业信念、熟悉教材教法、学习体育课堂教学的基本规范、掌握基本教育教学技能，尽快适应教育教学。

四、体育教师在职教育

体育教师的在职教育是指对取得教师资格的中小学在职体育教师为提高思想政治和业务素质进行的继续教育和培训。它是提高体育师资整体素质、提高体育教育教学质量的关键。

1. 学历型培训

提高学历层次培训主要包括小学教师进修大专、本科层次，初中教师进修本科层次，以骨干教师为主的研究生课程班学习，在职攻读硕士、博士等层次。

2. 提高型培训

提高型培训包括两个含义。一是在体育教师工作一段时间后，需要结合工作需要对知识和能力结构进行调整更新。二是随着教育事业的发展，对体育教师素质要求越来越高，体育教师要随着要求的提高不断更新与改善智力结构，为今后的可持续发展打好基础。提高型培训主要适用于有一段教学工作经历的教师。

3. 骨干型培训

骨干型培训分为两个层次，一是骨干教师形成型培训，二是骨干教师提高型培训。骨干教师形成型培训对象是潜在的体育骨干教师，培训目标是促进青年教师中的优秀人才成长为骨干教师。骨干教师提高型培训有三种子模式，分别是全面提高素质的提高型培训、培养特色与专长为主的提高型培训、教育科研专项研究为主的提高型培训。

4. 提高型培训

提高型培训包括两个含义。一是在体育教师工作一段时间后，需要结合工作需要对知识和能力结构进行调整更新。二是随着教育事业的发展，对体育教师素质要求越来越高，体育教师要随着要求的提高不断更新与改善智力结构，为今后的可持续发展打好基础。提高型培训主要适用于有一段教学工作经历的教师。

5. 适应型培训

适应型培训主要针对新教师，是为了使刚刚走上教师岗位的教师熟悉和掌握学校工作的任务、基本内容、环节和环境。它是体育教师培养培训中的重要一环，对于新体育教师顺利成长、促使其专业发展、尽快适应教师职业生活、及早胜任工作岗位和沟通职前培养与职后培训等均具有重要意义。新体育教师培训在不同地区不同阶段基本模式差别不大。

多数地区的经验可总结为：使新体育教师适应学校工作的一个目标；体育教师角色适应和教学工作适应的两项任务；集中讲授、实习观摩、实践锻炼的三个阶段；教师进修学校、学校领导、专门负责培养新教师的老教师、新教师本身的四方面力量。体育教师的适应型培训一般有师徒帮带式、集中培训式、新体育教师研修式三种模式。

6. 专题型培训

短期专题型培训是集中解决学校体育、体育教师发展过程中的关键问题，用于专项提高，能集中、高效、有针对性地解决教师在工作中遇到的实际问题。专题型培训包括确定急需解决的问题、根据问题设计课程、研讨实践中的问题、通过培训解决问题、急需解决的问题基本得到解决等。短期专题型培训适用于所有地区、所有职级、所有继续教育阶段培训。短期培训需要与长期系统培训结合，才能促进体育教师的成长。

7. 远程型培训

远程培训是构筑知识经济时代人们终身学习的主要手段，充分利用现代信息技术，以生动形象的方式将大量信息展现在受教育者面前。现代远程培训包括实时与非实时的授课系统、课后辅导、答疑、作业、自测系统等。远程培训过程中，体育教师的学习是自愿的，学习过程是自主进行的，体育教师能突破时空的限制，接受个别辅导；能够及时提供最新的、丰富的信息，使教育资源短缺的地区与丰富的地区实现教育资源的共享。因此，从职后教育的方式、手段来看，远程培训模式将是我国西部地区、农村地区提高体育教师教育质量的重要方式。远程培训具有七方面的优点。

（1）利用网络学习，方便快捷

以图文并茂、声像并举的具有交互性、资源丰富的数字化信息创设情境，学员在教师的指导下，在网络的支持下进行自主学习，完成知识的获得和能力的培养等。

（2）学习内容明确

教师就学习内容提出明确的、具有探究性的学习任务，使学员能够有明确的方向感和学习的兴趣。

（3）注重过程，培训全面

把学习看作是获得和发展自主学习能力的过程，不简单地以学习结果作为判断学习的唯一依据；通过学习可以提高参与培训的体育教师确定学习内容的能力、获取有关信息与资料的能力、利用和评价有关信息与资料的能力等。

（4）民主培训

自主化学习与协作学习相结合，实现教学民主化。

（5）提升效率

这种培训模式为学员提供了不受时空限制、课内外相结合的学习环境，参加培训的教师可以随时、随地利用网络自行参加培训、学习。

（6）资源丰富

这种培训模式的学习资源非常丰富，涉及面很广，且具有可选择性。

（7）方便共享

网络课程资源和学员学习经验的广泛传播为远程教育和交流提供了快捷的途径。各地教师都可以通过网络远程登录学习所需的课程，很好地实现资源共享。

8. 带薪脱产型培训

带薪脱产培训体现了以人为本的新理念，促进了教师和学科教学的同步发展，促进了教师的施教能力和所任学科教学水平的同步提升，满足了教师不断进取、开拓创新的需求，满足了教师实现个人价值、提升自己的思想政治和业务素质、进行自我充电和知识更新、了解本学科乃至相关学科的前沿动态、提高施教能力的需求。

9. 转岗型培训

转岗型培训是今后一段时间内可能出现的为解决体育教师变换工作，适应新岗位工作需要进行的培训。如有些地区高中发展以后，部分初中体育教师将任高中课程，还有一些本来是教师岗位的体育教师成为主管体育学校领导者等。

第五章 体育课程和体育课

第一节 体育课程

一、体育课程的学科基础

（一）体育课程的教育学基础

体育课程作为整个教育课程的有机组成部分，教育学的理论和观点直接制约着学校体育课程的发展方向。以教育学的理论与视角来认识体育课程是十分必要的，可以使体育课程更好地融入整个教育课程中去。体育课程是全面发展教育的重要组成部分，对于促进学生的全面发展具有十分重要的作用。人的可教育性，即人具有接受教育的天赋素质与潜在能力。人之所以具有可教育性主要在于人具有可塑性，而可塑性的前提就是人的生理与心理的"未特定化"。人类学认为："人的原始特性就是生理构造上'未特定化'，反应机制上未确定性，生存功能上的不完备性。"动物本能的特定性，有着广泛适应环境的生存依据。人生理与心理的"未特定化"的原因促使人必须通过受教育与主动学习而获得多样生存与主动适应社会的能力，是人教育可塑性的基础，教育的可塑性是人应对生理与心理的未特定化的积极性措施。

学生的身体和精神是一个有机的整体，学校教育的主要任务是如何促进学生的全面和谐发展。将体育从整个教育中游离出来，孤立的发展体能与运动技能的作法是十分有害的。体育与德育、智育、美育存在着有机的联系，只有将体育课程与教育有机融合、互相作用，体育才能从"育体"走向"育人"，真正实现其自身的价值。

（二）体育课程的社会学基础

学校体育课程的目标、内容、方法、组织、评价等都受到社会上各种因素的影响和制约，体育课程的改革和发展必须适应社会的发展和需要。随着知识经济社会的到来，终身教育、终身体育思潮的兴起，以及人类对健康的普遍关注，提高生命和生活质量已成为体育课程发展的方向。体育课程中对学生的身体健康、心理健康、社会适应能力的关注，是当代社会需要的反映。

（三）体育课程的生理学基础

体育课程的目标、内容、方法都受到生理学因素的制约。

1.体育活动受人体的生理结构与功能的制约与影响

体育锻炼过程是一个复杂的机体运动过程，无论是运动内容，还是运动负荷、运动方式等都受到人体的结构和功能的制约。因此，在进行体育活动时应充分考虑人的身心发展的阶段性和差异性，遵循解剖和生理学的规律，在参加体育活动时应遵循人的机体工作能力的发展变化规律。

2.体育锻炼必须符合各年龄阶段的生理特征

人的生长发育与生命过程具有明显的阶段性，不同的年龄阶段具有一些共同的、本质的生理特性。另外，由于每一个个体的先天遗传与后天因素的不同，在人的生命的同一阶段，又会表现出鲜明的个体差异性。体育锻炼必须符合各年龄阶段的生理特征和个体的差异性。

3.体育课程是学生的生长发育与体育锻炼密切联系、互相促进的过程

学生正常的生长发育是有其客观规律的，具有明显的阶段性和个体差异性，这些是不以人的意志为转移的。在制定体育课程目标、选择体育课程内容、实施体育课程教学以及体育锻炼过程中，一定要以学生的生长发育状况为前提。另一方面，学生的生长发育又不是孤立、静止的，是受包括体育课程在内的各种因素影响的，体育课程以及体育锻炼反过来会对学生的生长发育产生积极的、重要的作用。学生的生长发育与体育课程学习是紧密联系和互相促进的，是互为因果的。

（四）体育课程的心理学基础

体育课程无论是目标的确立、内容的选择、方法的运用都离不开心理学的支撑。

1.尊重学生的个体差异，提高学生参与运动的自信心

现代体育课程教学根据学生的个体差异，选择目标，设定场地器材和规则等。运动动作难度的设定要因人而异，通常把成功率控制在50%—60%，因为这个概率能最大地激发学生的参与动机，使每个学生通过努力获得成功，不断产生自我超越和成功的信心、希望，体验成功后的喜悦，并能有效地提高学生的自尊心、自信心及克服自卑及抑郁的心理情绪。

2.运用激励性评价，使学生树立正确的目标定向意识

在现代体育课程教学中，主要采用激励性的评价方法，它是个体参照标准，是以学生本人体育成绩的提高程度作为评价学生的进步的基础，即多进行个人比较的评价，少进行社会比较的评价。根据心理学的基础知识，目标定向指一个人能否积极参加活动时所依据的成就目标倾向。它不是具体要达到的行为数量标准，而是内心中追求的成就取向。任务定向目标是更好的目标，这是因为任务定向目

标强调的是个人努力的重要性，淡化了个人能力的重要性，使学生更相信努力是成功的原因，因而大大地激发了学生参与体育活动的内在兴趣，在面对挫折和失败时能坚持不懈、顽强拼搏。此外，在体育教学中，通过自我目标的设立，通过自我超越，学生可以获得成功的心理体验，这对实现素质教育的目标具有重要的意义。

3. 改善学生的自我观念，激发学生的成就动机

自我观念就是自己对自己的行为、能力所持有的感觉、态度和评价。积极的和消极的自我观念相应的引起自身的积极或消极的情绪和态度。教师改善了学生不良的自我观念，就会大大激发学生的成就动机，进而推动学生在体育的学习中不断走向成功，因此可以把积极的自我观念看作是一种巨大力量，是推动个人行为的动力和挖掘自身潜能的工具，它在每个人的成长和发展过程中起着举足轻重的作用。

4. 运动技能的学习活动和效果与学习者的动机密切相关

学习动机是学习活动开展的前提与基础，只有具有强烈的学习动机，才能积极主动地开展体育学习活动，并取得良好的学习效果；良好的学习效果又反过来作为激发学习的动机而影响新的体育学习。心理学为如何充分激发学生的学习动机、调动学生学习的自觉积极性、开展体育教学活动提供了理论支撑。

5. 不同年龄阶段的身心特点对体育学习内容与效果有直接的影响

不同年龄阶段的学生具有不同的身心特点，根据不同年龄阶段学生的身心特点选择适当的体育内容，组织形式和方法，才能保证体育过程的科学性，提高体育锻炼的效果。心理学关于不同年龄阶段学生的身心特点的研究，为体育课程内容的选择与教学过程的实施奠定了基础。

6. 身体健康与心理健康密不可分，相互作用，相互影响

健康是指人在身体、心理、社会交往等各方面都处于良好的状态。身体健康是心理健康的物质基础，身体健康的状况直接影响和制约心理状况。心理在本质上就是身体各方面有机统一的产物，心理健康对身体健康具有重要的影响。

二、体育课程的特征

体育课程是整个学校教育课程的一个有机组成部分。体育课程与一般的科学文化知识课程比较具有鲜明的特点。

（一）体育课程生活化

传统的体育教学一直是依据体育教学大纲和教材展开的，教师往往过分强调体育知识技能的系统性、完整性、理论性，教学内容脱离儿童少年生活和社会现实，师生交往呈现出单一的认知关系，学生的学习锻炼似乎成了简单的服从和机

械的练习，学生在枯燥乏味的身体操练中，渐渐失去对体育学习的兴趣和对体育锻炼的爱好。不同的历史阶段人们对体育的价值取向是不同的，同一个人在不同时期其价值取向也不一样。随着人们生活质量的提高以及生活方式的改变，体育已经与人们的社会生活密切相关。体育越是贴近生活，体育的价值就更能得到实现。无论从"健康第一"的观点还是从终身体育的观点来看，体育生活化的价值取向都反映了时代的需求。而体育课程的生活也正是时代发展的结果。

关注每一个学生的发展，注重学生的情感体验，赋予教学以生活意义和生命价值，更多地关注学生的学习生活、学习态度、学习兴趣、情感体验、认知道感悟等，赋予体育教学以生活意义和生命意义的价值，把学生培养成为学习体育的主体、个体生活的主体和社会体育活动的主体。这就是体育课程生活化的体现。

（二）体育课程概念延伸化

在学校体育课程中，如何将社会需要和学生主体充分需要结合起来，是学校体育工作长期以来的工作重点。随着时代的发展，对各种不同实际生活环境的适应能力成新世纪对人才的基本要求，新世纪学生的体育需求也进一步的拓展。学生不再满足于固定的每周两课时体育课，希望自主选择时间，有针对性地从事体育运动。学生也不再满足于在田径场、篮球场上从事运动，跑步离开跑道，跳跃离开沙坑，打球离开球场已成为体育课程拓展的时代特征。还有学生已经不再满足于传统的教学模式按照固定的大纲教材、固定学生组成的教学班、固定教师、固定对间开设的体育课程。走向社会、走向生态、融入自然将是学生开展体育活动的重要选择。

满足学生在体育上的拓展需式，学校体育课程概念得到了延伸和拓展。现在的学校体育课程除了包括原来的正规课外，还包括了校内活动课程、校内课外比赛与训练、课余俱乐部活动、体育节与校园文化、社会活动课程、社会文化体育服务及社会文化体育市场、个人体验等课程形式。

三、体育课程的类型

（一）体育显性课程

体育显性课程是以直接的、明显的方式呈现的体育课程。目前，体育显性课程大多以学科课程的形式存在。这类课程主要是向学生传授看得见摸得着的体育知识、技术和技能，它是实现体育课程目标的基础，主要包括三种类型。

1. 按体育学科课程分类

体育的学科课程是指具有教学计划并在教师指导下，学校列入课表的正规课程。它包括必修课和选修课。大中小学的体育课程均有必修课，课程的开设方式有很大区别，出现了多种类型。归纳起来有普通体育课、选项体育课、专项体育课、保健体育课和专题体育课五类。作为普通体育课，一般开设多种运动项目，为学生身心协调发展打好基础，一般在小学阶段开设。初中阶段既要打好基础，又要关注学生向高中阶段养成稳定的爱好和专长过渡，此阶段体育课程开设的特点是普通体育课和选项体育课兼而有之。高中阶段以开设选项体育课为主。选项体育课中既有部分必修的教材，又有供教师和学生选择的教材，选择教材可以从规定的系列中选择若干模块。到了大学阶段，为使学生适应未来社会生活和职业生活的需求，采取以自主选择为主要特征的个性化课程，因此选项体育课、专项体育课、保健体育课、专题体育课均有出现。

2. 按体育活动课程分类

（1）体育大课间活动

为了改变传统的课间操内容单一、重复枯燥、时间过短的缺陷，更好的落实学生每天参加一小时体育活动的要求，在我国的中小学中开始了对传统课间操的改革。我国的部分中小学，把每天 15 分钟的课间操延长到了 30 分钟。在活动内容中，除了从事国家颁布的学生广播操外，还增加了自编自制的健美操、武术操以及各种跑步、跳跃、集体舞蹈和韵律活动，并且增加了自主活动和自由活动的时间，极大丰富了课间活动的内容。在组织形式上，则重视全校从领导、教师一直到全体师生共同参与，使大课间活动的组织更为有效，更为合理。学生参加大课间活动时，既有统一安排，又有自主联系，为学生自主参与体育锻炼，进一步发展个性和能力提供机会。

（2）体育俱乐部活动

在体育课程改革进一步推进的初始阶段，在高等学校中较为广泛地把实现课内课外一体化作为改革的思路，其目的是为了使大学生在形成对体育的稳定爱好和专长的基础上，进一步满足学生个性化需求的发展需要，使大学体育进一步贴近社会生活和职业生活，为终身体育打好基础。大学生不仅认知水平有了进一步的提高，而且自主学习能力和组织能力也有了提高，已经具备了以学生为主体组建体育俱乐部的能力。作为基础教育阶段的普通中小学，也有部分学校在试行以体育俱乐部的形式开展体育的活动课程，但更多的学校开展的是体育学科小组、体育兴趣小组的活动，并把这些活动和校内的运动训练和运动竞赛密切地结合起来。

3. 按体育社会实践课程的分类

让学生在正规的课程学习之外，广泛的接触社会，联系社会，在社会实践中接受综合的体验，这是学生学习的一个重要途径。

（1）校园体育文化

如果把一所具有一定规模的大学校看作一个社会的缩影，在这样的缩微社会中，也是同样可以接受到综合性的教育与体验的。在这方面具有典型意义的体育社会实践课程有：校园体育节、全校运动会、专项体育俱乐部、体育训练营等。

（2）社会体育团体或体育协会

体育事业的发展使体育进一步社会化的发展趋势引起了人们的关注，随着体育社会化的进程，体育社会团体和体育协会将会充分发挥作用。作为学生，他们不再满足于参加校内的体育活动，他们将有机会成为社会体育俱乐部和社会体育协会的成员，参加这样的组织将使学生进一步融入社会，弥补学校开设体育项目的不足，接受来自社会体育时尚的经验，使学生的发展增加新的内涵，从而进一步激发学生参与体育的主体精神。

（3）文化体育市场

作为第三产业的重要组成部分，体育产业将成为我国经济发展的一个重要领域。体育产业的发展，出现了一些营业性的体育场馆与设施，既成为广大市民参与体育的场所，也成为学生课余及节假日参与体育活动的好去处。虽然这些场所吸引的仅是部分学生，但随着我国经济的发展，国民的生活一步步走向小康，这些文化体育市场将进一步被广大学生所接受，此时的文化体育市场理所当然地成为广义体育课程的重要组成部分了。

（4）社区体育

社区体育是若干群体或社会集团在某一地域的范围内，形成一个具有相对独立功能的社会生活单位。社区的发展包括了教育的发展，也包括了体育的发展。20世纪80年代开始，社区体育已在我国开始萌发，目前已有了一定的规模。社区体育强调全民参与，全域参与和全方位参与，成为落实全面健身计划的一个重要的举措，社区体育强调社会体育、学校体育、家庭体育一体化，也成为学校课程改革的一个重要举措，社区体育的发展也成为学校拓展体育课程，特别是为拓展广义体育课程提供了新的领域，成为学校体育课程改革的重要关注方面。

（二）体育隐性课程

体育隐性课程是学校范围内，按照教育目的和学校体育目标，以间接的、内隐的方式呈现的、经过规范设计的体育教育内容的总和。体育隐性课程内容的一个重要组成部分是学校体育物质文化，是学校体育赖以存在的物质基础，主要由学校内部的各种体育物质、物理因素构成，如学校体育场地、器材、设施、地理位置、时间、空间等。另一重要内容是精神文化要素，主要是由一些看不见、摸不着的无形的因素构成的，主要包括三个方面。

1. 在学校体育活动中所形成的各种人际关系

人际交往有着巨大的教育潜力。群体中人际交往产生的心理互动所形成的社会心理定势对个体的认识方式、价值观和行为方式影响极大。人际关系包括师生关系、生生关系、学生个体与学生集体的关系。师生关系是学校教育活动中最重要、最基本的人际关系。体育教育活动同其他人类实践一样，都是在交往活动中展开的。而且人们的认识不可避免地带有交往性、群体性。群体中人际交往产生的心理互动所形成的社会心理定势对个体的认识方式、价值观和行为方式影响极大。同时体育教学活动师生关系、生生关系，构成了教学的人际环境，可以通过影响人的情绪、认知和行为而影响体育教学活动。因此，通过体育活动建立学校师生之间、同学之间和谐的人际关系是体育隐性课程的重要内容。

2. 学校、班级中所形成的制度与非制度的体育文化

学校、班级中所形成的制度与非制度的体育文化，是指学校、班级气氛中所形成的良好的体育传统与风气，体育教育中的心理气氛、有关体育方面的规章制度等；经过规范后所形成的学校、班级中的制度与非制度的体育文化。

体育风气是指学校为了实现学校体育的目的，经过长期的奋斗，在体育教育方面养成并流行的较为普遍、稳定的具有独特性的思想行为作风。它主要包括体育（运动项目的）传统风气、学习锻炼风气。良好体育风气的形成并非一朝一夕之事，要想在学校中形成持久、稳定的体育风气，就必须做耐心细致的工作，必须坚持长期不懈的努力。一是要提高体育教师素质，切实做好教学及课余训练、竞赛等工作。二是要培养学生参与体育的自觉意识。三是要建立学校、家庭、社会立体化教育网络，发挥整体教育功能。

体育文化主要包括学校、班级气氛中所形成的体育传统与风气、体育教育中的心理气氛、有关体育方面的规章制度等；经过规范后所形成学校、班级中的制度与非制度的体育文化。例如体育节、墙报、广播、校报进行的有关体育方面的宣传和图书馆里的体育期刊、杂志、图书等构成了体育隐性课程中一种不可缺少的要素。体育文化氛围一旦成为影响学生生活的规范力量，就是一种具有心理制约作用的行为风尚和心理倾向，能潜移默化地影响学生，对学生体育态度、体育情感的形成起着良好的促进作用。

3. 教师人格与教学行为、领导方式

教师作为教育者，自身的言行举止、精神面貌，对学生均具有重要影响。教师的品行、生活、对每一现象的态度都影响着学生。对于学生的学习态度、社会态度、价值观的形成有深刻的影响。勒温等人的研究表明，民主的、专断的、放任的三种不同的教育态度和教育方式，可能导致学生学习成绩、品德、人格发展的差异。另外，体育教师这一职业的示范性特点表现得更为显著。体育教师的言谈举止、衣着仪表、个性特征、知识水平、兴趣爱好、教育观念、教育方式、行为习惯等无不作为个体文化以内隐的方式传递给学生。另外，学生不是单纯的受教育者，学生也是一种强大的教育力量。学生群体一旦形成某种体育风气，会产

生巨大的同化作用，既可以往好的方向发展，也可以往不良方向发展。因此，这些文化要素也是体育隐性课程的重要问题。

四、体育课程的结构

（一）体育课程结构概念

体育课程结构主要包括两个方面。一是课程结构的要素构成情况。课程结构适应不同环境变化的能力的大小，是课程优化程度的重要方面，一种构成要素极少或极不合理的课程结构，其适应环境的能力也必然受到限制。体育课程结构构成要素本身的合理性与完整性，是提高课程结构适应环境能力的基本前提。二是课程结构各构成要素的组织化程度。系统具有整体性的特征，课程的性质和功能并不仅仅取决于课程由哪些要素组成，更重要的是取决于课程要素间的关系状况。要使整体大于部分之和，就必须提高要素间的组织化程度和一致性水平。

（二）体育课程结构的体系和层次

1. 体育课程结构体系的构建

建立合理的课程结构既包括建立课程的整体结构，又包括建立课程的具体结构。就是要求课程设置、课程计划、教学形式、课程教材、成绩评价以学生发展为本，以"健康第一"为指导思想，要求课程体系能最大限度地满足学生身心健康的要求，已达到学校、社会所需要的高素质、高质量人才的培养目标。

（1）课程设置

主要考虑到学生基础的个体差异和学生兴趣爱好的需求，将体育课程设置为技能课程、健身课程、能力课程、辅导课程。设置不同层面，多种多样的课程给学生等大的选择范围，以满足学生的求知欲和兴趣爱好。

技能课程是基础，培养学生的运动能力。健身课程是普及，教会学生的健身方法。能力课程是提高给予学生的发展机会。辅导课程是补充，满足学生的个体需要。除此之外，课程设置还应考虑到不同基础水平的学生，各门课程都应有基础课程和提高课程。

（2）课程计划

随着学校体育教育改革的不断深入，学分制，选课制教育机制被普遍认同。课程计划也必须进行调整，以学期为周期的课程计划将成为必然。选课制是指学生根据自己学习计划的安排，将2年的体育必修课自主地安排在4年中的任何时间内完成（以前3年半内完成为佳）。同时，学生可以自主选择时间，自主选择教师，自主选择体育项目上课。学分制是指选择某项课程学习合格后所获得的相应分数，不合格者不记录学分。学期制是指以一次选课为一个教学周期，即一门课程的周期计划。

（3）教学模式

体育课程的构建注意教学理念的更新和教学模式的创新，主要体现在教学活动中的老师与学生互动、课内与课外互联、理论与实践互补，师生互动就是改变过去教学中教师的灌输式、命令式教学，学生的被动式、服从式学习。采用开放式、互动式教学。师生之间不拘形式，互相交流，学生提问与教师的启发等现象不断出现在教学中，整个教与学的过程变得和谐，气氛变得活跃，学生有更多的时间、空间施展自己的个性和才华，身心得到健康发展。课内外互联就是将课内教学与课外巩固提高有机地结合起来，课内以传授为主，课外以实践为主的教学模式是学生的技能形成与知识体验更具系统性、规范性。同时，课外时间更具有灵活性和多样性。理论与实践互补就是将体育基础理论知识和健身知识贯穿于整个教学始终，而不是单纯的一次理论教学，使学生在接受理论知识的同时体验与指导实践的乐趣。

（4）课程教材

学校体育在确定以"健康第一"为指导思想后，教材的内容必将重组。体育教程教材以体育基础知识，健康方法，健康尝试重组方向，涵盖了体育课程教材内容，构成了较为科学的体系。在选择新的教材内容时要注意考虑教材的基础性、实用性、人文化等。为学生今后从事体育锻炼、健康养身、调节身心健康等起到有效的帮助。

（5）成绩评价

在评价方法的选择上要注意有利于调动学生的积极性，使学生充分看到自己的进步，并在学习过程中不断确立新的目标。评价内容应该包括：学生学习过程的进步程度、参加锻炼与体育活动率、体育基础技能的提高程度、自我锻炼的能力等。教师在教学过程中对学生的学习点评是学生整体评价的重点，是学生能及时了解自己的进步，是学生积极参与体育活动的动力。

2.功能为纲的体育课程结构体系

裴斯泰洛齐是第一个用要素的观点去分析人体运动的教育家，他认为人体运动的基本要素是关节活动，因而主张按照关节活动的难易程度来安排体育活动的教学顺序。随着历史的发展，人们一直按照这个思路，或以身体活动特征，或以运动项目作为确定课程结构和内容体系的依据。这种结构在特定的时期，曾经发挥过一定的作用，也具有一定的合理性，但随着我国教育实践的发展，这种课程结构的弊端也表现得越来越明显。课程的功能是与课程的结构相对应，一定的课程结构具有一定的课程功能，课程的结构是课程功能的基础，课程的功能有赖于课程的结构。采用以功能为纲来划分体育课程结构，就是充分利用结构和功能相辅相成的内在关系，以促使各方面更加注意充分发挥体育课程促进学生全面发展的独特效用。

3. 统一、灵活的体育课程结构层次

统一、灵活的体育课程结构具有三个层次，即宏观课程结构中观课程结构和微观课程结构。宏观课程结构是指课程结构的整体构局，它存在于课程指导纲要之中。中观课程结构是指课程结构的地方构局，它存在地方指导大纲之中。微观体育课程结构是指学校根据实际需要，自己构建的形式多样的课程结构体系。微观课程结构又可以分为三个层次，即表层结构、中层结构和深层结构。表层结构是课程设置的结构，它存在于课程计划中；中层结构是由各类课程内容之间的横向组合与纵向组合而形成的有机整体；深层结构存在于各科教材内部，是各科教材内部各成分、各要素按照一定比例关系组成的有机整体。体育课程结构的三个层次具有相互依存、相互制约的关系。宏观课程结构是中观课程结构和微观课程结构赖以形成的支柱；中观课程结构依附于宏观课程结构，又是联结宏观、微观课程结构的纽带。微观课程结构依附于宏观、中观课程结构，又是宏观、中观课程结构得以生根的基础。这三者在一定的时间和空间内相互结合，使体育课程成为一个立体式的整体结构。

（三）我国体育课结构

体育课的结构是指构成一节课的几个部分和各个部分的内容安排顺序、组织教法以及时间分配等。它主要是以人体的生理机能活动能力变化规律为依据，受体育教学特点制约。

1. 初小阶段（1—3 年级）

根据少儿好动和身体活动能力可塑性大的特点，以多样的，非规范性的身体活动内容为主要的内容结构，即以动作教育为主进行课程设计，尽可能地扩展丰富学生的"动作语言"，发展少儿的灵活性和协调性，还应最大限度地满足小学生对多种运动的好奇和参与兴趣，同时进行趣味性强的身体锻炼，为下一步较正规的运动技术学习做好准备。

2. 高小阶段（3—6 年级）

应开始比较正规的运动技术学习，因为此时的学生兴趣焦点已经开始转向正式的运动项目，而且他们也具备一些从事这些项目技术学习的身体技能基础，但这时的教材不应是面面俱到的，而应精选一些有代表性的、基本的运动技术，并根据学生伴随生长发育而出现的各种素质的发展时期，有侧重的安排结构，此时的身体锻炼应着眼于运动素质的培养。

3. 初中阶段

到了初中阶段，学生受到新闻传媒的影响和对文化的追求的心理会越发对时兴的运动竞技发生兴趣，而且这段时期是他们身体技能全面发展的时期，应在这

个阶段向学生较全面地传授各种常见的运动项目的技术、战术及战略，使其技能得到稳步提高，身体同时得到锻炼（锻炼应注意全面性）。这时更应使学生能理解运动的意义，使学生能体验运动中的真正乐趣。

4. 高中阶段

到了高中阶段，应根据高中学生的志向分化的倾向，允许学生根据自己的特长和爱好有选择、有侧重地对某些运动技术进行深入的学习，并逐步形成个人的专长，形成定向爱好，与其毕业后的体育锻炼相衔接。在这个阶段的学习中，要提倡文化性，让学生理解体育的深层意义，使其了解社会体育的现状，学会将来步入社会后参加体育活动中进行身体锻炼所必需的方法。

5. 大学阶段

到了大学，则应给学生以更大的选择自由，让他们能自主地从事所喜爱的体育活动（身体锻炼融于其中），并将体育学习与俱乐部活动、校内生活与社会体育相联系，使大学生的体育学习更接近他们未来的体育生活，在丰富体育实践中，养成从事体育活动、参加体育锻炼的能力和习惯。

把这五个阶段有机地编织在一起，使其互为基础、互为发展，做到更有重点，各尽其职，就可能形成一个"基本活动能力培养——基本运动技能的形成——运动技能的全面发展——专项运动技能的发展和综合能力的提高——特长体育技能的获得和综合体育能力的形成"这样一个较为完整的课程结构系统，而其他的课程目标，如身体的、情感的、人格形成发展的任务，可以根据各部分的要求来分层次地有侧重地融合在结构之中，以确保学生在学校体育教育的全过程中学有重点，确有所获。

第二节　体育课

一、体育课的类型

体育课是一门以身体练习为主要手段，以学习体育与健康知识、技能和方法为主要内容，以增进学生健康，培养学生终身体育意识和能力，养成健全人格为主要目标的课。体育课的类型是指根据一定的标准可以把体育课划分为不同的类型。研究体育课的类型，是为了更好地运用教学原则和组织教法措施，实现体育学习目标。中小学的体育课通常分为理论课和实践课。

（一）理论课

中小学体育理论课一般是按照教学计划，在室内讲授体育的基本知识、各主要项目的比赛规则、健康卫生常识。在雨雾天气无法在室外进行实践教学时，可以进行体育健康知识有关内容的教学。

（二）实践课

中小学实践课是指在运动场地进行的体育课，根据《体育与健康课程标准》所制定的教学计划进行，是体育课的主要形式。实践课按课的具体目标，又划分为引导课、新授课、复习课、综合课和考核课五种类型。

1. 引导课

引导课是指新学期的第一节体育课，主要目的是把体育课堂常规要求、学期学习目标、学习内容、学期考核标准、课外体育锻炼的重点项目、要求告诉学生。引导课可以在运动场地讲解并安排一定的身体练习和队列练习，以便了解学生的实际水平，也可以根据学校的实际情况，把引导课的内容结合体育卫生健康基本知识，在教室讲授。

2. 新授课

新授课是以学习新内容为主的体育课，组织新授课学习后，学生应做到三点。

（1）通过教师的示范和讲解，知道这节体育课学习目标的动作要领，形成完整的动作概念，建立正确的动作表象，知道练习方法和保护帮助的方法。

（2）模仿教师的示范动作，根据教材内容和学情的特点，通过2—3个辅助练习，一步一步突破技能学习中的重点，掌握关键动作的基本环节，着重解决学习过程中普遍存在的错误，克服难点，在反复的练习、体验和即时反馈中知道自己的动作与期望动作之间的差距，以改进、提高动作质量，完成课程动作技能练习。

（3）在一节体育课的有限时间里，尽可能大的练习密度和尽可能多的重复练习次数是运动技能形成的必备条件，中等以上强度的运动负荷是增强体质的基本条件。

3. 复习课

复习课是以学习已学过内容为主的课，通过对组成技术的每一个动作进行完整的练习，逐步提高动作质量，提出具体的要求，在集体指导的基础上加强个别指导。教师要精讲多练，合理加大课的运动负荷，提高练习密度，开展对学生身体素质实效大的体能练习，让学生在体能练习中，兼顾上肢、下肢、腹部、背部肌肉群平衡发展。

4. 综合课

综合课既学习新内容，又复习已学过的内容，是体育课经常出现的教学组织形式。在学习内容的安排上，综合课能合理安排教学顺序，合理分配时间密度和运动负荷，如对篮球的运球、传接球和投篮技术进行组合练习，提高运用技术的能力。

5. 考核课

考核课分技能单元考核和期末考核，考核包括技评和达标考核，单元考核往往以技评为主，检测学生在多大程度上实现了单元学习目标，教师也可以及时知道自己在本单元的教学情况，从而调整教与学的策略，提供客观依据，并根据单元的测试情况修订教学计划、改进教学方法、完善教学指导。达标考核往往用于国家学生体质健康标准测试，"既用于对学生健康进行评定，也是锻炼标准的一部分，担负引导学生进行体育锻炼的责任。"

二、体育课的结构

（一）体育课结构的划分

体育课的结构，是指构成一节课的几个部分和各部分的内容安排顺序、学习目标、重点难点、教学流程、组织教法、时间分配、练习次数、体能课课练、教学反思以及练习密度与平均心率的预计等。根据体育教学的特点与规律，体育课一般分为准备部分、基本部分、结束部分，也可将课分成开始、准备、基本、结束四个部分，两种分类方法没有本质的区别。

（二）体育课的教学过程

体育课的教学过程是实现体育学习目标的实践性环节，它是学生在教师有目的、有计划地组织和指导下，学习体育与健康基本知识、基本技能和方法的过程。体育课的教学过程在很大程度上决定着体育教学的有效性，体育教学效果有多少、教学效益有多大、教学效率有多高，往往取决于体育教学的实施过程。[①]课堂教学是体育教学的基本单位，依据人体生理机能活动起伏变化的规律、运动技能形成与发展的规律、学生心理活动过程的规律、认知规律等，可把体育课教学的基本过程划分为激趣热身、技能学练、提高拓展、放松收课四个主要步骤，每个步骤具有不同的学习目标，分别采用相应的教学方式及教学组织形式。其中技能学练是有效体育教学从核心环节，可细分为教师指导、体验练习、优生展示和强化练习四个小环节。

---

① 杨文轩，张细谦. 体育与健康课程实施模式探索［M］. 北京：高等教育出版社，2015：117—119.

三、体育教学组织

（一）体育实践课的组织

1.体育课教学常规

体育课教学常规是为使课堂教学有一个严密的组织和正常秩序，保证体育教学工作的正常进行，对师生所提出的一系列基本要求。课堂教学常规一般包括课前、课中、课后三个部分。

2.体育教学中场地的布置

体育场地器材是进行体育教学的前提条件，场地器材布置是体育教学特有的组织教学工作，是上好课和实现体育教学目标的物质保证。充分利用与合理布置场地器材，有利于保证安全、提高场地器材的使用率、增加练习密度，有利于调动队伍、调动学生的学习积极性，还能让学生受到环境与美的教育。

3.体育课队伍、队形安排与调动

课中合理地安排和调动各种练习队形，不仅能严密教学组织，培养学生严格的组织纪律性，服从统一指挥，集中学生注意力，而且能丰富教学内容，创造良好的课堂气氛，调动学生学习的积极性，培养正确的身体姿势。

4.班内分组教学组织

班内分组教学组织是根据课的教学目标和要求将全班学生分成若干小组分别进行练习，以实现教学目标的教学组织形式。一般可分为分组不轮换与分组轮换两种形式。

（二）体育教学组织形式的类型

教学组织形式是指为完成特定的教学任务，教师和学生按一定要求组合起来进行活动的结构，主要有班级教学、分组教学、个别教学。

班级教学又称班级授课制，是体育课堂教学的基本形式，也是现阶段体育课堂教学中最基本和常用的教学组织形式。班级教学是将年龄和基础相近的学生，编成固定人数的班级集体，把学生集体作为指导对象，有统一的上课时间，按规定的内容组织教材和选择适当的教学方法，向全班学生授课的教学组织形式。

分组教学是把一个班分成若干小组，教师以组进行指导的教学形式。无论上课时学生的人数多少，分组教学都是一种必要的教学组织形式。因为分组教学较能体现因材施教、区别对待的教学原则，也比较容易发挥学生骨干的作用。

个别教学是历史上最早出现的教学组织形式，是一种把不同年龄、不同基础的学生组织到一起，教师分别对每一个人进行教学的组织形式。这种教学组织形式照顾了学生的个别差异，关注学生发展的自主性，使学生的潜能得到充分发展，有利于因材施教，有利于培养学生的自学能力、独立思考能力等。但由于其效率

低。难以适应教育普及的需要，同时，完全让学生自主，导致学习内容的系统性无法维系，不利于自主性不强的学生的发展。此外，个别教学大多把着眼点放在知识技能的获得上，忽略了"情感、态度、过程目标"，缺乏学生间的互相交流和学习，不利于学生的社会化发展。

第六章　体育教学和体育教学内容

第一节　体育教学

一、体育教学概述

（一）体育教学的含义

体育教学就是按一定计划和课程标准进行的有目的和有组织的教育过程。体育教学由教师和学生共同参与，其任务是向学生传授体育知识、技术与技能，增强其体质，培养其道德、意志、品质等。它是学校体育实现的基本形式，是体育目标的实施途径之一。体育教学性质包括五个方面。第一，体育教学的教学地点多为户外，现代体育教学场所通常在室内的场馆。第二，教学中师生都要承受一定运动负荷与心理负荷。第三，教学过程是身体活动与思维活动的结合，并且还有比较频繁的人际交往。第四，体育教学侧重于发展学生身体时空感觉以及运动智力。第五，教学更加关注学生自我操作与体验等。

（二）体育教学的特点

作为教学活动的一种，体育教学与其他学科教学有许多相似的特点，体育教学与其他学科教学的共性主要体现在三个方面。

第一，体育教学和其他学科的教学都属于教师与学生的双边活动。教师与学生在教学活动中发生的各种形式的交流频繁，如语言上的交流和肢体动作的交流等。过往这种交流更多是从教师向学生的方向（教师传授给学生某种知识和技能），现代教学要求教师开始注重使这种交流从学生向教师的方向。

第二，体育教学和其他学科的教学均是以班级为单位开展教学活动，实际的教学过程中，班级教学的组成方式会根据需要有所不同，如学生入学时组成的自然班，或根据学生的不同兴趣组成的单项班等。

第三，体育教学与其他学科教学的目的都是传授某种知识或技能。

除了与其他学科教学所共有的特点外，体育教学还有其自身的特点，主要表现八个方面。

1. 教学环境的开放性

体育教学主要是在室外进行的，目前，我国各级院校的体育教学多以体育实践课为主，体育教师组织的大多数体育课主要在学校操场进行。与其他学科主要是在封闭的教室、实验室等地方开展教学活动不同，体育教学的教学空间富有变化性，环境更加开放。针对当前体育教学环境的开放性，这就决定了体育教学具有不同于室内教学的特殊要求。

2. 教学过程的直观性

体育教学过程拥有直观性特点。这种直观性主要体现在讲解、示范和教学组织管理三个方面。首先，教师对教学内容的讲解具有直观性的特点。体育教学过程中，教师讲解体育教学内容，不仅要达到与其他学科教师讲解要求一致，还要求体育教师的语言更加生动，并且富有一定的肢体表现能力，以使学生有形象、贴切、有趣的感觉。尤其是在某些有较难技术动作的体育教学中，教师不仅要对体育教学重点进行详细描述，还要用生动、形象的语言把复杂的技术动作进行简单化的讲解，做到深入浅出，便于学生理解。

其次，教师对体育动作技能的示范具有直观性的特点。体育教学过程中，每一项体育项目的教学都涉及技术动作或战术配合，为了加深学生的理解和认识，教师有必要进行动作示范和实践演示。在教师运用示范法时，需要运用非常直观形象的动作示范，其中包括正确动作的演示和错误动作的演示，这些演示都是非常直观地展现在学生眼前，不能有任何的艺术加工和变形，这样才会使学生从感官上直接感知动作的正确与错误，以利于他们建立正确的、清晰的运动表象。当学生建立正确的动作表象后，再配合教师的讲解，使之与思维结合起来，从而掌握体育知识、体育技术和体育技能，改善身体素质，提高运动水平。

最后，教师对体育教学的组织与管理具有直观性特点。体育教学中，教师与学生接触更多，关系更融洽，对学生的组织与管理也带有直观性，如要更加富有责任心、更具有活力，身体力行，这对学生的身心也是一种无形的教育。有助于教师对学生的观察与帮助，掌控教学过程，也能为学生创造轻松的教学环境，使学生在教学中表现出来的言行都是他们最为真实的一面，有利于体育教师获得正确的教学反馈，并及时修正。

3. 人际关系的多边性

在体育教学中，人际交往占据重要位置，体育教学中的人际交往具有多边性的特征。现代体育教学的组织形式主要是在单人、双人、小群体以及全班之间不断转换的，要求学生在不同的时空内完成不同的身体运动、不断地变换角色地位，彼此之间建立多种不同的联系。因此，在体育教学中，师生之间、生生之间、小群体之间具有频繁且形式多样的人际交往关系。

针对体育教学过程中人际关系的多边性特点，体育教师可以运用多种方式与学生交流与沟通，并引导学生相互之间进行配合、鼓励与评判，教会学生在体育课堂中初步体会社会交往，培养学生的合作意识，提高其人际交往能力。

4.技能学习的重复性

《体育与健康课程标准》指出，现代体育教学应促进学生完成运动参与，促进学生的身体健康、心理健康，并提高社会适应能力。体育教学的最基本的目的则是使学生掌握运动技能，而达成这一体育教学目的，就必须重复学习运动技能。

运动技能的形成具有阶段性和规律性，运动技能形成大致分为四个阶段：练习分解动作阶段、练习连贯动作阶段、独立完成连贯动作阶段和熟练完成连贯动作阶段。学生要想熟练掌握运动技能，需要经过长期的反复练习。学生无论是掌握篮球、足球、排球运动中的复杂技能，还是学习体操中的滚翻、田径中的跑等技能，都需要经历由不会到会、由简单初步学习到复杂深入学习、由不熟练到熟练的发展过程。在此过程中，体育教师要严格遵循循序渐进原则，逐步指导学生掌握各种运动技能，根据不同运动技能的特点，合理安排练习内容和时间，通过反复练习，使学生掌握、提高运动技能。

5.身体活动的常态性

体育教学中，学生需要不断重复学习体育运动技能，这也决定了学生在体育教学活动中，要经常进行身体活动，即体育教学具有身体活动的常态性特点。体育课堂教学过程中，教师与学生的身体操练非常频繁，这种几乎常态化的特点成为体育教学非常显著的特点。

一般性（主要是指文化类学科）的教学多在教室（实验室、多功能厅）进行，且要保持相对安静，这样才能激发学生的思维并产生很好的学习效果。和这些学科相比，体育教学却刚好与之相反，其教学的地点多为户外或专用运动场馆，普遍较为宽阔，而且在大多数时间的运动技术练习环节并不需要刻意保持安静，学生之间、学生与教师之间都可以随时有相关的交流和沟通，如此才更有利于对运动技术的学习。

体育教学要求学生应掌握基本的运动技能，体育教学过程中充满了对身体活动的要求是体育教学与其他学科教学的最大不同之处。因此，在体育教学中，几乎所有内容都涉及身体活动，或者是为即将到来的身体活动做准备的活动，就是对作为"身体知识"的体育教学的最好诠释。在体育教学过程中，不仅是学生要进行具有一定运动负荷的运动，教师在做示范、做指导和参与到组队教学赛中也需要付出不少体力。可见，体育教学身体活动常态性的特点不止针对学生，同时也包括教师。

6. 身心练习的统一性

体育教学具有要求学生身心共修的特点。体育教学重视对学生身体的改造，与此同时它还强化学生的心理与多种适应能力的发展。而在其他学科的教学中便无法达到这样的效果，这主要在于体育教学营造了不同种类的教学情境，一系列积极的情境使得参与其中的人在潜移默化中受到感染，在体育教学中，学生的身心发展看似是多元的，但实际上在过程中是一种身心统一的锻炼，即达到身体与心理的共同拓展和发展，表现出十足的统一性。身体发展是基础，心理发展依赖并促进身体发展。从这一方面来看，体育教学不仅可以促进学生掌握技能、发展身体、增强体质，而且有利于培养学生的思维方式和良好的心理品质，促进学生身心健康协调发展。

7. 教学内容的情感性

体育教学内容是非常丰富的，它会涉及多种与体育相关的内容，不仅仅限于球类运动、游泳、田径，还包括如体育舞蹈、瑜伽等内容。通过对这些内容的学习，学生可以普遍从中体会到源自体育的丰富情感。体育教学中，学生丰富的情感体验主要表现在五个方面。第一，在体育教学过程中，师生可以体会到只有体育才能赋予人的人体美和运动美。第二，通过体育教学中对美的感受，可以促进学生提高审美能力。第三，体育教学能使学生真正领悟体育精神。第四，在体育教学过程中，学生通过参与体育活动可以陶冶情操，平衡心态。第五，体育教学是一种创造性的社会活动，其创造的成果就是让学生获得内在的顿悟和精神上的启迪。同时，体育教学沟通着学生与学生、教师与学生，对学生提高社会适应能力具有重要作用。

8. 教学条件的制约性

体育教学内容丰富，涉及要素较多，也就使得体育教学会受到更多客观条件的制约，这是体育教学的重要特点之一。体育教学活动受到的制约如学生运动基础、学生其他基本情况（年龄、性别、生理和心理特点）、体育教学场地条件、器材、气候等。这些因素都会影响体育教学质量的高低。首先，就教学主体来讲，学生作为体育教学过程中体育知识与技能传授的受众，与学生有关的诸多情况会对体育教学本身造成一些影响，因此体育教学要想进行得顺利，获得良好的教学就要注重在学生的运动基础方面以及体质强弱等实际情况的区别对待。其次，就教学环境来讲，体育教学环境是体育教学的重要载体，其质量的高低对体育教学会产生较大影响。

体育教学受多种体育教学条件的制约，要想顺利开展体育教学，摆脱不利于体育教学的各种条件因素的影响，体育教师从学年的体育教学计划到具体课时计划，从教材内容选择到教学组织方法实施都必须考虑到这些客观实际与影响因素，结合教学实际，科学选择体育教学内容、方法和组织形式，尽量将制约因素的影响程度降至最低。

（三）体育教学的功能

1. 传播体育知识

体育教师承担着传播体育知识的重要责任，因此，体育教学具有传播体育知识的重要功能，体育教学主要是通过改造学生身体的手段来实施教学的，从教与学的角度来说，可以将体育知识形容成一种"身体的知识"。这种知识最初伴随着人类的发展而发展，每个人类社会时期都有相应的"身体的知识"的传承，如在原始社会，身体的知识就是人类通过走、跑、跳、投、打等动作捕获猎物或逃避猛兽的追捕等行为。而在现代社会中，体育知识的传承内容变成了某项体育运动（如篮球、体操）的基本知识或某些体育技能。

现代教育强调以人为本，人们对以人为本的教育教学理念的追求使得人类自我知识的回归不仅代表了体育教学的特殊性，还给予了体育教学知识传承的特殊意义。具体到体育教学中，要求教师在体育教学的开展和实施中重视学生的主体性作用，因为学生才是体育文化的继承者和传承人，体育教学就是要发挥体育文化的传承功能，使体育文化能通过体育教学获得长久的传承。

应该认识到，体育教学中对体育知识的传承不是简单的"身体的知识"的模仿，更多的是通过体育教学，来向教学对象（学生）传承体育文化，即体育教师通过体育教学内容向学生展现、传授和体育教学内容的相关文化。

2. 传授运动技能

适当参加体育运动对人的身体素质的发展非常有益，而体育教学就成为传授这些运动技术的最好方式。当前，体育教学中，体育教学活动的组织过程就是体育教师以体育教学内容为依据对学生传授体育知识与相关技能的双向信息传送的过程。因此，运动技术就成为体育教学的主要内容，也是重要内容。运动技术不同于其他学科的学习，它不仅需要学生对运动理论有深刻的了解，还要身体力行地参与技术练习，在无数次的重复中逐渐在脑中和身体上建立起对技术的表象反应，最终到熟悉动作以及可以在下意识的情况下做出正确的动作。因此，对于运动技能的训练，没有实践就无法学会。作为运动技术的掌握者和传播者，体育教师在向学生传授运动技术的过程中发挥着十分重要的作用。体育教师对运动技术的传授会从简单的、入门的、基础的入手，在此之后逐渐积累，由简到繁，循序渐进。

3. 传承体育文化

体育知识、运动技能的传授都是为体育文化的传承而服务的，从某种意义上讲，体育教学真正的目的在于教会学生正确的体育运动方法，使其能在未来一生的生活中对其身心产生持续的良好的影响，更在于一种体育文化的传承。传承体育文化是一个长期的、系统的过程，要想真正实现体育教学传承体育文化的功能。就必须使得学生通过不同阶段的体育教学，学习到较为完整的运动知识、运动文化。

4. 健身功能

增强人民体质是发展体育运动的本质属性。经过长期的改革与实践，现代学校体育课程在规划设计教学大纲、选择教材内容、安排课时、实施教学组织等方面已逐渐合理化与科学化。

5. 健心功能

心理健康也是评定人体健康的指标之一，体育教学不仅有利于学生的身体发展，还对学生的心理健康发展具有重要的作用。体育教学的健心功能主要包括缓解压力、平和心态、修养品德、完善人格。

6. 美育功能

体育中蕴含着丰富的美，健、力、美同时蕴含于体育运动中，静态的人体造型和动态的运动节律都具有美的特质，都表现出人们向往美。体育运动不仅在运动过程中突出了"美"的要素，而且在运动结果上也有淋漓尽致的体现。

二、体育教学的原则与规律

（一）体育教学的原则

1. 身心发展教学原则

身心发展教学原则是指在体育教学中，不仅要发展学生的身体，而且要发展学生的心理品质和社会适应能力。因为学生在体育活动中身心发展是合一的、统一的、和谐的。体育教学体现了学生身体活动的特殊性，因此，身体活动对学生的身体必然有一定的刺激作用，对学生的身体会产生一定的影响。同时，体育教学活动也对学生的心理产生了较大的影响，主要包括两个方面。一是对学生的个体心理产生影响，如兴趣、爱好、思维、记忆、情绪、意志等。二是对学生的团体心理产生影响，如集体意识、班级纪律、合作意识、协助态度等。人是一个完整的有机体，不仅具有生物性，还具有社会性，只有身体与心理相互协调，全面发展，人体才能正常运行。

2. 直观启发教学原则

直观启发教学原则是指教师通过多样化的、具有启发价值的直观手段，使学生产生清晰的运动表象，发展学生分析、综合、概括等方面的思维能力。常用的直观手段包括体育教师的动作示范、优秀学生的动作示范、挂图、人体模型、教具、保护与帮助、阻力与助力、媒体等，这些直观的手段有利于促使学生产生视觉、听觉、本体感觉等多种感觉器官的综合作用。在其他学科中，我们也使用各种直观的手段，有些手段是共性的，如挂图、教具、媒体等，这反映了认识活动中感知与理解、具体与概括、形象与抽象的关系。感性认识是认识一切事物的基础。但在体育教学中有些手段具有一定的特殊性，如体育教师的动作示范、优秀学生的动作示范、人体模型演示、保护与帮助、阻力与助力等。因此，体育教师除了传授体育与运动的认知知识外，还必须使自己与学生亲力亲为，进行身体操作与练习，才能掌握运动技能。

3. 精讲多练教学原则

精讲多练教学原则是体育教学的基本原则，也是一个特殊原则。精讲就是体育教师在吃透教材、了解学生的基础上，用精练的语言、较少的时间，将教材的主要内容、特点、动作技术要领和技能向学生讲解清楚。多练是指学生在体育教师的指导下，充分利用各种机会与时间更多地参与身体运动。精讲多练是一个完整的概念，它要求既重视讲的作用，又保证练的需要，把讲和练的作用结合起来，发挥师生双方面的积极性。就讲和练的关系说，精讲既为了给多练腾出时间，更为了给多练提供指导。精讲是基础和前提，只有体育教师精讲，学生才能在最短的时间内理解所学的内容、原理与方法，才能留给学生更多的时间，实现多练的目的。因此，在体育教学中要全面认识精讲多练的要领：讲要避免注入式、满堂灌、凌空说教、烦琐讲解，但并不是单纯追求讲得越少越好，要讲得简要、核心、易理解。其次，在多练环节上，要尽量减少不必要的队伍调动和其他的时间浪费，多给学生强化练习的时间，这样才能真正实现多练的目的，进而更有效地达到体育教学的目的。

4. 循序渐进教学原则

循序渐进教学原则是指在体育教学过程中有关教学目标、教学内容、教学方法、教学手段、运动量与运动负荷的安排要有一定的系统性和连贯性，符合学生年龄、性别、学习基础等方面的特征，体现学生的个体差异，使教学目标得到逐步提高与发展。制定循序渐进教学原则的主要依据是人们认识事物的规律、动作技能形成的规律和知识、技术的系统性和连贯性、教学目标的层次性等。在体育教学中，必须遵循由易到难、由简到繁，逐渐深入、逐步深化，才能使学生的知识、技术、技能、体能等得到稳步发展。

5. 区别对待教学原则

区别对待教学原则是指在体育教学过程中，根据学生的不同特征，如年龄、性别、兴趣爱好、体质、智力、个性、学习基础等，分别给予不同的教学，使每个学生都能得到相应的提高与发展。区别对待教学原则的理论依据是不同性别与阶段的学生在其生理与心理、学习能力与成效方面存在差异。

6. 负荷适量教学原则

负荷适量教学原则是指在体育教学过程中，根据学生的特点合理安排生理和心理负荷，并使练习与间歇合理交替，以达到增进身心健康的目的。运动负荷是一个调节运动效果的常见指标。因为学生在生长发育、逐渐成熟的每个阶段，生理机能都有相对的负荷极限，因此，学生在练习过程中如果其生理负荷和心理负荷超越了极限，就会有害于机体健康。如果负荷刺激量不足，机体的机能不能发生变化，则不能发展体能。在负荷过程中，还要伴有间歇。间歇也是体育教学的必要因素，它对于调节课的节奏、消除疲劳、提高学习效率、活跃课堂教学气氛具有重要作用。所以，负荷与休息是体育教学的两个基本方面，安排得越合理越有利于提高教学效果。

7. 安全卫生教学原则

安全卫生教学原则是指在体育教学设计与实践过程中，必须结合体育教学教材的性质与特点、学生的年龄特点，时刻关注学生的运动安全与卫生问题，做好各种预防措施，以减少不必要的身体伤害，保证学生在安全卫生的条件下有效地进行各种体育活动。

（二）体育教学的规律

1. 体育运动认知规律

体育学科具有独特的运动认知体系。在体育教学中也要遵循体育知识学习和运动认知的规律。体育的运动认知体系是一种"身体—动觉智力"，通过体育教学，可不断提高学生对物体、对自我的速度和对时间、空间、距离、重量、力量、方位、平衡、高度等因素的识别和控制能力。在体育活动中，表现为学生能对体育事件做出恰当的身体反应，具有控制身体运动、操纵物体，使体脑协调工作。对此，体育教师在体育教学中应重视培养学生的空间感知能力和对方向的判别能力，培养学生对器械的速度、重量、方向等感知能力，从而不断地提高学生的运动认知能力。

2. 体育运动技能形成规律

让学生学会和掌握一定的运动技能是体育教学目标之一，而运动技能的形成要经历一个由不会到会、由不熟练到熟练、由不巩固到巩固的发展过程。体育教学安排不可能明显地体现和准确地划分出动作技能掌握的这三个阶段，但从一个掌握动作技能的长链结构上看，仍然是要遵循运动技能形成规律的。

3. 运动负荷变化与控制规律

体育教学追求的并不仅仅是对学生进行生理负荷和生物性改造，还有其他方面的教育意义（如传承体育文化、健心、美育意义），因此，在体育教学过程中既要合理地利用生理负荷，又要合理地控制生理负荷，这就是体育教学运动负荷变化与控制的规律。根据人体生理机能活动能力变化的规律，在体育教学过程中学生承受运动负荷的规律也与此相适应，在人体机能活动最强的时段安排较大的负荷，在人体机能活动上升和下降阶段要控制运动负荷，这是一个基本规律。

4.体验运动乐趣规律

在体育教学中，让学生不断地体验运动的乐趣是培养学生体育兴趣、形成运动爱好和专长的首要条件，也是学生掌握运动技能、强身健体的重要前提，更是体育教学过程中教师自始至终要把握的客观规律。[①]体育教学中，感受运动快乐是学生学习体育动机的重要组成部分。

第二节　体育教学内容

一、体育教学内容的含义

体育教学内容指以达到体育教学目标为目的，而进行的体育知识和技能体系等方面的选择和运用。体育教学内容在体育教学实践中作为教师教与学生学的实践材料而存在，它的选择，是教育者根据教育的一系列要求，通过对前人体育和教育实践经验进行综合的总结，按照教育原则，进而从丰富的体育技能理论中精挑细选而来的。教学内容在教师与学生中间扮演着中介和媒体的角色，决定着教师和学生之间的信息交流。体育教学内容对于体育教学方法和教学手段同时是起到制约作用的，同时也决定着体育教学的效果和目标实现的程度。体育教学内容有两个方面的含义。

1.体育教学内容有别于一般的教学内容

第一，体育教学内容是在依据体育教学的目标选择的基础上，根据学生身心发展的规律以及需要，在教学条件的允许下精心挑选和加工而来的体育内容。

第二，体育教学内容是以大肌肉群的活动状态进行的体育教育内容，主要的形式有运动技术学习和教学比赛以及理论讲授等。

第三，体育教学内容的传授依赖于某种特定的体育教学条件。

2.体育教学内容往往区别于竞技运动的内容

第一，体育教学内容存在的目的是进行教育，而竞技体育运动的内容的目的则是娱乐和竞技，并不是进行教育。

---

① 颜绍泸，周西宽.体育运动史［M］.北京：人民体育出版社，1990：443.

第二，体育教学内容在成形之前必须根据教育目标的需要而进行一定程度的改造和编排，而竞技运动内容则可以理解为更加单纯的体育。

体育教学内容从形式上来说，跟其他学科的教育内容相比是有很大的区别的，体育教学的内容虽然从来源上讲是娱乐和竞技等方面，但却与其本身在体系上就有非常多的不同之处。这些特点使得体育教学内容拥有独特的特质，并且在教学内容中处于一种独特的地位，同时，体育教学内容从选择、加工，到教学中，比其他教学内容更加复杂。

二、体育教学内容的层次

体育教学内容的层次可从宏观和微观两个层面进行分析。

（一）宏观层面

根据我国相关部门的会议指示，决定对课程体系、结构、内容进行调整和改革，同时在基础教育课程体系的建立上运用更新的模式，试行国家课程、地方课程与学校课程。这些指示说明我国的基础教育课程模式将从单一的模式而转向多元化的发展。因此以这一基本思想为依据，从宏观层面来对体育教学内容的层次进行划分可以分为以下三个。这三个层次的体育教学内容的建设是由国家、地方、学校共同完成的，这三个层次的职责不同，所以其所涵盖的范围和在教学当中所占的比重也有所不同。

1. 上位层次——国家课程和教学内容

在体育教学内容当中，其上位层次就是国家课程和教学内容。这些上位层次的内容是经由国家的教育相关部门规划制定的统一课程以及教学内容，这些内容充分符合国家意志，能够使学生在接受基础教育之后应该达到我国的共同体育素质，在体育方面成为一个合格的公民。国家在体育课程和教学内容的开发方面，依据通常是不同教育阶段的性质与培养目标，通过这些因素对体育课程标准等方面进行制定，从而编写出符合实际的教学内容。这些因素在我国基础教育体育课程框架中是作为主体部分而存在的，无论是涵盖的内容还是占的课时比例，地方课程和学校课程的内容和课时比例相比都是数量最大的。所以它决定着我国基础教育的体育教学质量的好与坏。

2. 中位层次——地方课程和教学内容

地方课程和教学内容在体育教学内容中被归类到中位层次。地方课程和教学内容是在国家规定的各个教育阶段的体育课程内，由省一级的教育行政部门或授权的教育部门根据当地的政治、经济、文化、民族等发展的需要而开发的体育课程和教学内容。这部分体育教学内容能够充分地利用地方体育教育资源以及体育基础教育的地域特点，同时还能够增强体育课程和教学内容的地方适应性，这些都具有非常重大的意义。

3. 下位层次——学校课程和教学内容

学校课程和教学内容在体育教学内容的层次划分当中被分为下位层次。这一层次的体育教学内容的主体是学校教师，在对国家课程和教学内容、地方课程与教学内容实施的基础下，以本校学生的特点和需求为依据，对当地社区和学校的体育教育资源进行充分利用，同时符合学校的办学思想，以此为依据而进行多样性的、可供学生选择的体育课程和教学内容的开发。学校课程和教学内容的开发的依据主要来源于国家教育部门和地方的政策，其特点为以学校为主体和基地，对学校师生的独特性和差异性有着充分的尊重和满足，特别是使学生在国家课程与地方课程的教学内容中难以满足一部分发展，能够在这里得到更好的补充。

（二）微观层面

课程的实现以教学内容为载体，根据教学内容论的观点，教学内容是包含多层意义的，从微观层面来看，根据教学内容的具体化的程度，体育教学内容的微观层次包含以下四点。

1. 第一层次

微观层面的第一层次即为体育课程标准所示的学习内容，以体育与健康课程标准规定为例，运动参与、运动技能、身体健康、心理健康、社会适应这五个学习领域即是从这一层次而进行的分析。这种分析实际上是活动领域的一种表述，并非常规意义上的体育教学内容。

2. 第二层次

第二层次详细来说就是第一层次形式上的具体化。从某种角度来分析，第二层次属于能力目标分析，同样并非常规意义上的体育教学内容，具体事例如体育与健康课程标准明示的水平目标：获得运动的基础知识，说出所做简单运动动作的术语（转体、侧平举、体前屈、踢腿等）。

3. 第三层次

在这一层次中指的是教学中需要具体运用到的硬件与软件等物质设施，也就是说属于普遍意义上的教学内容教具，比如篮球、足球、体操、武术等运动项目，以及与这些项目相关的场地器材。这一层面是常规意义上所说的体育教学内容。

4. 第四层次

这一层次指的是具体的练习方法手段，即某项教学内容下位的具体教学内容，比如一项运动的具体练习教学内容，游戏教学内容以及认知教学内容等一系列拆分开来的教学内容。

三、体育教学内容的分类

（一）体育教学内容分类的基本要求

体育教学内容与其他教学内容的区别很大，体育教学内容通常来说在属性与功能等方面有着多样化的特征，因此要对体系庞大丰富多彩的体育运动项目及其身体练习的分类追求合理性和具体性，具体需要符合五点要求。

1. 符合教育价值取向

体育教学内容的分类是随着社会和教学需要的发展而处在不断地变化当中的，并没有哪一种体育教学内容的分类是一成不变的。所以体育教学内容在分类上应当遵循一定的变化规律来进行。

2. 服务于体育课程目标

体育教学内容在实现体育课程目标的过程中是重要的手段，因此，体育教学内容的分类必须要考虑到能否有效帮助体育课程目标的实现。体育教学内容往往是多功能的，所以对体育教学内容进行分类，必须注意到每一个体育运动项目或身体练习有什么特点，主要的功能是什么。

3. 符合学生的身心发展规律

在不同年龄的学生当中，在生理上以及心理上两方面的阶段性特点都非常的鲜明。因此对体育教学内容进行分类时，学生的特点是必须纳入考虑范围的，以小学低年级的体育教学内容为例，在这一阶段体育教学的运动技能的目标主要是对学生的基本活动能力进行发展。因此在学生的这一阶段往往比较适合采用以基本活动能力与游戏来进行分类，如此做对于发展小学生的基本活动能力以及对小学生在体育兴趣方面的培养是非常有利的，从而使学生未来接受体育教育产生积极的影响。

4. 有利于体育教学实践

对体育教学内容进行分类时还需要贯彻为体育教学实践服务的理念。这对体育教学内容进行具体分类时，更重要的是对体育教学实践中体育教师对体育课程内容的选择与安排更为方便有利。体育教学内容的分类不但要合理，而且必须符合科学规律，分类的正确与否将交由实践来进行验证。

5. 应与体育教学方法和体育教学评价方法相联系

体育教学内容的分类应当做到与体育教学方法和评价方法能够相互呼应而形成一个系统，从而成为一个整体，这样对体育教学的评价也将十分有利，也就是说，进行体育教学内容分类时，系统观念是必不可少的。

（二）常见的体育教学内容分类方法

体育运动项目的种类数不胜数，所以体育教学的内容也随之非常的丰富。因

119

此安排体育教学内容的分类时，根据哪种逻辑进行分类成了重点问题。对体育教学内容进行合理的分类能够使教师和学生对于体育教学内容的认识更加深刻，在此基础上符合教学的目标。大多体育教学内容之间的关系是平行的，并没有过多的纵向逻辑关系，加之体育教学内容往往是可替代的，因此在体育教学内容的分类当中，争议还是比较广泛的。目前，体育教学内容的分类方法大致包含六大类。

1. 根据人体基本活动能力分类

以人体的基本活动能力为依据进行，也就是根据人类具有的走、跑、跳、投、攀登、爬越、钻、负重等基本活动能力，从而对所有的运动项目、身体练习按照这一标准进行分类。这种分类能够有目的、有针对性地对学生的基本活动能力进行培养，并且不会受到正规的体育运动项目条框的限制。所以，这种方法在有利于组合教学内容的基础上来对学生的各种身体动作和发展基本活动能力进行发展，所以这种分类模式对于低年级的学生比较适合。但这种分类在学习掌握体育运动技能、发展体能等方面的局限性比较强，对于高年级学生来说其要求往往无法满足，容易使高年级学生缺乏对体育运动的动机。

2. 根据身体素质分类

体育教学的主要目标之一就是帮助学生增强身体素质。根据身体素质进行分类，可以将速度、力量、耐力、灵敏、柔韧，或者根据与动作技能相关的体能分为速度、力量、灵敏、协调、平衡、反应等，也可以根据与健康相关的体能将身体素质分为心肺耐力、柔韧性、肌肉力量、肌肉耐力、身体成分等，将这样各个不同运动项目的身体练习进行完全不同的分类组合。

运用这种分类方法在提升学生的身体素质时可以有着更加突出的针对性，对于使学生正确认识各种体育运动项目与身体练习以及对体能的发展相当有利，同时还能够有目的、有针对性地使学生的体能获得非常大的进步。但其中的弊端是，在体育运动项目当中，许多项目并不是以提高某一方面身体素质为前提的，因此对待这类项目时这种分类显得比较模糊，而且这种分类在学生对体育教学内容的文化特性的认识上可能将学生带入误区当中，可能使学生忽视了体育运动的文化方面的认识。

3. 根据运动项目分类

根据运动项目进行分类在体育教学内容的分类中是最常见的分类方法，它是按照各个运动项目的名称和内容而进行具体的系统分类的，大致可以分为球类、体操、田径、武术、体育舞蹈、冰雪运动、水上运动等，对各式各样的运动项目分类特点加以详细的划分。

这种分类对于分析了解各个体育运动项目的特点，而后再进行教学是特别有利的，因为这种分类和通常意义下的竞技运动的分类相一致，在各个方面都更加容易理解，对于学生掌握并理解竞技运动文化具有非常大的帮助。但是这种分类方法将导致一些在教育上可能有突出作用，但并没有被列入正规体育比赛的项目当中的一些运动项目而忽略，而且即使在正式比赛的项目当中，也可能由于规则、技能等方面具有相当高的水平，对于学校体育教育并不相符，所以如果将其纳入体育教育内容当中必须进行一定程度上的改造，但经过改造后，这类教学内容往往往会与本来的运动项目出现非常大的差异，所以在内容上更加难以判别，对学生在运动项目的理解和掌握上造成非常大的影响。

4. 综合交叉分类

综合交叉分类是一种将基本部分与选用部分、理论与实践教学内容、各项运动的基本教学内容与提高身体素质练习教学内容等相互交叉的综合分类方法。综合交叉的分类方法能够准确地将不同学生的不同年龄阶段身心发展特点和对学生学习的基本要求反映出来，对达成体育教学的目标有非常突出的作用，在有助于保持运动项目的固有特点和系统性的基础上，同时增强学生进行身体锻炼的实效性，从而在体育教学内容的运用上使运动项目的技术和学生身体素质的练习同时发展，相互配合。但是这种分类方法往往无法用同一标准进行衡量，因此对于事物分类的基本原则是一种违背。

5. 根据体育教学目标分类

根据体育教学的目标进行分类，在体育教学内容的分类方法中比较常见。这种方法的依据是人们赋予的体育教学所要达到的目的。比如在进行掌握体育运动技能的练习、发展体能的练习、掌握科学锻炼方法的练习、提高基本活动能力的练习、提高安全意识与能力的练习、发展学生心理素质的练习、提高学生社会交往能力的练习的时候等。根据体育教学的目标进行分类，能够使教学内容具有更加明确的目的性和教学方法，同时对于打破陈旧的、以竞赛为目的的教学内容编排体系非常有利，从而保证学生学到足够的竞技运动的知识和内容。

6. 根据体育的功能分类

根据我国体育课程相关的文件，体育教学内容被划分为运动参与、运动技能、身体健康、心理健康以及社会适应五个方面。

四、体育教学内容的选择

（一）体育教学内容选择的依据

1. 体育课程目标

体育课程内容在实现体育课程目标的过程中，是作为手段而不是目的而存在的。体育课程目标存在多元性的特征，体育运动项目和身体练习也具备可替代性的特征，这都使体育教学内容的选择变得更加多样性。所以选择体育教学内容时必须有标准可以依据。体育课程的目标是对教学内容选择的重要依据，这是由于，体育课程目标在体育课程编制的过程中，在每一个阶段内都作为教学内容的先导和方向，所以它经过了多方专家的合理思考验证，对各个方面的影响都进行了认真合理的验证。因此，进行体育教学内容时，目标是必须遵循的，相应的体育课程目标对应着相应的体育课程内容。

2. 学生的需要及身心发展规律

选择体育教学内容时，学生的需要是必须要考虑的。体育教学以促进学生身心发展为目的，所以对体育教学内容进行选择的一个必要的因素就是学生对于体育的需要和兴趣，这对于有效的学习是非常重要的。学习需要学生的主动参与，而主动参与就是说，学生自身积极和努力是必不可少的。通常学生如果面对感兴趣的事情，那么其参与的动力就会大大增加，学习的效率也将倍增。这非常符合一些教育学者所提出的观点：如果学习是被迫的而不是学生出于兴趣而进行的，那么学习在某种意义上来讲可以说是无效的。调查结果也非常符合这一说法，那就是如今大学生虽然非常喜欢参与课外体育课程，但对于体育课却是兴味索然，最重要的因素就是教学内容缺乏趣味性。

学生对教学内容的接受程度取决于其身心发展规律以及特点，因此从这个角度来说，体育教学内容必须使学生可以接受，并且感兴趣。所以进行体育教学内容的选择时，学生的特点就决定着教学内容当中的各项要素，绝对不能忽略学生的实际情况。

3. 社会发展的需要

学生的个体发展无法脱离社会的发展。因此，体育教学能够在健康方面为学生打下良好的基础，所以在进行体育教学的内容选择时，除了考虑学生本身的需求，社会现实发展的需求也必须被考虑进去。体育内容在选择方面不能够忽视学生走入社会后发展所必需的体育素质，所以体育教学内容必须能够满足学生在社会上发展当中各方面的需要。除此之外，体育教学内容必须做到与社会生活和学生生活联系在一起，这样才能让学生体会到它的作用，其功能得以实现，因此，体育教学内容的选择与社会实际相符是非常重要的。

4. 体育教学素材的特性

在体育教学内容的选择方面重要的要素就是体育教学素材，而它最大的特性就是并没有非常强的内在逻辑关系性，这种特性使得体育教学内容的选择无法完全按照难易程度和学生素质来进行。因此体育教学内容往往只是以运动项目来进行划分，但各个教材内容之间的关系是平行和并列的，如篮球和足球、体操和武术。表面上看似有联系，但这种联系并非能够认得非常清晰，而且并没有先后顺序，一项也无法判断能够作为另一项的基础。所以在这里是无法确定教学内容内部的规定性和顺序性的。

体育教学素材的另一个特性是具有一项多能和多项一能的特点。一项多能是指通过一个运动项目，能够达到非常多的体育目的，这就是说在这个项目中有着目标多指向性的特点，以健美操为例，有人利用这个项目来锻炼身体，有人用这个项目进行娱乐，同时这个项目还有表演的作用。在很多情况下，进行健美操运动往往能实现多个功能，这就是说，学生掌握了一项运动之后，就能够实现多种目的。多项一能则突出了体育教学内容之间的具备相互的可替代性。比如像从事投掷练习，可以扔沙袋，投小垒球也能够实现，推实心球也可以，推铅球也算是能够实现。想通过体育运动得到娱乐放松，可以踢足球，可以打排球，同样打篮球打网球也可以实现。这就是说想达到目的并非只有一个目的可以实现，不同的项目也同样能够做到。正是由于这个特性的存在，使得在体育教学内容中没有无可或缺的项目，使得体育教学内容并不具备强烈的规定性。

体育教学素材还拥有庞大的数量。庞大的数量使得其内容相当庞杂，并且在归类上存在一定的难度。人类文明诞生以来，创造出的体育运动项目数不胜数，丰富多彩，并且每一个运动的技能对于练习者的身体素质也有着各种各样的要求。体育教学素材的第四个特性就是指在每个运动项目当中，其乐趣的关注点都是各不相同的。如在隔网类运动当中，其乐趣则是双方队员在各自的场地中通过巧妙的配合，而将球击到对方场地而得分。体育运动都有各自乐趣的特性使得体育教学内容的选择上乐趣是无法忽略的内容，这同时是快乐体育理论存在的事实依据，并且是这一理论在体育改革进程中发挥着关键影响的原因。

（二）体育教学内容选择的原则

1. 教育性原则

进行体育教学内容选择的时候，首先应从教育的基本观点对体育教学素材进行选择，分析其是否与教育的原则相符，与社会的固有价值观是否同步。要明确分析它是否有利于学生的身心发展和身体锻炼。

进行体育课程内容的选择，必须与体育课程的主要目标相匹配，确立"健康第一"的指导思想，并以此作为体育教学内容当中最基本的出发点，同时看重其中的文化内涵，在学生学习体育技能的同时更能深刻体会到体育文化修养带来的益处。学校体育在培养学生时应首先考虑对学生的品德、智力、体质等方面的全面发展是否有利，将理论与实际结合起来，在使学生了解人体科学知识的同时真正锻炼身体，还要从思想文化等方面下功夫，使其在双方面同时发展。体育教学内容的选择对于不同学段学生的发展特点和规律都要充分考虑到，其个体差异与不同需求将会在其中起到很大的作用，所以充分考虑能够确保每一位学生受益。进行体育教学内容的选择时，还要符合各个方面的实际来确保选择时有足够的空间和灵活性。

2. 科学性原则

进行教学内容的选择时，健身性和兴趣性的确非常重要，但这不能否定科学性在体育教学内容的选择当中的重要性。体育教学内容选择当中的科学性有以下三层含义。

（1）教学内容的选择必须有利于学生身心的协调共同发展。要注意，一些内容虽然有利于学生身体健康，但对于学生的心理健康并不合适，反之同样可能出现这种状况。因此，教学内容的选择必须做到使学生在开心的体育活动中同时积极促进身体的发展。

（2）教学内容同时也要使得学生能够从根本上对科学锻炼的原理和方法有一个深入的了解，这种了解可以增加学生从事体育锻炼时的自觉性和积极性。

（3）教学内容本身的科学性。在今后，国家对体育教学内容的选择的限制放开，不做具体的规定，因此必须注意防止一些科学性不够强的体育项目作为教学内容进入课堂。

3. 实效性原则

实效性就是判断某项体育教学素材是否实用、是否简便易行、是否有助于学生的身心健康。国家相关文件在教学内容的改革方面特别强调要对教学内容当中的"难、繁、偏、旧"以及教学过程过度的偏重书本知识的现状予以改变，在教学内容当中，加强学生生活与现代社会和科技发展当中的联系，对学生学习的兴趣加大关注，教学内容中的知识和技能要有利于学生终身体育的进行。所以在进行体育教学内容的选择时一定要兼顾选择与学生自身的体育学习兴趣和经验相接近的以及大众喜欢的、社会上比较普及的，同时强调运动项目的健身娱乐效果，奠定学生终身体育的发展基础。

4. 趣味性原则

兴趣是帮助一个人学习的最好的老师，因此在进行体育教学内容的选择时，根据学生的各方面特征尽量选择他们感兴趣的、有趣味的并且在社会上比较流行的体育素材作为教学内容。毫无疑问的是大多数竞技运动项目的健身价值和教育价值是不可低估的，但是，长期以来，体育教育工作者往往更加关注竞技运动项目教学的系统性和完整性，用培养运动员的方法进行体育教学，效果却背道而驰，导致很多学生开始厌恶体育课。

5. 民族性与世界性相结合的原则

体育课程内容的选择要在保留我国民族传统体育当中的精华部分的同时，对国外好的课程内容加以借鉴吸收。不能对自己民族的东西盲目自信，但同时更不能有崇洋媚外的思想。体育教学内容的选择就应该与时俱进，体现当今时代中国的特色。

第七章　体育教学方法

第一节　体育教学方法的含义和分类

一、体育教学方法的含义

体育教学方法是为了实现体育与健康教学的目标，根据教学内容、教学对象、教学环境、教学条件等因素，激发、组织、指导学生进行体育与健康学习活动所采取的，有计划的教与学活动方式的总称[①]。体育教学方法是通过其体育教学任务的完成，使学生掌握体育知识、技术、技能，促进身心健康发展、智力发展，并形成一定的世界观、道德观和价值观，从而达到培养合格人才的目的的方法。

二、系统性体育教学方法

（一）系统性体育教学方法概述

系统性体育教学方法是指每个体育教学方法各具有一整套自成系统、比较成熟和完整的体育教学方法的理论知识体系和实践操作方法体系等，包括具有其教学理念、指导思想、运用原则、教学要求及其操作性层面运用的方式方法等，并形成了自己独有的完整的体育教学方法系统及其教学特色。体育教师掌握了某一种体育教学方法，在体育教学中能充分发挥这一种体育教学方法的功能和作用，容易使学生顺利地学习并容易而达到体育教学目标。系统性体育教学方法非常多，如体育程序教学方法、体育快乐教学方法、体育启发教学方法、体育合作教学方法、体育情境教学方法、体育发现教学方法、体育探究教学方法等。

（二）体育程序教学方法

1. 体育程序教学方法的含义

体育程序教学方法是指按照规定的教学程序方法把体育教学内容分成若干有规律的，在逻辑上完整的分子重新组合序列，依据体育教学目的、任务的要求进行体育教学的全过程。程序教学是一种严格按照心理学理论建立起来的教学方法。

---

① 杨文轩，季浏.义务教育体育与健康课程标准（2011 版）解读［M］.北京：高等教育出版社，2012.

它是把体育教材分成连续的小步子，严格按照逻辑编成程序的一种自动体育教学活动的体系。

2.体育程序教学方法的指导思想

体育程序教学方法的指导思想是以控制论原理为根本，将学生掌握知识、技能与技巧的过程程序化，使学生按程序进行独立的、个别化的教学，使整个体育教学过程处于严格的控制之中。因此，这种体育教学方法不要求所有的学生同步，只要求最终达到同一个目标。

3.体育程序教学方法的基本理念

体育程序教学方法的基本理念是一种着眼于行为控制的教学模式，利用控制行为表现来达到促进学生体育学习的目的，是依据"刺激←→反应"过程实现的。依据条件反射原理，使程序教学具有操作性，而这种操作性体现在整个程序教学之中。普莱西和斯金纳认为，人类的学习也就是一种操作反应的强化过程，通过操作性强化，一个完整的新的行为可以被学会。要使体育教学或者体育训练获得成功的关键，就是要很精确地分析强化效果，并设计操作这个过程的技术，建立一个特定的强化系列进行有效的强化。体育教师应根据学生学习的目标，制定一个精确的教学程序，并在促进学生学习学习过程中不断地给予强化，使学生能顺利地向学习目标迈进。特别是体育程序教学方法运用于体育技术动作教学之中，具有很好的效果。

4.体育程序教学方法的运用原则

（1）小步子原则

体育程序教学方法实施由于严格控制刺激，程序教学内容是一步一步呈现，使学生一步一步地掌握体育教学内容，很容易使学生进行学习与掌握。小步子原则，主张程序教学内容的步子要小，以每一小步解决一个学习难点为宜，如学习与掌握了第一步教学内容才能进入第二步教学内容的学习，任何两个步子之间递增的难度一般都很小的。同时还要确定好每一步子的教学要求和动作规格等。在高标准、严要求的体育教学下，做到步步准确，步步规格化，以确保学生掌握每一动作的质量。设计程序教学内容步子的大小，在大多数情况下，还需依靠体育教师的教学经验来考虑和编写程序。另外，在设计编制体育动作的教学程序时，要考虑充分利用现代器材、设备或特制教具等，最好能结合运用电化教学手段，从而容易达到事半功倍的效果。

（2）积极反应原则

斯金纳等人认为在传统班级教学的课堂上，一个教师同时要教许多学生，教师讲授知识或者给出信息，绝大多数学生只是消极的听众，不易做到普遍地经常地在教学中做出积极的反应。另外教科书的内容也不能保证学生对每一小单元的信息做出积极的反应，但是对于程序教学法的每一教学步子，每位学生都要做出积极反应。在体育程序教学方法的实施教学过程中，要根据学生的实际情况来设计体育教学程序，以适合学生的学习水平，使每位学生能感兴趣而积极参与其中，并做出积极反应，有利于提高学习效率。积极反应原则是体育程序教学方法实施的一个重要原则之一。

（3）即时强化原则

即时强化是体育程序教学方法实施的一个十分重要的原则。斯金纳认为，强化非常重要，指出：行为之所以发生变化，是由于强化的作用，因而直接控制强化物就是控制行为。对学生体育技术动作的学习，就是通过一步一步地强化，才能塑造出动作的准确性和完美性。在体育程序教学方法的实施过程中，对实施的每一步都应及时捕捉与反馈信息，使学生及时获得做动作后的各种评价，清晰动作概念及强化正确的做法，利于改正错误动作、巩固正确动作，加快学习进程，所以正确地给予强化就显得更为重要而突出。

由于体育程序教学方法的实施过程是在一个严密的控制系统下，遵循着预定的"路子"前进，依靠不断地修正偏差（错误），一步一步正确地强化，从而容易使学生达到完全准确地掌握动作。体育教师还要通过多种形式和手段，把强化的频率提高到最大限度，把强化的质量提高到最佳状态的同时，又要把可能发生的错误率下降到最低限度。要做到正确强化，必须把握住反馈信息的准确性、可靠性、有效性。这就需要体育教师十分清楚地掌握每一学生的身体素质、技术基础、心理素质，以及捕捉即时的体力、情绪等变化因素，同时还要对每一动作的各个技术环节的准确与错误，纠正错误的方法等研究清楚，通过观察、询问等进行分析、综合等逻辑思维，才能使自己输出的信息准确、及时、有效。

（4）自定步调原则

在体育教学过程中，学生的学习进程各不相同，尽管开始时在同一起跑线上，但随着往后各学生学习与掌握的情况会有很大的不同，会形成学习进程的参差不齐。体育程序教学方法实施的一个十分重要的原则就是自定步调，合理地根据学生的不同情况，按各人的学习情况，自定出学习的进度。通常，一位体育教师在体育课中同时要教许多学生，又要照顾个别差异，这的确是体育教学中的难题，但是，运用体育程序教学方法则不一样，它鼓励每一个学生以自己最适宜的速度进行学习，这种以学习者为中心的教学方法，允许学生自定步调进行学习，有利于充分调动学生的积极性和自觉性及其自我管理能力，有利于学生朝着统一的体育教学目标而各自努力奋进。

（5）低错误率原则

体育程序教学方法实施的一个十分重要的原则：低错误率。在实施体育程序教学时，在编制体育教学程序时就应该考虑到容易出现的错误或典型错误而力求避免，使编制的体育教学程序处于相对比较完善，使学习的小步子正确、科学，小步子与小步子之间衔接紧密无隙。学生在学习过程中总会犯有不同的错误，这时体育教师应遵循着动作技能形成的基本规律去进行教学，由主到次地纠正错误动作，或由核心错误到一般错误进行纠正。同时，体育教师要及时对学生犯有错误的方面进行负强化，而对做得正确的学生进行正强化，将学生易犯的错误降至最低限度及最低频率，以利顺利地学习与掌握体育教学内容。

5.体育程序教学方法运用的方式

体育程序教学方法运用的方式，可分为直线性程序教学方法和分支式程序教学方法两种。

（1）直线性程序教学方法

直线性程序教学方法是将体育动作教学或体育教材内容分成若干个小步子，严格按照一定的顺序一步一步地朝着目标直线式地进行学习。直线式程序教学方法的教学结构模式。在应用时，如从第一步学习转入第二步学习时而掌握不好，甚至犯有第一步学习内容中出现的错误时，就要退回到第一步进行重新学习或复习，待准确掌握后再进入第二步学习，由此而推，以此前进。这种直线性程序教学方法适用于技术比较简单的动作或教材内容。

（2）分支式程序教学方法

分支式程序教学方法是把体育动作教学有机地分开，即分成比直线式程序教学方法有较大的步子和下面有多重选择反应练习。学生学习第一个部分（第一步）主支时，根据学生学习的情况，如果学生接受能力较差，可先选择下面的多重选择练习，待学习掌握后再转入第一部分（第一步）主支上学习，或者再转入第二部分（第二步）主支下面的多重选择练习后再转入第二部分（第二步）主支上学习，以次进行。如果该部分或某部分哪个学习步骤出现问题，就退到该步骤主支或主支下面的多重选择练习，待正确掌握后再重新回到主支上学习，这样及时修正学生的错误，有利于调动与激发不同水平的学生学习兴趣。

分支式程序教学方法一般适用于一些较复杂，动作的各个技术环节间非常紧密，则难以划分极小的步子时，可采用多重选择反应练习，即分支式程序。在应用时，如第一步学习掌握不好，可引入一个相应简单的辅助性步子（如A的a、b、c）进行练习，待做好后再回到原来的步子进行练习，从而再向前进。分支式程序教学方法，比直线式程序教学方法灵活，具有一定的选择性，可视学生的学习情况或学习能力而灵活地或针对性的进行。

（三）体育启发式教学方法

1. 启发式教学方法的含义

体育启发式教学方法是指体育教师在体育教学过程中将学生作为体育教学的主体，通过有效引导来促进学生的体育学习活动，以充分调动学生学习的内动力，积极思维，充分发挥体育学习的主动性和积极性，使学生主动地获取体育知识、技术和技能，同时发展学生的思维能力及其分析问题、解决问题和探究新问题的能力，从而促进学生身心健康的全面发展。启发式教学法是指学生在教师"启"的引导下，通过自己的思维活动，主动地去获取知识的一种教学方法。其实质在于调动内因，充分发挥学生的积极性、主动性、创造性，开发学生的智力，培养学生分析问题、解决问题和探究新问题的能力。

2. 启发式教学方法的指导思想

启发式教学方法要求体育教师树立正确的学生观，以学生为本，充分调动学生学习的主动性、积极性为主线进行体育教学。在体育教学过程中，充分发挥体育教师的主导作用和充分调动学生学习的主动性，并将启发式教学贯通于整个体育课程的全过程，以发挥体育教师最大的启发引导作用和调动学生主动性学习为指导思想。学生主动性一旦积极调动起来，以主体性的姿态参与体育教学活动之中，这又会进一步刺激体育教师主导作用的进一步发挥，促进体育教师与学生融洽于教学双向良性循环的运行中。

3. 启发式教学方法的基本理念

启发式教学方法则在启发的教学思想指导下，以学生为本，充分调动和挖掘学生的能力与潜能，不断提高学生的认知水平，并以促进学生全面发展的理念，采取启发学生思维、积极调动学生内在学习动力的教学方法。体育教师根据学生的实际情况，运用各种启发性体育教学方式方法引导学生，通过启发学生积极探索、发现等方式，激发其情感，促进其主动性学习，容易使学生心领神会、豁然开朗，以及举一反三、触类旁通，有利于发展学生的体育认知能力和体育活动能力。

4. 启发式教学方法的运用原则

（1）激发学生积极思维的原则

激发学生积极思维的应以启发学生思维为准绳，才能促进学生感悟到对体育知识、技术和技能的需要与动机，才能激发学生积极学习的行为。这要求体育教师应根据学生的具体情况，如体育知识基础、身体素质、认知水平等，特别需关注学生学习的思想状况而采用各种启发式教学方式方法，努力引导学生朝着体育教学的目标而积极性思维，以激发学生的学习动机和培养学生的学习兴趣，使学生拥有真正需要体育学习的动机和心态而进行体育学习。学生的体育学习不仅是身体的操练，而且更是复杂的思维操作活动，是在体育教师的悉心指导下，不断地认识体育学习内容的概念、技术、做法、要求等，也是学生不断提出问题、分析问题和解决问题的过程。

体育学习的过程中实际是学生积极思维及思维质量不断上升的过程，学生要不断地进行体育学习的思维活动，逐步弄明白体育的学习及其运动过程或动作技术的做法等，并力求尽快地学会与掌握。体育教师在体育教学过程中，要随时帮助学生解惑，启发与开通学生的学习思维及积极思维，并通过学生自身的积极思维活动，对所学的体育知识、技术和技能做到正确认识、理解、及时掌握或融会贯通。同时体育教师在体育教学过程中应随时观察学生的学习状况、情绪变化等，恰到好处地、及时地进行启发教学，以不断促进学生的积极思维和努力提高学习思维的质量及其思维能力。这是体育教师进行启发教学方法需遵循的原则。

（2）以学生为本的原则

体育教师进行启发性教学需遵循以学生为本的原则，努力促进学生全面发展的原则。体育教学以传授知识、技术和技能为手段，目的是促进学生的身心健康发展和全面协调发展。为达到这一体育教学目标，必须以学生为根本。体育教师围绕着学生应如何进行有效的学习，是每位体育教师面临着思考与研究的问题。体育教师要认识到努力启发学生自觉学习对促进其全面发展的重要意义，从而使学生真正明白自身的全面发展对人才塑造及将来的发展有着十分重要的作用后，才能积极转化为内在学习的强大动力，以及具有持之以恒的积极行为而努力学习，这才是体育教师启发教学的目的或核心。

因此，体育教师的体育教学，应从以学生为本，促进学生全面发展为出发点，以培养学生刻苦努力学习与锻炼，不断增强身心素质；促进学生深入思维和创新思维，全面提高学生的逻辑思维及其思维质量，并且努力提高学生的思想素质，加快高素质人才的培养。体育教师要启发教育学生积极向上的思想，努力做好学生的思想工作，只有正确的思想才有正确的思维与行为。

（3）师生之间双向信息交流的原则

体育教师在进行启发式教学时应贯彻师生之间信息双向交流的原则。体育教师要达到启发学生积极思维，使学生满腔热情地投入体育学习之中，并不断取得学习的进步，这一体育教学过程必须贯彻师生之间的双向信息交流。假如体育教师进行满堂灌、填鸭式，或单向灌输知识、技术、技能的单向信息运动教学方式，则难以达到体育教学目标的。良好的体育教学过程，能有效地启发学生的学习，必须是师生之间双向信息交流的过程，师生之间频繁地交流教与学的信息，使体育教师的教学意图得到贯彻，学生各种学习问题及时得到解决，学生也达到了学习的目的或目标。同时，在师生之间沟通信息交流过程中，形成能容纳不同思想观点、思维方式方法及主张学习的体育教学氛围中，鼓励学生积极正确思维，敢于提出问题，善于提出问题及实践，而体育教师在回答学生各种问题的同时，循循善诱，从中不断渗透自己的体育教育教学思想，启发、引导学生努力学习，以形成良好的信息交流的体育教学情景，这样才能不断提高师生之间双向信息交流的频率、效率和质量。

（4）平等民主的原则

体育教师在进行启发式教学时，应贯彻师生之间平等民主的原则。体育教学中，体育教师只有认真贯彻平等民主的原则，在师生之间都处于一种平等的地位，才能发扬民主，学生才敢将自己的各种思想或想法告诉教师；而体育教师只有尊重学生，平等对待学生，才能突出学生的主体地位，其启发教学才有效果，才能达到预期的体育教学目标。体育教学不是局限于体育教师的教而学生的学，而关键是通过体育教师的启发、诱导，主要依靠学生自身的积极活动来实现体育教学目标。师生共同活动，平等对待，民主相处，才能教学相长。体育教师要积极营造一个平等民主和和谐的体育教学平台及氛围，使学生得到充分的尊重，学生的主体性突出，促使学生的思维得到最大限度的激发而发挥与学习热情的激励，才能很好地进行体育教学与达到体育教学的目标。因此，进行体育教学，启发式教学的基础是师生之间营造民主、平等的良好氛围，努力缩小师生之间的心理距离，从而不断提高体育教师启发教学的有效性及其最大的教学功能。

5. 启发式教学方法运用的方式方法

体育教学中要进行启发式教学，应讲究启发式教学的方式方法。启发式教学的方式方法很多，可采取多种多样形式的启发式教学。

（1）观察启发

体育教学中有很多体育教学内容是动态性的运动技术性教学内容，在学生的体育运动技术性学习中，观察成了一种学习的主要方法之一，而通过体育教师对学生的观察启发教学，正确启发、引导学生进行观察思维，或通过观察动作表象，引导学生深入动作本质的思维，进而弄明白动作概念、技术要领及其做法等。观察启发要求体育教师提出观察目标及要求，逐步由浅入深、由表及里地逐步深化认识，以促进学生思维的想象力、联想力及其思维的深度等，达到观察启发的目标。同时，体育教师应充分利用多媒体教学，如课件、图片、幻灯和录像等，以增强学生观察直观形象的渲染力，有利于形成思维表象及形象思维，有利于激发学生的观察启发思维。为此，体育教师通过对学生的观察启发教学，促进其观察与思维的积极转化，从而不断提高学生的观察能力与思维能力。

（2）比较启发

将事物进行比较时，可以是同类（同质）的比较，也可以是不同类（异质）的比较，类差很大的也可以进行比较。比较将两个不同事物联系起来进行分析研究，从中去辨别同中有异、异中有同。体育教学中，学生在体育学习中会犯有各种各样的错误动作，体育教师可以通过正确动作和错误动作的比较，启发学生辨清这两个动作的异同之处，容易使学生明白错误的地方而易于纠正。或者，体育教师在体育教学中，提示学生观察好的学生的学习与差的学生的学习，以比较其两者的差异，从而促进学生进行思维，自己寻找准确的答案。通过各种比较启发，以调动学生的积极观察与思维，提高学生思维的准确性和灵活性以及观察能力和思辨能力。

（3）联想启发

联想是一种心理活动，它是由一事物而想出另一（类）事物的思维过程。联想通常表现有触景生情、举一反三等。联想是事物间相互联系和关联的桥梁，如触类旁通、融会贯通等都依赖于联想。体育教学中有许多联想的现象客观存在，体育教师可以利用各种教学契机对学生进行联想启发教学，以促进学生的联想思维。如技巧的翻滚类动作，有多少种滚法？可以在哪些器械上做？让学生进行联想，探索答案，从而知道技巧的翻滚类动作有前滚翻、后滚翻、前滚翻直腿起、直腿后滚翻、经头手倒立前滚翻、前空翻、后空翻、侧空翻等；可以在双杠和纵跳箱上做前滚翻等。体育教师通过联想启发教学，以培养学生思维的联想性以及思维的丰富性、广阔性、逻辑性和拓展性，有利于学生的主动性学习。

（4）相似启发

世界许多事物之间客观存在有许多相似现象，体育教师通过体育中许多相似现象，对学生进行相似启发教学，使学生对体育教学中许多相似现象加以认识或新的本质上的认识。体育教学中广泛存在着相似技术、相似运动、相似形式、相似做法、相似联系、相似学习、相似规律、相似原理、相似创造等，体育教师通过对学生的相似启发教学，以促进学生大脑思维中存有的大量相似信息板块加以相似激活与激发，从而促进学生的认识与学习。体育教学中，体育教师应充分利用许多体育教学机会，通过相似启发教学，调动学生进行相似性思维，从而达到体育教学的目的。如通过体育教师或学生做前滚翻与经手倒立前滚翻动作后，让学生认识这两个动作的相似之处，以加深认识动作概念及其做法。相似启发教学重在利用体育有许多相似方面：运动相似、结构相似、功能相似、规律相似、手段相似、作用相似等。体育教师在相似启发教学时要注意同中有异、异中有同的现象，从而加以新的或深入认识与研究，容易获得新的发现或创新，以利于更好地运用相似启发式教学方法。

三、单一性体育教学方法

相对系统性体育教学方法而言，单一性体育教学方法属于小教学方法，即主要是指操作层面上的具体性体育教学方法。单一性体育教学方法一般没有自成系统的一整套理论体系，即没有或没有其完整的教学理念、指导思想、运用原则等，而只有具体的操作方法及其运用要求与注意事项，且方法的独立性较强。尽管单一性体育教学方法属于小教学方法，是操作层面上的具体性体育教学方法，但体育技术性动作教学或体育理论教学大多数是依靠这些方法才能完成各种体育教学任务。体育教师应重视单一性体育教学方法的运用及研究。

（一）语言教学法

语言法是在教学活动中，教师通过对学生进行语言指导，从而达到相应的教学效果的方法。教师能够准确、简明、形象的使用语言，对学生的学习和教学工作任务的完成具有重要的意义。在体育教学过程中，教师应注重语言法的运用，注重语言的技巧。一般学校体育教学中语言法的形式有：讲解、口头汇报、口头评价以及口令和指示等。

1. 讲解法

讲解即为教师将相应的动作要领、方法和规则要求等方面的知识向学生进行说明，其目的在于更好地指导学生进行相应的运动技能的学习和掌握。讲解法是较为常用的教学方法，在运用时，应注重四个方面的问题。

（1）要明确讲解的目的，根据教学的目标、教学内容和学生特点进行讲解。在讲解过程中，应对自身的语速、语气进行调节，并抓住教学内容的重点和难点，具有一定的目的性和针对性，这样才能够使学生明白重点、难点。

（2）在进行讲解时，应注重内容的正确性，不管是具体的工作原理还是相关的基本知识，都应做到准确无误。另外，还应注重讲解的方式要与学生的学习情况和学习能力相适应，使学生能够很好地接受相应的知识。

（3）为了更好地使学生理解相应的技术动作，讲解要做到生动形象、简明扼要。具体而言，在讲解过程中，应注重将新的技术动作和知识内容与学生已经了解和熟悉的内容联系起来，使学生更好地理解相应的动作技术。另外，教学时间有限，学生的注意力集中程度也会随着学习时间的延长而有所下降，因此，应抓住重点，简明扼要地进行讲解。

（4）在讲解相应的内容时，应选择合适的站立位置，确保每个学生都能够听到相应的内容。同时，给学生进行讲解时，应充分调动其好奇心和积极性。

2. 口头汇报法

口头汇报是教师了解教学效果的重要方法之一，这种方法要求学生根据教学需要，向教师表述学习心得和有关教学内容、方式和疑难问题等相关方面的问题。通过学生的口头汇报，能够使教师明确在教学过程中的不足，为教师提高和发展自身的教学水平提供相应的依据。对于学生而言，通过这种方式不仅能够培养其语言表达能力，还能够促进其进行积极的思考，加深其对于教学内容的理解。因此，在教学过程中安排相应的口头汇报不仅有助于教师和学生素质的提高，对于教学质量的提升也有重要的促进作用。

3. 口头评价法

口头评价也是一种重要的语言方法，对于学生的动作完成情况以及课堂表现给予相应的口头评价，能够更好地促进学生的学习。口头评价可分为两种：积极的评价和消极的评价。积极的评价即为对学生的正面鼓励，这能够在一定程度上激发学生的积极性，促进教学活动的更好开展。消极评价则是否定性的评价，这种评价往往指出学生的不足，明确其提高的方法和努力的方向。

4. 口令、指示法

在体育教学过程中，需要借助多种口令和指示，如立正、跑、转体等。这些语言简短有力，能够很好地指导学生进行相应的技术动作的学练。运用这些口令和指示时，应注意把握时机和节奏，否则会造成学生动作的不协调和出错。另外，还应注重发音的洪亮有力，不仅要使学生能够清楚地听到，还应给学生以势在必行之感。

（二）直观教学法

直观法是体育教学中较为常用的一种教学方法。通过相应的直观的方式作用于人体的感觉器官，引起相应的感知，从而实现体育教学目的。一般常用的直观教学法有：动作示范、条件诱导、多媒体技术、教具和模型的演示等形式。在实践过程中，人们认识事物时都是首先从感觉器官的感知开始的，因此，直观教学法能够使得学生更易于理解相应的教学内容。

1. 动作示范法

动作示范指的是教师采取一些示范动作使学生对技术动作的形象、结构和要领进行掌握的基本方法。一般在进行动作示范时，教师可亲自进行示范也可指定相应的学生进行动作示范。在采用动作示范方法时，应注重四个方面的问题。

（1）在进行动作示范时，应具有一定的目的性。如果是为了使得学生了解动作的基本形象，示范动作可稍快。如果动作示范是为了使学生了解相应的动作结构，并引导学生进行学习，则动作应稍慢，可略夸张。如果是示范相应的重点和难点动作，可多示范几次。

（2）示范动作一定要注重其正确性，避免对学生形成误导。在进行相应的讲解时，不仅要注重内容的正确性，还要体现出教学内容的特点，并与学生的学习能力相适应。

（3）进行动作示范时，应使得全体学生都能够看到。因此，可使学生呈圈圈形站立，或是错位站立。

（4）在进行动作示范时，一般会配合相应的讲解方法，使得学生能够更好地理解。可采用先示范后讲解、边示范边讲解和先讲解后示范等方式。

2. 条件诱导法

条件诱导法也是较为常用的一种教学方法，以某种条件为诱因，并与相应的动作建立联系，从而达到相应的教学目的。例如，通过相应的音乐伴奏和喊节拍的方式，形成一定的动作节奏感。也可设置相应的视觉标志，指示学生进行相应的动作方向和运动轨迹、幅度等方面的操作。

3. 采用多媒体技术法

多媒体技术主要包括电影、幻灯、录像等。在运用电影和电视、录像时，应注意播放内容要与体育教学目标相适应，并有机结合电影和电视、录像与讲解示范练习。多媒体技术虽然在教学过程中得到了普遍的运用，但是在体育教学过程中，其应用并不广泛。这与体育教学在户外授课、器材运用不方便具有很大的关系。

4. 直观教具与模型演示法

在体育教学过程中，对于一些高难度的动作可采用图表、照片和模型等直观方法进行辅助教学。通过运用这些教学工具能够使学生更加易于理解相应的技术结构和动作形象。另外，对于一些战术配合，也常采用模型演示的方式进行讲解。

（三）完整与分解教学法

1. 完整教学法

完整法指的是从动作开始到结束，完整地进行教学和练习的方法。一般在技术动作的难度不是很高或技术动作不可进行分解时，会采用完整法进行教学。在首次进行动作示范时，也会采用完整法来进行动作技术形象的示范。完整法的优点在于动作协调优美、结构简单、方向路线变化较小，各部门之间具有密切的联系。缺点在于对一些复杂的动作，采用这种教学方法会为教学带来一定的困难。为了便于学生进行学习，促进教学活动更好地开展，应注重四个方面的问题。

（1）在讲授一些简单和易于掌握的动作技术时，教师可以先进行完整的动作示范，示范之后，学生直接完成完整的动作练习。

（2）有些技术动作无法分解，这时要采用完整教学法。采用这种方法时，要对其中的各项要素进行必要的分析，如动作的用力、动作转变的时机等。但是，不能拘泥于动作的细节，要从整体上进行把握，确保动作的完整和流畅性。

（3）对于一些难度动作，可先通过降低难度或是徒手完成相应的动作，在此基础上逐渐增加难度。降低难度时，不能使技术动作出现错误，这是其基本要求。在教学过程中，对于一些器材的质量以及高度、距离等标准可适当降低。

（4）采用完整法进行教学时，可适当改变外部的环境条件，在外力条件的帮助下完成相应的完整动作。

2. 分解教学法

分解法即将完整的动作划分为几个部分，逐步使学生掌握完整的动作技术。这种方法适用于难度相对较高，并且动作可分解的运动项目。采用这种教学方法时，能够将复杂的动作分解为简单的动作，从而使技术难度降低，更加有利于学生的学习和掌握。但是，这种方法也有其相应的缺点，即注重对于局部动作的分解把握，可能在一定程度上使得学生对于整体的理解不全面。因此，分解教学法和完整教学法通常结合使用。在运用分解法进行教学时，应注意三个方面的问题。

（1）应仔细分析动作技术的特点，采用合理的方式对进行分解，注重时间、空间等方面的有序性和统一性。

（2）将完整的技术动作分为多个环节时，应注重各个环节之间的联系，注重动作结构之间的联系性。

（3）在熟练掌握各阶段的动作之后，要注重各个环节之间的动作衔接，要保证其过渡的流畅性，形成有机的整体。

（四）游戏与竞赛教学法

1. 游戏教学法

游戏法也是体育教学过程中较为常用的一种方法，它是指教师组织学生通过做游戏的方式来完成相应的教学任务的方法。通过开展相应的游戏，使得学生之间开展竞争和合作，提升学生的思考和判断能力，促进教学质量的提升。游戏法具有一定的趣味性，能够提高学生参与的积极性，培养学生的学习兴趣，因此在体育教学中被广泛地应用。在运用游戏法时，应注重三个方面的问题。

（1）应根据教学目标和教学内容采取合适的游戏规则和游戏要求，确保游戏内容与教学内容相契合。

（2）采用游戏法时，学生需要遵守相应的规则。同时，应注重鼓励充分发挥学生的主动性和创造性。通过开展相应的游戏引发和启迪学生的思考。

（3）教师应做好相应的评判动作，要做到公正、客观，避免挫伤学生参与体育学习的积极性。

2. 竞赛教学法

竞赛法即在教学过程中，为了检验教学效果和提高学生的技术水平，组织学生进行比赛的方法。竞赛法将所学的技术动作应用于实践，能够使得学生更好地掌握相应的技术动作。采用这种方法具有一定的竞争性和对抗性，学生需要承受较大的运动负荷。通过开展竞赛，能够培养学生的应变能力，对于其心理素质和意志品质等方面的发展也能起到一定的促进作用。采用竞赛法时，应注重以下两个方面的问题。

（1）开展竞赛时，应进行合理地组织，无论是个人赛还是小组之间的比赛，其实力应相对较为均衡。

（2）开展相应的竞赛时，学生应熟练地掌握相应的技术动作，能够在比赛中很好地运用。

（五）预防与纠错教学法

为了防止和纠正学生在练习过程中出现和可能出现的错误动作，教师在教学过程中经常采用预防与纠错法。学生对于各种动作技术的掌握不标准和出错的状况是不可避免的，教师应正确对待，并注意进行有意识地引导和纠正。预防和纠错是相互联系的。预防是具有一定的超前性，要求对于可能的错误动作进行积极的引导，并要对其出错的原因进行分析。纠错具有鲜明的针对性，针对学生的错误动作采取相应的纠正措施，并分析出错的原因。预防与纠错的具体方法有语言表述法、诱导练习法、限制练习法、自我暗示法。

（六）体育教学的其他方法

在创新教学理念的影响下，一些其他教学类别的教学方式也逐渐被移入体育教学之中，如自主学习法、合作学习法以及发现式教学法等。

1. 自主学习法

为了实现相应的教学目标，在教师的引导下，学生依据自身的需要和条件制定相应的目标，选择相应的教学内容，并通过独立地分析、探索、实践、质疑、创造等方法来进行学习的方法。自主学习能够充分发挥学生的主观能动性。在体育教学中，自主学习法指的是为了实现体育教学目标，学生在体育教师的指导下，依据自身的需要和条件制定目标、选择内容等学习步骤，完成学习目标的一种体育学习模式。[①]自主有独立性、能动性和创造性等特点，有利于激发学生学习体育的积极性，培养学生的体育自主学习能力，确立学生在体育学习中的主体地位，提高体育教学的学习效果。在体育教学过程中，采用这种方法时应注意以下两方面的问题。

（1）学生应根据自身的知识储备和能力水平，选择相应的目标和学习内容，并在教师的引导下进行。

（2）学生应根据自身情况，对照学习目标，积极进行自我调控，并及时改进教学方法和教学策略。

2. 合作学习法

合作学习法，指在教学过程中，对学生进行相应的分组，学生为了完成共同

---

① 周登嵩. 学校体育学[M]. 北京：人民体育出版社，2004.

的学习任务，而有明确的责任分工的互助性学习形式。[①]各小组成员根据自身的特点承担相应的责任，各成员之间是相互依赖的关系，在相互协作中，完成相应的任务。在体育教学中，应用该方法应遵循六个步骤。

（1）在教师的引导下，学生分成相应的小组。

（2）全体成员在教师的指导下，根据教学内容确定相应的教学目标。

（3）确定各学习小组的研究课题，对各小组成员之间的分工进行明确。

（4）小组成员合作学习，围绕相应的主体完成自身的任务，从而实现小组任务目标。

（5）各小组进行一定的学习和交流，分享相应的成果，并纠正自身的不足。

（6）对学习的过程进行评价，总结经验和得失，促进下次学习更好地开展。

3. 发现式教学法

发现式教学法是通过积极引导学生发挥自己的创造性思维，使学生在发现的过程中进行学习的一种教学方法，是青少年学生的好奇、好动等心理特点出发，以发展学生的创造性思维为目标，以解决问题为中心，以机构化的教材为内容，使学生通过再发现进行学习的方法。[②]

在体育教学过程中，运用发现式教学方法要遵循三个步骤。首先，提出相应的问题，或是设立相应的学习情境，使得学生面临相应的问题和困难，在教师的引导下去进行相应的探索。其次，通过进行相应的练习，初步掌握技术动作的原理和方法。再次，通过分组讨论，提出相应的假设，并进行相应的实践验证，并对提出的问题进行讨论，最后得到共同的结论。

采用发现式教学法时，应注意四个方面的问题。

（1）教师要善于提出相应的问题和创设相应的情境，要充分调动和激发学生的积极性，激发学生学习的兴趣。

（2）教师提出的问题应适应学生的能力水平，使学生能够根据已有的知识和经验，并通过一定的探索得到相应的答案。

（3）要注重抓住教学的重点，引导学生对于重点问题进行积极的思考，并找出解决问题的方法，启迪学生的创造性思维。

（4）采用这种方法时，应注重由浅入深、由抽象到具体，使得学习过程符合人们的认知规律。

① 周登嵩. 学校体育学［M］. 北京：人民体育出版社，2004.

② 周登嵩. 学校体育学［M］. 北京：人民体育出版社，2004.

第二节　体育教学方法的选择与运用

一、体育教学方法的选择

（一）选用教学方法的艺术

在体育教学实践过程中，有多种制约教学活动的因素，在不同的教学目标、内容、对象以及教学条件下，教学方法也发挥着不同的效果。这在一定程度上决定了教学方法的多样性。因此，在教学过程中，应注重教学方法的科学性、艺术性和综合性的结合，形成良好的教学方法模式，并且要灵活进行变通。教学方法都有其优点和缺点，适应于所用教学条件下的教学方法并不存在。因此，在选择教学方法时，应注重科学性、艺术性和综合性的结合。

在选择教学方法时，并不是随意选择的，必须具有一定的科学依据。在教学过程中，应以教学规律为根据来选用合适的教学方法。教学方法与教学目标、教学内容、教学对象等方面均具有一定的联系，在选择教学方法时，应分析和掌握这些因素之间的内在本质联系，从而确定科学教学方法。

在选择教学方法时，还应注重选择的艺术性。教学方法不仅要具有一定的科学性，还要保证在具体的教学实践过程中，采用的教学方法要具有灵活性、艺术性和创造性，避免机械、僵化地运用。在实践过程中，应根据具体的条件和教学需要，选择相应的教学方法，必要时，还要对相应的教学方法进行加工和创造。

在教学实践过程中，教学方法的选择具有综合性的特点。不同的教师会采用不同的教学方法体系，并取得一定的教学效果。在选择教学方法时，也不能要求所有的教师都要千篇一律。不同的教师会有不同的个性教法特色，只要其教学方法能够取得一定的教学效果，就值得使用和发展。

体育教学的内容处在不断的发展和变化之中，教学对象也呈现变化性的特点，这就要求体育教学的方法也要不断进行发展和创新。因此，在选择相应的教学方法时，应用发展的眼光看问题，动态地去选择相应的体育教学方法。

（二）选择体育教学方法的参考依据

1. 参考体育教学目标

体育教学目标的主要特征之一是多层次性，身体发展目标、技能发展目标、知识发展目标、社会发展目标和情感发展目标等是体育教学目标的不同层次。为了实现不同的教学目标，应采用不同的教学方法。在体育教学中教学目标并不是孤立的，它是多种目标的综合，而每一单元、每一堂课目标的侧重点是不同的。因此，在教学过程中，应根据具体的课堂教学目标选择重点发展某一方面的教学方法。课时教学目标是体育教学总目标的具体化，这一目标具有很强的指导性。它既有相应的运动技能和运动理论方面的知识，也有心理和品质品格方面的内容，针对这些不同的教学目标，应选择与之相匹配的教学方法。

2.参考体育教材内容

体育教学的内容与教学方法之间具有密切的关系，如对一些技术动作教学内容应采用主观的示范操作的方法，而对一些原理和知识结构方面的内容则应注重运用语言法进行讲解。不同性质的体育教学内容，应采取相应的教学方法。每一种教学方法为实现一定的目标而运用在某一教材内容时，其效果也会表现出一定的差异性。因此，在体育教学过程中，应注重教学方法的灵活性。

3.参考体育教学环境

教学环境对教学方法的选择具有重要的影响。教学环境包括场地器材、班级人数、课时数等，同时，外界的社会文化环境也对教学环境具有重要的影响。教学环境必然会对教学方法产生制约作用。例如，一些直观教学方法需要借助一定的教学器材才能实现相应的教学目标，而学校体育教学资源的具体情况在一定程度上对教师采取的教学方法具有决定作用。教师在体育教学过程中，应充分利用现有的教学环境，选择合理的教学方法，最大限度地利用现有的场地、器材条件。

4.参考学生的实际情况

在教学过程中，教学方法的实施对象是学生，采用多种教学方法的最终目的是促进学生更好地学习。因此，在选择相应的体育教学方法时，应与学生特点及其实际情况相符合。学生的实际情况表现多方面的内容，包括学生的年龄特点、性别特征、身心发育状况以及相应的知识储备和学习能力等。

学生处于不同的年龄阶段，则其身心发展过程也有具有阶段性的特点。对于大学生而言，低年级学生和高年级的学生其身心发展特点会表现出鲜明的差异性。另外，男女性别上的差异性也会导致其对于体育的态度有所不同，因此，应采取合适的方法，充分调动学生体育学习的积极性。

学生的经验和知识储备以及其相应的学习能力也是教师选择不同的教学方法的重要依据。对于知识储备量较为丰富，已经掌握了基础的知识技能，并且学习能力较强的学生，其在学习新的体育技能时能够更快、更好地掌握。此时，教师可采用合理的教学方法促进学生的技能水平向着更高的目标迈进。

5.参考教师的自身条件

体育教师是各种教学方法的实施者，其自身的素质对于教学活动的效果具有重要的影响。体育教学如果能力和素质有限，则其将不能发挥相应的教学方法的作用，从而对教学活动产生消极的影响。因此，教师在选择相应的教学活动时，应对自身的专业素养、能力水平以及教法特点有着客观的理解。体育教师所熟练掌握的教学方法越多，则其越能够根据自身，以及学生的实际情况选择出最佳的教学方法。不同教师根据学生实际状况采取同样的教学方法，也会得到不同的教学效果，可见教师自身条件极大地影响着体育教学活动。所以，教师要提高认识自身素质与教学风格的意识，并通过积极的学习增强自身的素质，尝试和掌握更多的教学方法。

（三）选择体育教学方法需要注意的事项

1. 注意师生之间的协调配合

在体育教学过程中，教师和学生的默契配合是取得良好教学效果的重要保证。教学活动不存在没有教的学，也不存在没有学的教。因此，不管是何种教学方法，都应考虑到如何教和如何学这两方面的问题。在传统体育教学过程中，片面强调以教师为中心，教学方法也只是注重教师如何教的问题，而对于学生在教学过程中的作用则选择性地忽略了。例如，教师在动作示范时，只考虑动作的优美和协调性，而没有考虑学生的感受，从而使得学生的学习效果不佳，影响教学活动的开展。因此，体育教学方法的应用应考虑师生双方的合理配合，避免两者的相脱节。这样，才能取得良好的教学效果。

2. 注意学生内部与外部活动的配合

学生的学习过程是内部活动和外部活动的综合体现，因此，在选择相应的教学方法时，应注重两者之间的配合。内部活动指学生的心理活动以及相应的生理生化反应等方面；外部活动则是其动作质量、情绪、注意力等方面。在选择相应的体育教学方法时，应注重这两者之间的配合。教师应善于分析学生的内外活动变化，有机结合指导学生外部活动的方法与激发学生内部活动的教学方法，以促进学生主动积极地参与到体育学习中。

在选择体育教学的方法时，还应对多种教学方法进行对比分析，从而确定最佳的教学方法。在教学过程中，应明确不同的教学方法适应什么样的教学内容，能够解决什么样的教学问题，能够对什么样的教学对象起到更好的作用等。

3. 注意不同学习阶段的前后配合

学生在学习过程中，在不同的学习阶段会表现出不同的特点。体育教学方法的应用应考虑到学生学习知识的不同阶段的前后配合。例如，在动作学习过程中，应注重模仿型向创造型的过渡，并实现二者的有机结合。学生的学习过程是由不了解到熟悉的过程。在学习的初始阶段，往往以模仿（模仿教师或他人）学习为主，之后，学生就会形成动作定式而完全摆脱模仿，从模仿型过渡到了创造型。这两个阶段之间具有一定的联系，又相互区别。因此，在运用教学方法时既要防止二者之间的互相代替，又要防止二者之间的割裂。

二、体育教学方法的运用

（一）运用体育教学方法的注意事项

良好教学效果的取得不仅要求教师要选择合适的教学方法，还要求教师具有良好的素养，能够有效运用体育教学方法。在对相应的体育教学方法加以运用时，有两个方面需要注意。

1. 注意体育教学方法效果的影响因素

在对体育教学方法进行合理应用时，为了取得良好的教学效果，体育教师要加强与学生之间的协调配合。在体育教学实践活动中，教学方法所产生的效果受体育教师的知识储备、人格魅力以及教学技艺等方面的影响。所以，提高教师的素养对于教学方法使用的效果将会产生积极的影响。

体育教学是教师与学生之间的双边互动，学生因素对于教学方法运用的效果也具有重要的影响。因此，学生的能动性的发挥情况对于教学方法的运用效果具有重要的影响。例如，当学生没有太大的兴趣参与到体育课教学中时，就会在课堂上表现出注意力不集中，即使体育教师使用正确、生动、形象的讲解方法或准确、协调、优美的动作示范，学生依然不会提高参与课堂学习的兴趣与积极性。

体育教学的物质条件和环境也在一定程度上影响着体育教学方法的运用。例如，在进行篮球运动教学时，如果是在较为干净的室内塑胶场地上，学生在奔跑和起跳时的心理状态与在水泥地面上时是不同的，室内塑胶场地上，当学生起跳落地时，可以做出相应的保护性动作.能够有效避免受伤。因此，在强调教学主体主观因素的同时，也不可以将物质和环境等客观因素忽略掉。

2. 注意体育教学方法有关理论的运用

体育教学的理论源于实践，但又高于实践，是科学总结体育教学实践的结果。因此，体育教学的相关的方法既要注重实践方面的问题，要注重理论方面的探索。如果体育教学的相关理论具有一定的片面性，则其体育教学的方法也会表现出一定的片面性。在体育教学过程中，体育教学方法方面的理论基础应综合考虑五个方面。

（1）辩证唯物主义与唯物辩证法的基本观点。

（2）系统论原理，深化理解体育教学系统。

（3）教育学、心理学等与体育教学有关的学科理论知识。

（4）普通教学论和体育教学论，这是体育教学方法直接的理论基础。

（5）对当代各学科的先进理论成果进行借鉴和吸收，创造性地应用相应的理论和方法。

（二）体育教学方法的优化组合运用

1.优化组合运用的原则

（1）最优性原则

不同的教学方法其特点、功能和应用范围都会有相应的差异性，各教学方法都有其优缺点。因此，在对教学方法进行组合运用时，会形成不同体系的综合教学方法，每一套教学方法也有其鲜明的特点。教师在进行教学方法的优化组合时，应根据实际情况，选择一套最符合实际情况的教学方法。教师在教学方法选择时，应从整体入手，将各种教学方法进行有机结合，充分发挥教学方法体系的整体功能。

（2）统一性原则

统一性原则要求教师在选择相应的教学方法时，应注重教与学的统一，使得两者之间密切结合，相互促进。如果只强调其中的一方面，教学活动并不会取得良好的效果。统一性原则还要求，在教学过程中，应将教学方法的多种功能充分地发挥出来，促进学生素质的全面发展。

（3）启发性原则

不管是何种形式的教学方法，其都应该能够更好地调动学生的积极性和自觉性，促进学生进行积极思考与探索，促进学生全面提高自身素质。在体育教学活动中，注重学生兴趣和动机的培养，发展其自主思维和学习的意识。

（4）创造性和灵活性原则

在选择体育教学方法时，应注重发挥教师和学生的创造性。应对教学方法进行积极的改进和创新，使其更加适用于自身的教学实践活动。只有这样，才能够使得教学方法的功能最大化，从而取得较好的教学效果。教师要对教学方法进行不断地发展和创新，这样才能与教学水平的发展相适应。

教学活动是一个动作的过程，教师在课前设计的相应教学方法可能在具体的教学实践中面临多方面的问题，这就需要教师进行灵活应变，根据实际教学情况，对所选的体育教学方法进行灵活地、创造性地运用。

2.体育教学方法优化组合的程序

（1）将体育教学的任务进一步明确

选择不同的教学方法要以教学任务和教学目标为主要依据。因此，应将一节课的具体教学任务进行分析和细化，制定出相应的详细任务规划。

（2）根据实际情况将总体设想提出来

通过对教学任务、教学内容、学生的具体情况以及教学的外部情况等进行分析，对相应的教学方法进行评估和分析。在提出教学的总体设想时，应将教学方法的可行性和适用性充分考虑进来。

（3）对多种体育教学方法加以优化组合

制定教学方法和教学方法的具体方式和细节表，对于各种教学方法进行分析，并对其不完善的地方进行相应的补充。在此基础上，将优化组合后的教学方法应用于具体教学实践过程中去。

（4）对优化组合的教学方法进行实施与评价

在体育教学过程中，应对教学方法产生的效果进行跟踪了解，可通过学生反馈的形式了解具体情况。对于教学方法的反馈信息进行归纳和分析研究，并对教学方法做出相应的调整。在以后的教学过程中，要不断地总结经验和教训，促进教学方法的不断优化。

第八章　体育教学手段和体育教学评价

第一节　体育教学手段

一、体育教学手段的功能

（一）辅助运动教学功能

教学手段具有直观的功效。在体育教学中大量使用新颖实用的教学手段，可以辅助教师的教学。虽然教师在一节课中的动作示范是最重要的，但是体育教师不可能无限制地做示范，因此需要借助其他的教学手段，如学生示范、正确动作图示、助力与阻力、人体模型等。体育教师要善于寻找、发现、借用、创新各种教学手段，增加形声效果，促进学生对知识的记忆理解、发展智力、提高能力，为教学服务。

（二）更新教学观念功能

电子计算机、教学机的发展和普及，使教学过程中信息的传递和控制有了重大突破。虽然多媒体技术在体育课教学中普遍受到限制，但是体育课程借助多媒体教学的趋势是不可阻挡的。只是在形式上可以更加变通，如可以运用手提电脑，在讲解之余，让学生观看运动过程、标准动作技术，以增加学生的直感。总之，在体育教学中，体育教师要广开思路，不要局限于现成的教学手段，要勇于创新，开发出更多更好的教学手段。

（三）增加直观效果功能

教学手段主要是指教学硬件方面的内容，硬件方面的材料具有很强的直观性，教师的示范、人体模型、教学用具的演示，学生一看就能明白。有时学生出现了错误动作，教师的一推一拉、一拍一提就能产生奇效。这些教学手段都是非常直观、有效的，经常使用可增加学生对运动技术的直观感觉与体验，有助于快速有效地掌握运动技能。

（四）扩展信息反馈功能

由于教学手段具有非常直观的功效，教师可以获得来自学生身体的直接反馈，如视觉的直接反馈、肌肉本体的直接反馈、身体空间感觉等。通过各种教学手段的使用，可以拓展学生在体育教学过程中信息反馈的渠道与路径，而这些来自学生身体的反馈信息对于学习与掌握各种运动技能是必不可少的。

（五）加强师生合作功能

班级授课制表面上富有集体性，但其缺点也显而易见，它基本上属于组织与管理范畴，没有真正意义上的合作、分工与责任等，学生们完成教学任务基本是单独进行的，这与现代社会人与人之间高度合作的特征相悖。体育教学中大量使用的教学手段明显加强了师生之间的合作，体育教师可以使用各种直观的、手把手式的教学手段，增加师生身体之间的交流，传授身体运动方面的智慧，这对于运动教学来说具有特殊的价值与意义，在体育教学中应大力提倡。

二、体育教学手段的分类

（一）视觉手段

视觉手段是运用人类的视觉器官——眼睛来感知外界事物的手段，如摄影、电视、电影、造型艺术、建筑物、各类设计、城市建筑以及各种文字等能用眼睛看到的都属于视觉手段。教学活动中的视觉手段有很多，如书本、黑板、板书、电视、电影、投影等。在体育教学中使用的教学视觉手段与其他课程教学有所不同，更多趋向于教师的示范、学生的示范、学习卡片、教具、挂图、人体模型、标志物等，有条件的学校在体育教学中也可以使用多媒体、电视、幻灯片等手段。

（二）听觉手段

教材的声音效果主要由教师讲解、音乐、音响三大类组成。一般情况下，表达思想感情、阐述科学道理时使用解说；调节课堂气氛、渲染氛围时使用音乐；让人产生身临其境的感觉时使用音响。当然，在各种声音中占主要地位的当属教师课堂讲解。体育课堂教学若能在教师良好讲解的基础上，配合美妙的音乐、强烈的节奏，则可以给学生耳目一新的感觉。在体育教学中广泛使用的听觉手段有收录机、播音机、手鼓、节拍器等。

（三）视听觉综合手段

视听手段是通过眼睛的看和耳朵的听作为信息接收方式，将两者结合后能够形成一种双重感官同时接受信息的效果，强调在一定情境中听觉感知（录音）与视觉（图片影视）感知相结合。在体育教学中使用的视听手段可以具体分为视觉媒体，包括非投影视觉媒体（图片、图示、模型和教具等），投影视觉媒体（投影、实物投影、显微投影、幻灯片），听觉媒体，视听媒体，综合媒体（多媒体）等。

（四）触觉手段

触觉是接触、滑动、压觉等机械刺激的总称。人体的触觉器是遍布全身的，如人的皮肤位于人的体表，依靠表皮的游离神经末梢能感受温度。体育教学中的手把手教学就是一种非常好的教学手段，它在体育教学过程中的使用是非常普遍的。因为学生运动感知的获得有时是很困难的，除了参与必需的身体运动之外，还要体验身体在不同运动过程中的感觉，没有这种身体感觉，运动技能的获得将成为一句空话。在学生不断地学练技术过程中，教师若能将自身获得的身体感觉通过某种方式传递给学生，帮助学生建立与体会这种身体知觉，那么运动技能的掌握必将缩短很多时间。手把手教学手段就是依赖教师的身体对学生运动中的身体给予一个恰到好处的刺激，提醒学生动作的时机与要点，这样，学生就可以在自身努力练习的基础上，借助教师的点拨，加速对运动感觉的理解与体验。触觉手段除了包括教师给予学生身体上的阻力与助力之外，还包括一些限制物、障碍物等，它们的主要作用是通过学生对限制物的感知与反馈，调整运动行为。

（五）运动场地保障

运动场地是每一个学校都需要大力投资修建的，是学校的运动物质文化，是学校美丽的风景线，同时，教师可以将运动场地作为一个很好的教学手段。运动场地自身本来就是为了满足某种体育教学活动而存在的，但从实际应用的角度上来讲，运动场地除了可作为教学手段外，还可以作为其他一些体育教学的特殊手段来用。如体育馆内的墙壁可以作为排球垫球、扣球、传球的教学手段；室外的墙壁可以画上标志作为足球定位之用；室外运动场地的线条可以作为接力跑的线来用；台阶可以用于发展学生的跳跃能力等。这些教学手段都是学校内固有的，可以充分利用。

（六）器材和设备

体育器材和设备本身是一种教学手段，同时还具有其他功能。如海绵垫可以用于做前滚翻和各种体操动作，也可以作为各种动作的保护与帮助手段；篮球可以用于篮球技术的教学，也可以用于篮球接力游戏，发展学生的协调能力；排球可以用于排球技术的教学，也可以当作障碍物，让学生在有障碍情况下完成规定动作，这些器材和设备的教学手段的开发不胜枚举。

（七）运动辅助用具

在体育教学中还有一些教学辅助用具可以作为很好的教学手段。如踏跳板教学手段的使用可以帮助学生在助跑起跳之后腾空，以建立腾空的身体感知。若没有踏跳板这个教学手段，学生很难体验身体在空中的感觉。因为就一般中小学生而言，其身体素质与运动能力不足以充分地起跳。再如皮筋等也是很好的教学手段，可用于跳高的教学，它既安全又可代表高度；也可用于跳远教学中的前置障碍，目的是提示学生提高腾空高度；还可以在排球教学中作为发球高度的提示手段；等等。还有很多自制的辅助用具，如报纸、可乐瓶、易拉罐、木棒、铁圈、毛竹条等，都是在体育教师充分发挥智慧条件下能广泛应用于体育教学的自制教学手段。

三、体育教学手段的运用

（一）图片在体育教学中的使用

图片是较为直观的事物，直观的事物有助于使学生建立直观的印象。因此，在各级学校中的体育场馆内都会悬挂有内容多样的体育图片（多为单个或成套动作的分解图片）。这种图片在过往与现代的中小学中非常普遍，在学校中也非常多见。

在学校的体育教学中，图片（挂图）使用率较高，效果颇佳。这种图片可能是广播体操的分解动作，也可能是简化二十四式太极拳的套路动作，甚至还可能是篮球运动单项技术动作。图片在体育教学中的使用有助于加深学生对动作的直观印象，通过对图片、文字的直观感知，形成正确的动作表象。静态的图片有利于学生进行简单的模仿和学习，将成套动作或复杂的动作分解出许多图片环节还可以使学生清晰地了解运动动作的程序、结构、要领、方法，明确动作次序、各阶段的特征、身体运动的时间和空间的关系，从而促进动作技术的学习与掌握。

因此，为了更好地突出图片作为体育教学手段的作用，在使用过程中需要注意五方面的种应用事项。

1. 在体育教学中使用图片手段并不是一种随意的行为。图片中的内容是什么，图片的内容形式是什么，图片教学使用的时机和时间是什么，诸多问题都是需要在教学开始前深思熟虑的。也就是说，这些内容都需要体育教师在备课阶段时就要仔细对待。以成套动作为例（广播操或武术套路），除长期挂于特定位置的图片外，体育教师向学生展示图片的时机可以是整套动作开始学习之前，以此使学生对全套动作内容有一个大体的认识；还可以是教师做完示范之后展示，以此达到使学生在初步体会动作后能更加直观地模仿动作；再有，就是当学生出现错误或不规范的动作时使用图片教学。

2. 图片教学手段的应用要具有针对性。根据走访发现，几乎所有学校中悬挂的体育教学图片内容都不是随意选择的。在绝大多数学校中，所悬挂的体育教学图片几乎都是在日常教学中经常出现的体育内容，如足、篮、排、乒乓、羽、网等常见球类运动，还有武术、广播操等套路动作。这些内容均是由体育教学大纲和详细的体育教学计划决定的。这就是很难在普通学校中看到棒球、橄榄球或高尔夫球的技术动作等内容被作为挂图的原因。而在某项运动的专项俱乐部中，这种挂图则就非常常见了。

这就是图片教学手段应用的针对性。它需要学校体育教学管理部分和体育教师进行全面的考虑。图片内容要突出重点，所要展现的内容既要包括某种运动技术的全过程，又要突出体现其某些技术要点。另外，在图片的绘画风格上也要有所要求，力争图文并茂，色彩充满暖意，如此可使图片与文字看起来更加生动、正确、清晰，给学生展现出更强的良好视觉效果。

3. 体育教学图片要能够对学生起到引导和启发作用。兴趣是最好的导师，对于体育教学图片来讲，只有真的有学生愿意来看，它才能真正发挥应有的作用。因此，特别需要注意图片应留给学生一定的观察图片文字的时间，与此同时也要结合具体的内容进行简单的讲解，启发学生对运动技术重点与难点的理解，从而防止使学生有一种走马观花的浏览感觉。

4. 通常图片中会有文字描写动作的做法和注意事项。因此，体育教学图片中文字的写法也是需要注意的内容。为了便于学生观看和记忆，图片中的文字表述可以运用口诀或顺口溜的形式，力求简洁，避免繁冗。

5. 注意图片的位置和用图时机。图片悬挂的位置也是一件需要考究的事情。首先应该保证的是图片的挂放位置不应离运动场所太远，并且高度应适合人眼最方便的位置上以便于学生更加细致的看到图中的文字。这些事情的完成都需要一线体育教师的亲自参与，因为他们才是最了解体育教学和学生需要的群体。就图片摆放的位置来说，有些图片是便于移动的"图片教具"，对于这种图片，可由体育教师带到操场，使用完毕后再移动图片，让它远离练习场地，不要影响学生的练习。

运用图片的时机通常为教师在示范前后，也可以运用于标注上课时的注意点，以强化学生对技术要点与要求的特别关注。教学内容通常具有一定的难度，并不是大多数学生都能很快理解教师的示范与讲解，如果教师的语言表达能力不属上成的话，可能越是对某个问题的解释就越会让学生感到困惑。此时，体育图片的作用就可以很好展现出来了。体育图片可以是专门订购的产品，几乎所有体育教学运动都有较为系统的体育图片供教学使用，然而这些图片对于众多体育教学难点来说仍旧显得不够用，并不能包括所有学生提出的问题。为解决这一问题，体育教师可以现场绘制简单的体育图片，即一种用于随机问题的简化教学图、组织教学的路线图、运动项目的战术图以及场地器材的运用图。使用如此直观的图片展示给学生，就会使答疑解惑的过程在一定程度上简单化，学生也会针对其中的疑问进行交流与改讲。

（二）多媒体在体育教学中的使用

信息化时代的到来使人们能够通过多媒体技术获取更多的信息，而这也给体育教学带来了更加丰富的教学手段。当多媒体成为学校教育中不可缺少的手段后，一系列针对各种教学的多媒体设备、软件等应运而生，为教学提供了便捷、有效的方法。最明显的例子就要算是当初最为传统的学生上课做笔记的形式，已经变为了学生课上认真听讲，课下将老师讲课的课间用存储设备下载，日后慢慢研学。

目前，几乎各个学科都选用了多媒体教学手段。传统观念认为多媒体教学手段对学科类教育有所帮助，而对体育课程的教学用处不大。这种观点从表面来看不无道理，如体育教育的主要形式为身体力行，以活动学生的身体为主要方式。另外，就学校来说，其体育教育的主要目的为培养学生的身心健康，并不会像专业运动队那样对技术战术动作或对对手进行细致的分析，因此，需要用到多媒体教学手段的机会并不多。

然而，运用机会不多不代表其运用是完全没有意义的事。多媒体技术在现今已经渗透到人们生活中的各个领域、各个方面，不会有任何一个领域可以完全摆脱多媒体技术的需要，即便有，其发展也定会显得迟缓，甚至停滞。在实际的体育教学中，由于教学形式的不同，肯定不可能采用先在教室里看完由多媒体演示的运动技术，再到操场上进行运动实践的上课形式。但越来越便携的输出设备，使得学生在需要时可以观看视频或图片。

现代更加丰富的多媒体教学设备展现出了设备更便携、更方便、更快捷的特点，如平板电脑。以它作为设备核心的多媒体教学手段已经基本替代了传统意义的收录机、播音机、手鼓、节拍器等，综合了学生视觉、听觉、视听觉的各种内容，是一项有待开发的具有广阔发展空间的体育教学手段。

（三）教学用具在体育教学中的使用

教学用具简称教具，它是教师在课堂教学活动中，帮助学生掌握教学内容而使用的专门教学用具。体育教学不同于其他学科教学，体育教学的教学方法和形式，决定了在体育课教学中会使用到大量的教具和体育器材。在早年间由于经济条件有限，体育资源匮乏，使得许多学校中没有过多的体育教学用具，尽管也能开展一些体育教学活动，但这与教学用具丰富的现代学校来比，教学效果肯定是不言而喻的。

教学用具是提高教学质量与效果的一种辅助性器材。在现代体育教学中，体育课堂教学中的教学用具包括各种球类、标志旗、固定设备类、辅助运动类器材，如多媒体设备、篮球、排球、足球、多种球类运动的球拍、垫子、海绵坑、实心球、跳绳、跳箱、双杠、单杠、平衡木等。除单杠、双杠这种固定器材外，其余可移动的器材在使用完毕后通常会收纳于体育器材室，随取随用，取用登记。

教师对教具的使用已经有了明显的进步，但是，这种使用尚未达到预想中的状态，体育教师在使用教具方面还没有完全发挥现有教具的效能。这就要求学校体育教师还要细致研究具体的教材内容，充分地利用教具提高体育教学的效果。通过分析体育教具的用途，可以将其作用归纳为障碍类、限制类、辅助类。障碍类有助于增大练习难度，发展学生体能；限制类可以帮助学生解决运动技术的问题；辅助类可以作为标志物，划分场地和多种接线，提醒学生的有意注意。

（四）标志物在体育教学中的使用

在体育教学中，各种各样的标志物绝对是不可缺少的工具。标志物的作用主要是提示学生在运动过程中注意到某种事物，这种事物包括活动区域的边界或者是安全警示等。不论是在以往的体育教学还是现代体育教学中，它都必不可少，应用非常广泛。有时在没有专门标志物的时候，一块石头、木板，甚至是树枝都能起到标志作用。因此，从这些性质可以看出，标志物并不完全归属于教具的范畴中。但是在教学过程中，标志物又是必不可少的辅助工具。例如，在足球运动教学中，战术训练内容需要用标志锥桶划分场区或战术执行区；在乒乓球的发球训练中，为了强化发球落点意识，教师会在球台的另一端用白色纸条贴出一个发球落点区；在体育舞蹈的教学中也会通过在场地中，贴明显标志点的方式明确舞程行进的终点或起点。还有如在练习跳远时，为了避免学生产生厌跳心理，可以先让学生通过跳皮筋的方式转换一下心理。

（五）场馆、器材在体育教学中的使用

体育场地和体育器材是体育教学中必然用到的。这两个事物是体育教学活动中的基础设施，体育教师应把这些场地器材运用于教学或锻炼之中，发挥它们应有的价值与作用。实际上，学校里还存在有很多看似完全不是体育场所或器材，但它也能在某些时候充当体育场地和器材的作用。例如，体育馆的墙壁、楼梯、室外活动设施等。其中利用楼梯练习腿部力量；利用体育馆的墙壁进行垫球练习；利用学校中可能存在的有坡度的地形，给学生的跑步练习增添负荷；利用肋木、平梯进行攀爬、穿越等障碍跑游戏，锻炼学生的力量等。这些都是充分利用校内场地设备资源作为良好教学手段的较好设想，也是节约体育活动财物、开发校内资源的重要举措。

（六）自制器材在体育教学中的使用

许多体育教师在教学实践中开发了一些非常实用的教学手段，这些手段是一般常规手段的补充，也是广大体育教师教学经验的积累，对教学实践具有独特的作用，使用起来也很方便与简单，特别适合条件较差、教具不多的农村学校或偏远学校。制作简易的体育器材既能节约资源，又能一物多用或废物利用。在没有标准体育器材的前提下，教师根据自己的教学需要，和学生一起动手制作体育器材，更能培养师生的创造能力。生活中很多的废旧材料（如旧轮胎，没气的篮球、排球、足球，饮料瓶，旧报纸，化纤袋，铁丝等），都可以制作成形式多样的活动

器械，在课堂上发挥作用。自制教学器材有诸多优点，如制作简易、实用性强，另外，制作自制体育器材的过程也是培养学生动手能力的过程。例如，自制沙包、自制锥桶标志，还可以用空矿泉水瓶装满沙子作为练习投掷项目的投掷物；用大小不一的轮胎制成摇摆桥、铁索桥等。

如巧制纸球提高学生实心球成绩。在日常的实心球教学中，学生往往会出现出手速度不够、实心球出手角度偏低等错误动作，对此，可以制作一种纸球作为实心球教学的辅助手段，对纠正错误动作、提高成绩具有积极的作用。自制排球垫球辅助带用于排球垫球的教学。由于松紧带具有伸缩性，将松紧带环套在两手腕上，有助于练习者夹紧两手掌根处，并促使练习者屈膝下蹲做好准备姿势。在练习过程中，在两臂由下而上抬臂击球时，松紧带产生了一个向下的牵引力，练习者可以体验以肩为轴，促使肘关节不弯曲，同时，手臂越抬高越费力，从而限制了手臂抬得过高的问题。此外，松紧带可以作为手上的标志，要求垫球位置在套在手腕上的松紧带以上部位。[①]

有效的一物多用可以使手边的器材充分发挥自身的作用。如栏架可以用来跨栏，也可以用来作门进行各种投掷、射门等活动；体操垫平放、竖放、人字形放可以用来做各种跳跃活动，也可进行搬运等活动；彩带可以改装成小彩球进行各种轻物投掷活动；毽球可以改装成羽毛球。巧妙利用周边环境中的物体也是自制器材的重要方法，如树木可用于摸高或攀登练习；甚至一颗小石子、一片树叶等都可以变成体育器材，如在换物接力时可以用一颗小石子、一片树叶来代替交接物等。

（七）学习卡片在体育教学中的使用

学习卡片也称教学卡片，是为了帮助学生更好地理解运动技术的要领，了解课堂的教学重点、目标与要求而设计的一种供学生使用的教学辅助材料。它不同于教材，是一种临时的、用于课堂教学并可以及时反馈的学习材料，一般可用于低年级的教学之中。学习卡片是一种直观教学手段，它与挂图的原理一样，但也有较大的区别。学习卡片便于携带，每一个学生都可以拥有，每一张卡片可以要求不同，易引起小学生的注意；但学生卡片不利于运动，有时学生容易遗忘。因此，挂图与学习卡片各有利弊，可以根据不同的年龄特点进行选择。

学习卡片可以形式多样、篇幅大小各异，一般为一张小卡片。学习卡片的作用主要有三个方面。第一，可作为学习的辅助材料。教师可根据教材特点，在卡片中为学生补充一些必要的信息，如动作图示、动作要领、技术重难点、口诀等。通过这些辅助材料，帮助学生更准确地领会运动技术的要点与特点，也可以通过

---

① 叶海辉. 排球垫球辅助带的制作与运用 [J]. 中国学校体育，2010（3）.

对一些技术难点的标示，引发学生对某些重要的技术环节的特别注意。第二，提示教学分层目标。教师可根据不同层次的学生制定不同的目标与要求，让学生在学习过程中强化目标意识，并可以根据预期的目标对结果进行适时的反馈与评价，经常检查不同时期的目标达成程度，进行有效的过程监控。第三，突出问题思考。通过学习卡片可以把一些抽象的问题通过公式、范例等形式展示给学生，如合力、力矩、向心力、离心力、抛物线等原理和公式。这些问题一般在教材上比较少见，而仅仅依靠教师是讲解不清的，还要实施精讲多练教学，因此写在学习卡片上能够方便学生的理解。

第二节　体育教学评价

一、体育教学评价的含义和功能

（一）体育教学评价的含义

体育教学评价是教学评价的一个组成部分，是一般评价活动在体育领域的具体表现。体育教学评价是以既定体育教学目标为依据，运用有效的评价技术、手段和方法，对体育教学活动的过程和结果进行测量、分析、比较和评估，并给予价值判断的过程。体育教学是教师和学生共同参与的一种双边活动过程。因此，体育教学评价的内容不仅包括学生学的评价，也包括教师教的评价；既要评价学生体育学习的过程与质量，又要评价体育教师的教学过程与质量。在对学生体育学习结果进行评价方面，既要评价学生对掌握体育与健康基础知识、技能、方法等认知方面的情况，又要评价学生体育学习品德、兴趣、意志、态度、习惯及个性发展等情感领域的状况。在对体育教师的评价方面，既要评价教师的品德、素养、教学能力，又要评价体育教学活动的各个环节，尤其是体育课堂教学质量。通过一系列的教学评价，及时发现教学中存在的不足。从而调控体育教学，不断提高体育课的教学质量和体育学习效果。

（二）体育教学评价的功能

1. 导向与激励功能

各科教学所规定的教学目标与内容是进行教学评价的基本依据，通过教师的教和学生的学两个双边活动实现预期的目标。体育学科有四个目标：运动参与、体能、运动技能、心理健康与社会适应。体育教学的目标要根据课程目标加以具体化，因此，这个具体化目标的达成程度是体育教学评价的主要根据。如果顺利达成，那么体育教学效果就可以获得一个很高的评价，因此也具有了评价的激励功能；如果没有达成，那么就要分析原因与对策。因此，教学评价有利于各级各类学校端正教学指导思想和办学方向。此外，对于学生而言，评价也能起到激发学生学习动机与动力的作用，可有效地激发并调动学生的学习兴趣，推动课堂学习。

2. 鉴别和诊断功能

体育教学评价有助于了解教师教学的效果和水平、优点和缺点、矛盾和问题，这就是对教师的考察、诊断和鉴别。目前，国家大力提倡教学质量工程，其目的就是希望广大的体育教师要切实抓好体育教学的各个环节，在提升教师自身水平、能力的基础上，提高体育教学效果。在这个过程中如果没有一个标准，好坏一个样，教师就会丧失教学的积极性与动力。同时，体育教学质量也是考核教师工作业绩的一个重要指标，因此体育教学评价对于教师而言，是学校和教育行政领导进行教师聘用和晋升的主要依据，有助于在了解教师情况的基础上，安排教师的进修与提高。从学生角度而言，体育教学评价能对学生的知识掌握、体质健康状况、运动能力发展程度做出区分，从而在给出体育学习成绩的同时，为学生的考核评定、升留级、选择课程提供依据。

3. 反馈和指导功能

体育教学评价的结果可以使体育教师和学生了解教学过程的效果，并根据结果进行有效指导。体育教师如果能够及时获得教的方面评价的反馈信息，就能及时地反思自己的教学准备与教学实施，发现在教学目标设置、教学方法、教学手段、教学策略、教学智慧、运动负荷、练习密度、教学组织与管理等方面的优点与存在的问题，为下一步的教学调整做准备，从而为改进教学提供依据。学生如果能够及时获得学的方面评价的反馈信息，就能加深促进学生对自己体育学习状况的了解，明确学生自己在体育学习方面的优势与问题，为调整自身的学习目标、学习动机、学习策略、学习方法提供依据。

4. 评估与决策功能

科学的教学评价是教学工作决策的基础。体育课堂教学的质量不能凭空想象，只有对教学工作有全面和准确的了解，选择明确的、比较客观与科学的指标，对教师的教与学生的学两个方面做出全面的评估，如对教师的教案编写、教学目标的设定、教学手段与方法的使用、教学组织与管理策略等进行综合的判断，才能对教师的教的情况做出客观公正的评估，教师的教学工作改进与改革才有据可依。对学生而言，要对课堂学习与练习体育的积极性、态度、意志力表现、思维反应、情绪控制、学习效率、学习效果等进行综合的判断，才能对学生的学习情况做出客观公正的评估，教师对学习成绩评定以及学生制订改进自己学习情况的决策才有据可依。

5. 榜样与竞争功能

教学评价可以调动教师与学生的积极性，这是众所周知的事实。对于教师而言，适时地、客观地对体育教师的教学工作做出评价，可以挑选出一些优秀教师，如通过各种教研活动、评课活动挑选出一批教坛新秀、教学能手等，这就形成了一个良性循环的榜样机制，促进体育教师可以加速成才。同时，这一机制还可以使体育教师明确自身的教学薄弱环节和今后努力的方向，以便进一步地进行教学反思，提高自己的教学水平。而对于学生而言，教师对于学生的即时评价，特别是良性的评价，可以树立学生榜样，起到榜样示范的作用。因此，教师经常表扬、反馈、评价、激励、测试学生的学习结果是非常重要的，可以极大地提高学生学习的积极性和学习效果。

二、体育教学评价

（一）体育教学能力的评价

体育教师是体育教学过程的主导者，教师教学能力的高低将直接决定体育教学质量的好坏。教学能力是指教师从事教学活动，完成教学任务的能力，包括教学设计能力、教学实施能力和教学评价能力。[①]体育教学能力则是指体育教师根据《体育与健康课程标准》，有目的、有计划地进行体育教学活动，完成体育教学任务的能力，同样包括体育课的教学设计能力、教学实施能力和教学评价能力。[②]

1. 体育教学设计能力的评价

教学设计是一项综合能力，需要教师具备多方面的理论知识和实践及创新性思维等。体育教师在课前需要根据不同年龄段学生身体发育、心智水平、运动兴趣和运动能力的不同，对教学目标、内容、方法及教学评价等环节进行具体规划，创设教与学的情景。在评价体育教师的教学设计能力时，可以考虑三个方面的内容。首先，教师能否根据国家教学改革发展的需要，及时更新体育教学理念，紧跟时代发展步伐。其次，能否根据国家教育方针政策和体育课的实际需要，根据体育与健康课程标准的要求，明确教学目标，选定教学内容，执行最新教材教法，制定教学计划，把握教学重点和难点，编写教案。最后，能否诊断分析学生技能水平，准确定位学生的学习起点，根据授课对象的不同选择不同的教学方法和手

---

① 沈建文. 从"能力结构"的形成谈高师体教专业学生能力培养方案[J]. 湖北体育科技，2005，24（1）：23—25.

② 吴晓红. 体育教育专业学生体育教学能力评价体系的研制与实践[J]. 南京体育学院学报，2013，27（5）：17—18.

段，尊重学生个体差异，因材施教。

2. 体育教学实施能力的评价

教师教学能力的高低和教学设计的好坏，最终都要落实到具体的教学过程中，反映在学生的学习效果上。在评价体育教师的教学实施能力时，可以考虑三个方面。首先，与其他学科教师相比，体育教师的讲解和示范能力显得尤为重要，因此，体育教师是否具备讲解和示范技术动作、战术方案的能力，并且能够根据技战术的不同，选择最佳示范时机和最佳示范位置，是评价教学实施能力强弱的关键。其次，教师能否及时发现学生的错误动作，运用行之有效的教学手段，及时纠正错误动作，激发学生学习兴趣，提高锻炼的积极性。最后，由于体育教学涉及的因素比较多，良好的组织管理能力也是必不可少的。这些能力包括管理场地器材的能力、管理课堂时间的能力、调整课堂教学计划的能力、运用保护和安全措施的能力、组织课堂比赛和裁判实践的能力等。①

3. 体育教学评价能力的评价

狭义的教学评价是指教师对学生学习效果的评价，它是体育教师在教学实践中经常进行的工作。评价不仅要重视学生的体育成绩，更应该了解学生的体育需求，还要结合每位学生的特点开发他们的潜能，帮助学生正确认识自己，树立学习信心。教师对学生的适时评价应该能够使学生及时了解自己所完成体育动作的情况，有利于学生改正错误动作，更好地掌握动作技术。同时，还能激发学生努力练习的意愿和行为，增加学生面对困难的勇气，增强完成体育练习的信心，使体育教学达到既定目标，从而提高教学质量。体育教师要具备运用多元评价方法的能力，将量化评价与质性评价相结合，过程评价与终结评价相结合，学生的个人评价、学生间的相互评价与教师的评价相结合。学生参与体育课堂评价是对自我发展的一种内在性评价，有效地发挥评价的反馈、诊断和改进作用，形成学生的参与意识，还能提高学生客观地认识自我和他人的能力，体现了教学评议民主化，凸显学生的主体地位，更好地发挥评价的教育功能。适时评价不但能够起到判断学生成绩的作用，更能起到促进学生个体在体育技能、体能、心理等多方面的发展，张扬学生个性的功能。

（二）体育课堂教学的评价

体育课堂教学评价是指根据体育教师工作职责与体育教学目标，运用各种方法和手段系统地收集、分析和整理信息资料，对体育课堂教学活动中的要素、过程和结果进行价值判断的过程。科学合理的课堂教学评价对于体育教师更新教学

---

① 李臣功. 北京体育大学体育教育专业学生教学能力评价指标体系的研究［D］. 北京体育大学. 2012：21.

理念，优选教学内容，改革教学方法，优化教学过程，进而提高教学质量，完善体育教师专业素质，促进其专业发展具有重要意义。

1. 评课的基本原则

体育课的评课主要有两类形式，一是平常看评课中对课的点评，二是在各种评选、展示等活动中要排出名次或奖项的课程评优。这两类活动都有一个核心特点"评"，都应该遵循细看精评、前后贯通、先赞后建、标准一致、利于提升等基本原则。

（1）细看是前提，精评是关键

评课时要做到细看精评。首先，转变过去看课的习惯与方式，要在充分考虑能够精细化评课的前提下去看课。粗略看评课与精细看评课评出的效果差别较大，粗略看评课可能只是点到为止，甚至点不到或点不准；精细看评课能够评出真知灼见，让人有口服心服之感。其次，提高观察力和分析、判断能力。因为，具有不同观察力的看课者所能看到的问题是不同的，即便是同一个教学环节都看出了某种现象，但是，因观察力不同，发觉现象背后的问题和根源不同，甚至会出现完全相反的两种判断结果。观察力强，就便于做出合理的分析和正确的判断，否则，就很有可能抓不住本质。第三，要提升归纳、总结和表达能力。看课的过程中能够把握细节，找到实质性问题，假如归纳、总结和表达能力欠缺的话，精评的效果也难以达到。有时，问题是由多种教学现象共同汇集而成的，要能够将相似现象进行归纳、总结，就点评课而言，要能够组织好准确的语言对其进行评说。

（2）设计不忽略，重点评教学

就一节课而言，设计在先，实施在后。为此，在评课环节，要前后贯通，不仅要看设计环节是否合理，还要将重点放在课堂教学实施部分，做到重点突出，全面具体。首先，在看课前要先浏览教学设计的完整文本，假如只有教案部分，要把教案认真阅读一遍，不仅从设计或教案文本中了解基本信息，如上课年级、人数、内容、场地、器材等；更要认真研读制定教学目标、确定的教学重难点、采取的主要方法手段等。带着这些信息去看课，每看到一个环节、现象、问题，都从目标层面、重难点强化与突破层面考虑出现了什么现象或问题。其次，正确把握好设计与教学的关系。虽然评课不能忽视设计，但是，设计仅仅是预设，由于课堂上会有一些临时发生且在设计环节未能预料的教学事件，评课还要灵活处理好设计与教学的关系，好的设计是有效课堂的前提，但课堂教学不绝对等于教学设计的再现。基于这种认识，评价效果就能够趋于理想。

（3）优点最先赞，建议跟进提

评课中要把握先赞后建的原则。首先，赞的内容和方式要十分明确和适宜。要具有高度的概括性，不能过细过杂，否则，赞的重点和效果就难以凸显。其次，赞的语言表述要具体，不能空泛，要有案例支撑，既要指出哪些环节好，还要能够分析好的原因，让人听后感觉对课的点评是真实的、准确的、必要的和巧妙的。第三，提出的每一条建议要能够找到出处。要让教师明确，评课针对哪些问题提出了改进建议，而不是凭空而谈。建议反映出的具体改进措施合理有效，否则，所遵循的先赞后建的原则就难以发挥应有的作用。

（4）标准一致，尺度统一

评课时要做到标准一致。首先，明确标准是什么很关键，需要了解标准由哪些指标体系构成，各指标如何解释。如评课的标准体系中，真实性、完整性、准确性、创新性、实效性和安全性等是最基本的指标，对每一项指标的进一步解释，是评课的主要依据，因此，明确标准十分必要。其次，懂得标准的应用至关重要。

（5）评课是形式，提升是根本

评课环节要遵循有利于提升的原则。首先，把握好评课的出发点，即如何评才能有利于提升课的质量。其次，评课的最终目的要明确。要将提升质量看作是评课的最终目的，要想把握好这一点，既要强化研究性评课，不仅指出本课存在的问题，还要归纳出同类问题，分析为什么会产生这些问题，不仅要从任课教师的角度分析原因，还要从学生角度分析。找不到真正的根源，解决问题就难以达到理想的效果。问题得不到有效的解决，课的质量提升也就难以落到实处。

要精评课，就要先细看课。除此之外，前后贯通、先赞后建、标准一致、利于提升等都是体现出评课水平的重要原则。把握好每一条原则，不仅是体育教师提升评课水平的关键，更是体育教师提升体育课堂教学能力不可忽视的重要因素。

2.评价内容

体育课堂教学评价包括教学目标、教学内容、教学过程、教学手段和方法以及教学效果。既可以对这些内容进行全面评价，也可以针对某一个内容进行专题评价。

（1）教学目标

体育课堂教学目标能否实现，在判断课堂教学质量高低上具有非常重要的作用。教学目标是指教学活动实施的方向和预期达成的结果，是一切教学活动的出发点和最终归宿，它既与教育目的、培养目标相联系，又不同于教育目的和培养目标。教学目标是从教师和学生的综合角度设置的。[①]现代体育课堂教学目标应该以人的发展为根本宗旨，提高学生各方面的素质，体现素质教育和终身体育的要求。要考虑是否符合课程标准及教材要求；内容是否符合学校及学生实际；是否

---

① 于素梅. 目标困惑：教学目标与学习目标应如何表述[J]. 中国学校体育，2014（10）：33.

围绕目标教学、寓德于教，充分贯彻立德树人的要求，将素质教育渗透于整个教育教学过程中。具体来说，应将学生作为认识、发展的主体，注重学生情感、态度、价值观的养成；注重学生创新精神和实践能力、积极的自我体验和主动自我调控能力、与人交往和合作能力的培养；注重学生基础知识和基本技能的培养；现代课堂教学目标应具体、明确、可观测，有层次性和可操作性，并能反映体育学科的特色。

（2）教学内容

教学内容是确保教学目标实现的保障。在教学内容的评价中，应该考虑这些因素：教学内容是否紧紧围绕教学目标进行安排、是否达到科学性和思想性的统一；是否将思想品德教育寓于体育教学内容之中；教学内容是否符合不同年龄段学生的体质特征和运动技能发展水平；教学内容是否较为全面，学生可以根据自己兴趣、爱好、专长选择，有充分选择的余地；教学内容是否新颖，做到新兴体育运动项目与民族传统体育项目相结合；教学重点难点是否突出；是否可以根据各个地区、各个学校的体育发展水平不同，打造符合本校实际的体育校本教材；是否科学安排运动量和运动负荷。是否有助于学生系统地掌握运动技能，持续激发学生学习的内驱动力，形成系列化教学。教材内容的组织是否考虑主教材与辅助性教材（如体能素质课课练）的合理搭配。

（3）教学过程

体育课堂教学应该是以学生为主体的教学，通过学生的主动学习来促进师生合作与交流，促进学生的发展。因此，体育教师应引导学生主动积极参与课堂教学，为每个学生提供主动参与的时间和空间，为学生提供自我表现的机会，从而拓展其发展空间。体育教师应通过师生和生生互动，促进情感交流，鼓励学生采取合作学习的方式，培养学生学会倾听、交流、协作、分享的合作意识和交往技能。体育教师应创设多样、丰富的交往形式，有意识地为学生提供一个自由、平等、民主、和谐的体育课堂教学氛围和情境，充分调动学生的积极性。体育教师应创设有利于学生探究问题和活动的情境，从而培养学生的创新精神和实践能力。体育教师应在课堂教学活动中，强化各教学环节的衔接，提高课程实施的科学化程度。通过设计问题的新颖性、提出问题的语言和教学语言的启发性，鼓励学生积极发表自己的见解，启发学生创造性思维，培养其创新精神，促使学生的创造力和实践能力得到发展。体育课堂教学应高度重视和尊重学生发展存在的差异，让每个学生在原有基础上，在不同起点上获得最优发展。由于学生的体质和技能基础的差异性，在体育课堂教学中，应该承认每个学生发展的独特性，不追求学生各方面的平均发展，避免以同一个标准要求，而是让每位学生都能形成自己的特色和个性。

（4）教学手段和方法

针对不同的教学对象和教学内容，采取不同的教学方法和手段显得至关重要，方法得当才能收到事半功倍的效果。在评价教学手段和方法时，可以从四个方面着手。第一，教师能否依据教学的具体任务和内容特点，有针对性地选择教学方法。第二，教学方法的选择是否符合学生的身心特点，是否有利于激发学生的学习动机和培养学生的学习兴趣。第三，教学方法是否具有启发性，是否能培养学生的独立思考、分析问题、解决问题的能力和创新精神。第四，教学手段的运用是否能增强直观性，是否有利于提高学生的学习效率。

（5）教学效果

课堂教学评价的一个极为重要的依据就是教学效果，体育课堂教学也不例外，在评价体育教学效果时，可以从三个方面来考虑。第一，所制定的预期教学目标，能否激发学生的学习锻炼兴趣，促进学生知识结构的形成和基本能力的发展。第二，能否通过知情交融的活动方式，促使学生自主性、主动性的发挥和社会性的形成。第三，能否让学生获得成功与失败的心理体验，感受生活的苦与乐，体验创造和成功的喜悦。

3. 评价方法

（1）教师自我评价

教师自我评价是通过课后反思来分析问题与不足，并及时进行总结的过程。可以对照教案衡量整个教学过程是否实现了体育教学目标，也可以通过对比学生前后的变化、听取学生意见等手段予以评价。教师既要以每节课后在教学日志或教案上作简要评述的方式进行经常性的自我评价，也要在每学期进行若干次的阶段性自我评价，对每学期、每学年进行总结性的自我评价，并根据评价和总结对自己提出新的要求。

（2）同行专家评价

体育教学评价是一项专业性较强的工作，需要专门的学科知识来保证评价的信度和效度，同行专家评价是一种扎根于教学实践的评价，能够扩展和加深评价内容，揭示教学中的实际问题，结果的可行度很高，具有较强的权威性，能提高评价的信誉程度。同行专家评价还有利于教学评价与教师专业发展密切结合，突出评价的诊断、调节和激励功能，促进全体教师的专业成长。同行专家评价多采用公开课、观摩课和评议课等形式。

（3）学生评价

学生是体育教学的直接参与者，是体育学习的主体，对教师的教学态度、业务水平、教学行为和能力等方面都有感性的认识，在一定程度上对教师教学中的优缺点，有一定的发言权。学生对教师教学的评价是现代教育理念倡导和重视的

评价方式，通常采取学生评教、评课、反馈、建议和要求等

（三）体育教学管理的评价

体育教学管理，是指根据体育教学的规律和特点，对体育教学工作进行计划、组织、控制和监督的过程，而体育教学管理的评价，就是对这一过程及其结果进行测定，判断其效果，从而使教学管理工作不断得到加强和改进。从学校体育的宏观角度看，体育教学管理的评价，是学校体育工作和体育教学工作评价的重要内容之一，对体育教学管理具有指导功能，使体育教学管理工作具有明确的目标和方向，具体可以从五个方面进行评价。

1. 实施《体育与健康课程标准》的情况

《体育与健康课程标准》是学校体育课实施的指导性文件，是为了确保学生能够接受系统科学的体育教学、更好地完成体育教学目标而制定的。在构建标准时要强调规范、倡导革新，不断提高体育教学标准的质量水准。在对《体育与健康课程标准》的实施程度进行评价时，一看是否明确学校体育的属性、根本任务以及地位作用；二是看能否从"健康第一"和增强学生体质出发，落实不同学段学生体质健康标准，科学安排，逐步提高；三是选取的内容是否符合学生生理、心理的成长规律和发展运动能力的基本要求，能否反映体育科学发展的新成果。

2. 体育教学计划和教案的制定情况

对体育教学计划进行评价，是为了保证教学计划制定的科学性和可行性，体育教学计划主要包括五个方面的内容。第一，水平教学计划是体育与健康课程标准的具体化，对制定其他各项计划具有指导性意义。第二，全年教学计划是水平计划的进一步明确与细化。应根据本校的具体情况，根据水平计划的要求，将各类教材和学时合理地分配到每一学期中，而且要使每学期各类教材的数量和考核教材的数量大致相等。第三，学期教学计划（进度），是根据全年教学计划中的各类教材内容，将教学计划分别安排在学期的每一次课中。在编制学期教学计划时，应考虑主教材和考核教材，并要注意教材的系统性、连续性以及新旧教材的搭配问题。第四，单元教学计划，是将学期教学计划中规定的每一种教材，按其动作结构有步骤、分层次地安排在每一次课中。在编制单元教学计划时，应注意先易后难、先分解技术后完整技术。第五，课时教学计划（教案），是指每次课的具体教学方案，在编写课时教学计划时，要注意合理地分配课的各个部分的时间，科学地安排每个练习手段的时间和运动负荷，突出教材的难点和重点，选择适当的教学方法和组织手段等。体育教学计划是组织教学与教育工作的重要依据，不仅要加强教学计划管理，而且应该及时进行评价，并结合教学的具体情况和教学改革的需要，做出修订和调整。在制定各项计划时应充分考虑到目标引领内容的原则，根据目标来制定计划，选择合理的教学内容、安排教学方法及评价等。

3. 体育课堂常规的执行情况

体育课堂常规是在体育教学过程中教师和学生必须遵守的行为规范。课堂常规包括课前、课中和课后常规三种，分别对体育课堂教学的准备、实施等做了明确的规定，如课中常规的内容一般包括：集合整队，师生问好，整理着装，清点人数和出勤，宣布课的内容和要求，安排见习生，进行安全教育和安全检查，准备活动等。这些内容不仅能维持一堂正常的体育课，而且在教学上具有各自特殊的意义。对各项课堂常规的执行情况进行评价，能及时发现教学中出现的问题，保证教学的质量。

4. 体育教学质量的检查和考核情况

对教学质量的评价是教学管理中的主要环节，是检查教学效果，解决教学中存在的问题，进一步改进教学，提高教学质量的重要手段。体育教学是一个十分复杂的过程，学生的基本情况及各种不确定的随机因素，都会影响到教学的效果。因此，教学质量的评估也是一个多因素的综合评判过程。为了使评估工作更客观、准确，应采用多因素、多层次的综合评判的方法，既有定量分析，又有定性分析。

5. 体育课成绩的考核与评定方式

体育课成绩的考核和评定是体育教学的重要组成部分，是体育教学过程管理的最后一环。它反映了体育教学管理的完整性和规范性，是评价体育教学管理水平的重要指标，一般包括技术质量的评定、运动成绩的评定、学生体质的测定、体育理论知识的考核。在评价体育课的成绩时，应建立评价内容多元化、评价方式多样化的评价体系。在评价方式上，既要注重终结性评价，又要注重过程性评价。在评价的内容上，既要包括对学生体能和技能的评价，更要注重对学生的学习态度、心理和行为的评价，努力使评价内容与课程目标相一致。

二、体育学习评价

体育学习评价可理解为根据学生从事体育学习的具体情况而对其学习进程、学习效果所做的一种评判，它既包括对学生学习进程的诊断判定，又包括对学习结果的评定。[①]体育学习评价是依据一定的评价标准，运用科学的评价方法和手段，对学生在体育学习过程中的表现，以及达到体育学习目标的程度进行的综合评价。[②]体育学习评价具有鉴定与选拔、检查与监控、反馈与交流、导向与激励等多种功能。

---

① 张细谦，曾怀光，韩晓东等. 中日美体育学习评价的比较［J］. 体育学刊，2001，8（6）：80—83.

② 陈彪. 大学生体育学习评价体系的构建［J］. 南京体育学院学报，社会科学版. 2006,20（4）：76—78.

（一）体育学习评价的目标

体育学习目标是教学的出发点和归宿，一是学生以教师预设的教学目标为标准，结合自己的学习能力、运动能力和项目基础制定的主动发展目标；二是教师基于学情分析和对学生提出的主动发展目标进行诊断后，站在学生的立场，从学生学习的角度出发设置的目标，是评价学习成效和教学质量的依据。显然由于不同学段的学生，在身体发育状况和运动技能水平等方面都有一定的差异，体育学习评价的目标也不同。但是，增强学生体能，增进学生健康，掌握运动技能，培养运动兴趣，养成体育运动锻炼习惯是体育学习评价的永恒主题。

体育学习的评价目标，强调通过体育与健康学习评价有效促进学生的不断发展，应关注四个方面。

1.了解学生的体育与健康学习和发展情况以及达到学习目标的程度，为制订下一步教学计划做好准备。

2.判断学生在体育与健康学习过程中存在的不足及其原因，以便改进教学。

3.发现学生的体育与健康学习潜能，为学生提供展示自己能力、水平和个性的机会，鼓励和促进学生的进步与发展。

4.培养与提高学生自我认识、自我教育、自我发展的能力。

（二）体育学习评价的内容

1.体能的评价

体能是通过先天遗传和后天锻炼（训练）获得的在形态结构、机能状态及能量系统代谢方面的能力。人与人之间在形态结构、生理机能及能量代谢水平方面是存在差异性的，这种差异性受先天遗传和后天锻炼的（训练）影响。体能是体质健康的一项重要指标。而且也是从事各项体育运动的基础。针对学生的体能评价更加注重与健康有关的体能，如心肺耐力、柔韧性、肌肉力量、肌肉耐力、身体成分等。不同学段学生的体能评价可根据各水平的体能发展目标与内容框架，选择合适的体能进行评定，同时参照《国家学生体质健康测试标准》，结合学生的个体基础与进步幅度进行成绩评定。

2.知识与技能的评价

在对体育理论知识评价时应从以下方面具体操作：了解一些运动项目的相应运动技能、理论知识。喜欢观看和欣赏一些体育比赛、关注国内外的重大体育赛事、了解体育史等。在对人体科学知识评价时应从以下方面具体操作：运动卫生与自我保健，人体生理变化的规律，体育锻炼对身体形态、技能、素质的影响，运动适应性与运动处方等方面。对心理学知识评价时应从以下方面进行操作：了解体育锻炼对心理发展的影响、掌握相应的克服心理障碍的方法等。社会学与美学评价时应从四个方面具体操作：了解体育对人成长的影响、身体美的特征、体育社会价值与魅力、体育对社会发展的作用等方面。[①]在对学生进行知识认知评价时，应注意评价方式与手段的应用，不要让学生认为知识认知评价是一种学习负担，要让学生了解知识的理解与掌握在现实生活以及以后学习中的重要意义。

运动技能是在体育运动过程中对运动技术的掌握，是完成体育与健康课程学习的一个重要的评价维度。这一维度是学生身体素质得以锻炼与提高的主要体现，是完成体育学习各项任务的载体。通过对于运动技能的学习与实践，可以使学生有选择地形成自己的运动锻炼体系，提高其对各项运动锻炼的兴趣。在这一评价指标中，学生对体育运动技能掌握的质量是评价关键。熟练掌握几项基本的运动技能，可以为一个人终身身体素质的锻炼打下良好的基础。在对学生技术技能评价时，不要单方面为运动技能的评价而评价，应把运动技能评价作为促进学生学习的一种手段，以激发学生的进步，发现每位学生的闪光点，用进步与发展的眼光看待每一位学生。

3. 学习态度的评价

态度是个体对待人或事物较一贯、较固定的心理倾向。体育态度属于态度范畴，它特指个体对体育活动所持的评价、体验和行为倾向的综合表现。体育学习态度是奠定学生终身体育基础的原动力，是体育学习评价的重要内容。体育学习态度的评价维度主要有：主动参与体育的表现，体育运动中的自信心表现，情绪调节、体育意志力表现，体育运动中合作交流表现等。体育学习态度可通过参与体育学习的欲望、热情、专注性、主动性来进行定性评价，也应该考虑学生体育课的出勤率和学生单位时间内参与体育活动的频率以及心理表征。

4. 情意表现与合作精神的评价

学生体育学习中情感价值观的培养，是一个由知识与技能的学习过程承载的启发、渗透和感染的过程。通过对情感的评价，激发学生对体育运动的兴趣，使其通过积极地参与，学会与学习伙伴有效沟通合作，从而达到调节学生学习情绪，缓解课业压力的目的。通过这样的参与和调节过程，可以帮助学生培养积极健康的生活方式和沟通方式。对学生情意表现方面的评价，应该以培养学生的良好情感，培养学生的乐学与好学为基本出发点，以激发学生积极向上、善于协作为目标。在学生情绪调节评价时建议学生对同学的态度友善、勇于克服学习中的困难、能客观对待批评与表扬。合作交往评价对建议学生应做到对同学朋友的态度友善、能理解和尊重同学、能在学习中与同学互助等方面。评价的目的在于正确处理好体育活动中竞争与合作的关系、乐于与老师交换意见，与同伴一起分担和处理体育活动中遇到的困难和问题。在人际关系评价中建议学生应正确认识体育活动的

---

① 王大广. 体育教学评价体系相关因素研究［D］. 西南大学，2010.

竞争关系，尊重对手，不故意伤害对手；尊重他人的不同兴趣与选择。在社会规范与角色评价时，应鼓励学生表现出积极的社会责任感，了解个人与集体的关系，在体育活动中也要表现出合适的社会行为。[①]在耐挫能力评价时建议学生应逐步形成积极进取的人生态度，理解体育活动对形成积极人生态度的作用。

5. 健康行为的评价

健康包括身体、心理和社会适应三个维度，一个人的健康水平受饮食习惯、作息规律、家庭社会环境、体育锻炼情况、医疗保健水平等多方面因素的影响。为了使学生更为系统地学习和掌握健康知识，提高健康意识，形成健康行为和良好的生活方式，在体育与健康课程标准中，除了设置运动技能系列外，还有设置了健康教育专题系列。因此，学生的健康行为评价也成为体育与健康学习评价的内容之一。学生的健康行为评价内容主要有：是否有不良生活习惯（如是否吸烟和酗酒等），是否学会制定并遵守合理的作息制度，是否注意个人的卫生，是否为维护公共卫生而努力等。[②]

（三）体育学习评价的类型

体育学习评价的目的是明确体育学习的效果，根据反馈信息对体育教学进行调控。依据评价主体的不同，可以将体育学习评价分为自我评价、相互评价、教师评价和家长评价。

1. 自我评价

自我评价是自我意识的一种形式，也就是自己成为自己的认识对象。学习自我评价是指学生对自己的学习进行描绘和判断，对自己的学习过程与学习效果进行评价。体育学习自我评价就是学生本着实事求是的原则，对照体育与健康课程学习标准，结合自己对体育与健康课的认识、态度、常规的执行情况、动作的掌握情况，进行自我诊断、自我评价。在学生对自己的学习情况进行评价时，体育教师应该充分发挥学生的主观能动性，保持学生发言的积极性，在此基础上进行及时的语言引导、动作示范和对比分析，培养学生的观察力、判断力、分析和解决问题的能力，提高学生正确认识和评价自己与他人的能力，使学生不因一时的进步而沾沾自喜、骄傲自满，激励学生不断寻求更高的学习目标，使体育基础较差、身体素质较弱的同学不因一时的落后而垂头丧气，失去重新尝试的勇气。

2. 相互评价

在体育教学中，常常将身高、体重和运动能力接近的学生分成一组，这样不仅有利于体育技术的学习，而且为进行相互评价提供便利条件。体育学习过程中

---

① 刘家党. 云南省中学体育对学生社会适应能力培养现状的调查研究［D］. 云南师范大学，2006.

② 潘绍伟，于可红. 学校体育学［M］. 北京：高等教育出版社，2005：151.

的相互评价是同伴之间对对方学习表现进行简要、全面、中肯的一种阶段性评价，它是对学生进行过程性评价的一个方面。从某种程度上说，同伴评价比自己的主观认识更具有客观性。如果同伴评价与自己的评价相差过大，就说明对自己的认识产生了偏差。如果自我评价与他人的评价有较大的相似性，则表明对自己比较了解，自我认识符合实际。对待他人的评价，不能只关注某一方面，应该进行综合全面的分析，然后再对自己进行评价和校正。

3. 教师评价

在体育学习评价中，教师评价主要由体育教师依据学生的学习目标达成度、行为表现和进步幅度等，参照学生自我评价和相互评价的情况，对学生的体能、知识与技能、学习态度、情意表现与合作精神、健康行为等五个方面的学习成绩进行综合评价，以保证体育学习评价结果的公正性。在体育教学中，体育教师较常运用即时评价的形式，即体育教师在教学过程中依据一定的评价标准对教学现象做出实时评估，一般是口头评价的方式，如对学生完成某一动作给予的好、不错、很棒等评价。

4. 家长评价

随着人们体育健身意识的增强和社区体育的火热开展，青少年在走出校园之后也将有机会参加丰富多彩的社区体育活动，不仅可以巩固在学校学到的运动技术，而且可以根据自己的兴趣爱好选择各式各样的运动项目，而家长作为学生的监护人，理应熟知学生的课余锻炼情况，因此，体育学习评价还应该充分发挥家长的作用。可以由家长每月定期对学生的运动知识与技能的实践情况、课余体育锻炼情况、健康行为方面进行评价，给出等级，及时反馈给体育老师，并不断从体育老师那里学习指导孩子正确参与体育运动知识和方法。体育教师也应该与家长保持联系，以便及时了解学生进行课外体育锻炼的情况。尤其是在寒暑假期间，家长应该督促孩子进行体育锻炼，在体育老师的帮助和指导下适时监控孩子的运动量和运动强度。

（四）体育学习评价的原则

体育教学评价原则是依据体育教育目的、规律以及体育教学评价特性而对体育教学评价提出的具有指导作用的基本要求。人们常常从不同角度提出不同的体育教学评价原则。为了合理和准确地进行体育学习评价，必须遵循四个基本原则。①

① 曹晓东. 综合实践活动课程中体育内容学习评价的特点与原则［J］. 河北体育学院学报，2004（12）：68—69.

1.定性评价与定量评价相结合的原则

定性评价是对学生体育社会实践过程和学习结果的性质进行具体分析，得出符合学生实际的结论，侧重于事物发展的质的方面。定量评价是对学生体育社会实践过程和学习结果从数量方面进行分析总结，直接量化的指标主要是人体测量与身体素质指标。定性评价的方法比较全面、真实地反映评价对象的特点。定性评价与定量评价应该结合起来运用。

2.统一性与灵活性相结合的原则

在同一体育活动内容的评价过程中，要以学生的个性发展为宗旨，经过科学的反馈和总结，做出主观与客观的评价。如学生在学习中，获得的数据图表、实物模型、证书文件、技能水平测试都可以作为评价的依据。再如，学生表现出的动机、兴趣、情感、思维、学习方式和运动方式都可以作为评价的信息来源。教师对实施的各种体育社会实践活动的评价，既要有统一要求，又要有鼓励学生活动创新的灵活性要求。

3.单一性与整体性相结合的原则

单一性评价指对学生从事体育内容学习过程用一种标准或一项内容进行评价。整体性评价指对学生从事体育内容学习过程用多种标准或多项内容进行评价。使用单一性的评价不能对学生的学习与活动过程做出准确的判断，必须运用整体性评价方法。但单一性评价与整体性评价既有相对独立性，又有内在联系，单一性评价是整体性评价的基础。因此，要运用单一性与整体性相结合的原则。

4.发展性与创新性相结合的原则

发展性评价指在学生从事体育内容学习的过程中，尊重并激励学生积极追求与改进，不断地完善自我、实现自我与超越自我，体现自我主体价值。要通过学习与评价，发现与肯定学生的发展与进步。创新性评价指在学生从事体育内容学习的过程中，充分体现学生自由交流、积极参与、主动发现和解决问题的主体活动。如在学练过程中，教师指导学生自主地去尝试和发现学习动作技术的具体手段，通过小组展示，学生做出形态各异的辅助练习，这时对学生的动作创新进行激励性评价。发展性评价是指向未来的评价，从本质上具有价值创新意义。创新性评价能够帮助学生实现自我价值追求的目标，促进学生学会评价与发展，培养创新精神。体育学习评价应运用发展性与创新性相结合的原则。

（五）体育学习评价的方法

每一种教育评价方法都有其使用的局限性，在体育学习评价中，应该根据体育学习评价的目标与内容的不同而采取不同的评价方法。常见的体育学习评价方法有定量与定性评价、终结性与过程性评价、绝对评价与相对评价、成长记录袋评价。

1. 定量与定性评价

定量评价法在学校体育学习评价中长期以来都占据主导地位，定量评价强调数量计算，具有客观性、标准性、精确性、数量性等鲜明特征，比较适用于对运动技能、身体素质、身体形态、人体机能这些量化的指标。常见的定量评价方法有测量法、评分法和记分法。测量法是通过对速度、高度和远度等指标的测量，并将测量结果与教学目标相对照，从而对学生某些项目的运动成绩做出评定的方法。测量法主要运用于田径、游泳等项目的成绩评定。评分法是指依据一定的规则和标准，对学生所完成技术动作的规格、质量以及熟练性等方面给出评定的方法。评分法主要运用于基本体操、艺术体操、健美操和武术等项目的成绩评定。计分法是通过对目标命中的次数和准确性等方面的统计结果来评定学生学习成绩的方法，计分法主要运用于球类项目的成绩评定。

在体育学习过程中，有很多非智力因素如学生的兴趣、合作精神、态度等，这些指标靠测量工具不可能测量，如果忽视这些方面，体育学习评价将是片面的，学生的整体学习情况将不能被正确地反映出来。对于这些难以量化的指标可以通过观察、分析等定性的方法分析，对其做出价值判断。常用的定性方法主要有技评法、评定法和鉴定法。技评法是一种对学生各类技术动作掌握的准确性和规范化程度做出主观判定的方法。这种方法通常采用上、中、下三级制，或优秀、良好、及格和不及格四级制的标准。评定法是对学生的体育学习行为、学习态度以及在从事体育活动中的表现，通过语言形式逐一做出评价的方法。

因此，要把定量评价和定性评价相结合，对一些可以量化的因素做出定量评价之后，再对不能量化的因素做出定性评价，对某些因素适时量化后得到的结果做出定性分析。

2. 终结性评价与过程性评价

在传统的体育学习评价中终结性评价占主导地位，这种评价方式可以反映出教学的最终结果，但对教学过程中暴露出的问题不能及时反馈，对学习过程中发生的情况不够重视，因此，应该在终结性评价的基础上，开展形成性评价。形成性评价是一种过程性评价。教师在教学过程中针对存在的问题进行及时评价，可以采用档案袋、记录卡和观察法的具体方式记录学生学习和发展的轨迹，注重学生学习中的进步情况、努力情况和达成目标的学习历程。不仅可以使学生认识自身体育学习的状况，也更有利于对学生的学习进行激励。比如学生的运动技能，教师可以随时进行即时评价，通过对学生学习过程中情况的了解，在进行学期或学年的终结性评价时，参考对学生学习过程中的形成性评价结果。但有些指标并不适用于形成性评价，比如身体素质、身体形态、人体机能，这三项指标在短期时间内通过体育的学习和锻炼，不会有明显变化，需要长期坚持才能取得成效和进展，比较适用于学年评价或阶段性评价，对学生的体育学习进行公正、准确的评判，充分调动学生学习的积极性。

3. 绝对性评价和相对性评价

绝对性评价是指用目标参考性测试，对学生成绩做出评定，即以预先制定的目标为评价基准，将评价对象与之比较，确定评价对象是否达到目标基准绝对位置的评价。[①] 目标参照性测试通常是依据教学目标或课程标准来测量学生学习成绩，判断学生是否达到要求。绝对性评价可以促使学生主动学习，并根据评价结果及时发现差距，及时做出调整。相对性评价是指用常模参照性测试对学生学习成绩做出评定。即在评价对象群体中建立基准，然后把该群体中各个评价对象逐一与基准加以比较，以判断每一个评价对象的相对优势。利用相对评价价可以了解学生之间的差异，便于比较个体学习成绩的优劣，便于学生在相互比较中判断自己的位置，激发竞争意识。不足之处在于基准会随着群体的不同而变化，评价标准未必能反应教学目标的要求，因而，为改进教学提供依据带来了很大的局限性。

4. 多元评价下的成长记录袋评价

成长记录袋评价是发展性学生评价方式中的一种，义务教育各科的课程标准中，都建议使用成长记录袋作为学生评价的一种方式，另外，在高中的课程标准中也明确了这种评价方法。成长记录袋是学生作品的有意收集，以反映学生在特定领域的努力、进步或成就，它必须包括内容选择过程中的学生参与和选择指南、评分的标准以及学生自我反省的证据。根据使用目的、提交对象以及学生帮助的不同，学生成长记录袋可以有不同的类型，每一种类型在构成上也不尽相同。

---

① 沈建华，陈融. 学校体育学［M］. 北京：高等教育出版社，2010：203.

第九章 课外体育活动、课余 训练和课余竞赛

第一节 学校课外体育活动

一、课外体育活动的概念和特点

（一）课外体育活动的概念

课外体育是在体育课程以外进行的，以健身、保健、娱乐为目的，以提高运动技术水平的课余体育训练以及为丰富学生课余文化生活进行的课余体育竞赛等的总称。课外体育活动是指课前、课间和课后在校内进行的，以全体学生为对象，以保健操、健身活动为主要内容，以班级为基本组织单位，以满足广大学生多种身心需要为目的，促进学生身体、心理和社会适应能力和谐发展的体育锻炼活动。

（二）课外体育活动的特点

与学校体育课相比，课外体育活动具有如下特点。

1. 活动内容的广泛性和活动空间的广阔性

课外体育的内容丰富多彩，远远超出了体育教学大纲所规定的内容，从儿童自发松散的游戏活动到仪式正规的运动竞赛，从娱乐性体育活动、健身性活动到竞技性运动项目等，无所不包。课外体育的活动空间非常广阔，不受体育课堂固定环境限制。

2. 活动形式的多样性和活动方法的灵活性

课外体育活动的形式多种多样，方法灵活多变。例如，课外体育有早操、课间操、班级体育锻炼、运动队训练及校外、家庭体育等组织形式，可以个人活动、小组活动、班级活动，也可以以年级甚至全校的方式进行，还可以以共同兴趣小组、各种学生社团等组织形式开展课外体育活动。

3. 学生活动的主体性和教师指导的辅助性

学生在课外体育中较少受到课堂的限制，活动自选，教师在课外体育活动中

只起到指导咨询的辅助性作用，这就为学生提供了一个充分展示才能，表现兴趣，发挥自己在体育活动中的积极性、主动性和创造性的良好机会。这有利于培养学生的运动才能、组织才能和创造才能，使学生主体地位和作用得到充分的体现和发挥。

4. 组织活动的法定性和学生参与的自愿性

学校课外体育活动是国家法规明文规定的必须开展的体育教育活动，具有法定活动的强迫性质。其中某些活动形式（如早操、课间操）是学生必须参加的，属强迫性体育活动，它对统一确保学生的身心发展和体育教育有规定性作用。但课外体育中的绝大多数活动形式是属学生自愿参与的乐趣性很强的自主性活动，如轻松愉快的自由课间体育活动、自主松散的朋友相约远足以及自由自在充满乐趣的家庭郊游等。

5. 参与对象的群众性和课外训练的精英性

课外体育中的大多数活动都体现出了参与对象的群众性，如早操、课间操、群众性体育比赛等，不仅参加的学生人数多，而且参加组织的人员也多，有校领导、班主任、体育教师、行政干部、团组织和少先队干部等，学校各方面协调配合，才能组织好有关的体育活动。另外，课外体育中还有只有少数人参加的运动队训练，这些人也可指导和带动群众性课外体育活动的发展。通过课外体育训练，提高运动技术水平，努力创造优异运动成绩，为竞技体育培养优秀后备人才。

6. 体育课堂的延伸性和自成体系的独立性

体育课的学时有限，很难满足学生身心两方面对运动的需要。因此，课外体育活动能够补偿学生体育课运动的不足，它是体育课堂教育的延伸，是体育教育的第二课堂。但是，相对于体育课来说，课外体育具有自己的体系和自己相对的独立性。它并不是体育课直接的延伸，也并非纯粹是体育教育的第二课堂。

二、课外体育活动的内容

（一）课外体育活动的分类

课外体育活动的内容十分丰富，只要条件允许，凡是对学生身心健康有益的体育方法和手段，都可以作为活动内容。根据课外体育活动开展的实际状况，可分为与体育课教学有关的内容和学生喜爱的体育运动项目。

1. 与体育课教学有关的内容

体育课教学是学校体育的中心工作，是实现学校体育目标的主要渠道，从一定意义上说，课外体育活动是体育课堂教学工作的延伸，它为学生提供了进一步巩固复习体育课学习内容的实践条件。因此，在课外体育活动中，大多数学生都把复习巩固体育课教材内容作为锻炼的重要内容。

这类内容较为丰富，几乎涵盖了体育课上所有的教材，特别是那些难度较大的或考试的或锻炼价值高的或需要反复练习才能掌握的教材项目，如田径运动的跑、跳、投项目；队列队形练习、广播体操、健美操、韵律操、舞蹈等体操项目；篮球、排球、足球、乒乓球、羽毛球等球类项目；游泳、滑冰等季节性体育项目；太极拳、少年拳、青年拳等武术项目；多种运动性游戏、民间体育项目，如跳绳、踢毽子、跳皮筋、丢沙包等传统体育内容；各种形式的身体素质练习手段等。

2. 学生喜爱的体育运动项目

课外体育活动中，还存在大量的按学生个人兴趣选择的锻炼内容，这也是课外体育活动与体育课的重要区别之一。这种选择形式是课外体育活动中体现学生主体性的重要方面，是提高学生锻炼兴趣和锻炼积极性的重要措施，也是课外体育活动中区别对待的必然要求。目前学生喜爱的项目基本有篮球、足球、排球、乒乓球、羽毛球等球类项目；健美操、跳绳、踢毽子、游戏、单双杠等体操项目；游泳、滑冰等季节性项目以及长跑等，这些项目是多数学生喜爱的课外体育活动首选内容。

（二）课外体育活动内容的选择

如何选择课外体育活动内容，是课外体育活动中一个十分重要的问题，是关系到活动效果、学生参与积极性和培养学生良好体育情感态度的关键所在。因此，在选择安排课外体育活动内容时，应该注意四点。

1. 根据活动目的性选择内容

要根据具体的课外体育活动的目的和任务来选择具体的活动内容。课外体育是复习巩固运动技术，还是增加锻炼时间？是提高运动技术水平，还是营造学校体育文化、丰富课外活动、满足学生需求？不同的目的，课外体育活动内容的选择侧重不同、要求不同、组织不同。

2. 根据锻炼实效性选择内容

不同的项目与内容均有不同的效果。在选择课外体育活动内容时，要注重它的锻炼价值，不要贪多，力图少而精，注重锻炼实效。

3. 根据活动全面性选择内容

由于青少年学生正处在生长发育的关键时期，所以，在选择课外体育活动内容时，要考虑到学生身体健康的全面性，选择活动内容要注重锻炼项目的全面锻炼价值，选择那些具有综合性锻炼价值的项目。

4. 根据项目趣味性选择内容

趣味性强的活动项目，不仅有利于调动学生的积极性，而且能有效地提高锻炼效果。因此，选择课外体育活动内容要尽可能与学生的兴趣结合起来，以利于提高学生活动的积极性和效果。

三、课外体育活动的组织形式与方法

（一）全校性活动和年级活动

全校性活动规模较大，便于统一领导、统一指挥，便于督促、检查、比较、评价，有利于班级之间、年级之间的相互学习和促进，有利于爱国主义教育和集体主义精神教育，有利于加强纪律性教育和集体荣誉感的培养。但因受场地、组织措施、学生个体差别等因素的限制，全校性活动内容的选择余地较小，一般来说适用于早操、课间操等活动。

1. 早操

早操指清晨或上午第一节课前进行的体育锻炼活动。其作用在于迅速唤醒处于休息状态的神经细胞，使之达到适宜的兴奋程度，为一天的学习生活做好准备，还可以锻炼身体，提高机体的适应能力和健康水平。坚持早操还有助于形成良好作息制度，有利于形成体育锻炼的习惯。

2. 课间操

课间操也称课间体育活动，一般安排在上午第二、三节课之间的体育锻炼活动。其作用在于消除学习造成的脑力疲劳和身体的局部疲劳，调节精神，使身心进行积极的休息，达到精力充沛地进入下一节课学习的目的。

3. 全校性课外体育活动

全校性课外体育活动是指列入作息制度以外的全校性的活动，一般有体育节或节假日体育活动两种形式。体育节通常是体育周和体育日。体育周是指在一周时间内，全校都利用课外时间进行各种体育活动。体育日是指利用一天或半天的时间开展广泛的体育活动，通常结合有意义的节日或体育形势（重大国际、国内体育活动）进行。节假日体育是指利用节假日组织开展的各种体育活动。

（二）班级活动和小组活动

班级体育锻炼是指以班级为单位或将全班分为若干小组，在体育教师或班主任指导下，在班干部或小组长带领下进行的体育活动。班级体育锻炼能有效地巩固体育课的效果，是提高《学生体育合格标准》达标率的重要途径，是开展学校传统体育项目的重要组织形式，是落实每个学生每天有一小时体育活动的重要措施。班级体育锻炼能有效地丰富课余生活、调节精神、完善个性、促进学生的全面发展。

班级活动和小组活动的最大特点是生动活泼、灵活机动、方便组织、易于管理、受制因素少、选择余地大、锻炼效果好。班级体育锻炼活动以教学班级为单位，由班体育委员负责组织，其他班干部（包括团支部、少先队、学生会等组织的学生干部）协助、配合。体育教师和班主任老师起指导和辅导作用。小组体育锻炼活动可按学生班级自然分组，也可根据学生性别、体质等因素分组，如成立长跑组、篮球组等。各组由体育积极分子任组长，带领小组开展活动。班级活动和小组活动的内容可根据不同季节、不同的场地器材等条件灵活多样地开展，如做操、游戏、球类、武术、长跑、游泳、登山等。

（三）体育俱乐部（体育协会）活动

校园内的体育俱乐部（体育协会）活动是近些年出现的课外体育活动组织形式，分单项俱乐部和综合性俱乐部两类，其中有一部分带有课余训练的性质，还有一部分则纯属娱乐。学校可根据自身的场地设备、师资力量、体育传统优势等因素筹建。学校视情况下拨一定经费，参与学生以会费形式适当缴纳一部分，社会赞助一部分。学生根据自身的兴趣爱好自愿加入俱乐部，参加符合自身特长和要求的体育活动。体育俱乐部的特点是有组织有管理，有专人指导及经费支持，活动安排具有一定的导向性，活动效果较好，深受学生欢迎。

（四）校外体育锻炼

1. 校外自我锻炼，指学生在课余时间和节假日在学校以外自发进行的体育锻炼活动。

2. 家庭体育，指学生在家长的组织、指导下进行的校外体育活动。

3. 社区体育，是指学生参加的由其所居住地区（或邻近地区）的有关部门组织的体育活动。

（五）小团体活动

小团体体育活动是指有共同体育兴趣爱好和特长的学生自发组成的集体体育活动。小团体成员有可能是本班或其他班级同学，也有可能是不同年级的同学。与俱乐部不同的是，小团体的组织比较松散、自由、经济，成员多少视具体情况而定，相对不固定。共同的目的、共同的体育兴趣爱好和特长使学生自发地组织起来进行体育锻炼活动，交流经验、切磋技艺、互帮互学、相互促进，并通过活动体验成功和快乐，建立和加强彼此间的友谊。小团体体育活动在学生的课外体育活动中具有其他组织形式不可替代的作用，它对于学生体育兴趣的形成发展、锻炼习惯的养成、终身体育意识的培养等都有积极的影响，是学生在身体、心理、社交等方面发展的良好载体。

（六）个人锻炼活动

个人锻炼活动是指学生个体根据自己的兴趣、爱好、需要，按体育锻炼的方法要求，自觉自愿地选择相应的体育锻炼项目，在课外单独进行的体育锻炼活动。个人体育锻炼活动是一项极其重要的体育实践活动，它是学生体育意识觉醒的表现，是学生体育兴趣形成和发展、体育锻炼习惯养成和巩固的重要途径。能自觉进行体育锻炼的学生大多对体育有较浓厚的兴趣。因此，体育教师要积极做好引导工作，扬长避短，充分发挥学生的特点，以点带面，提高全体学生的素质。个人锻炼活动对内容的选择相当广泛，与个体兴趣、爱好、需求的多样性有极大关系。同时，个人锻炼活动与集体活动互不矛盾，两者在一定程度上互相促进，互相转化。

四、课外体育活动的实施

课外体育活动的实施是一个以自觉自愿为主、强制规定为辅、宏观调控指导、微观自主开放为特点的操作过程。

（一）课外体育活动工作计划的制订

课外体育活动工作计划是全校体育工作计划的重要组成部分，它对课外体育活动的顺利开展，对整个学校体育工作目标的达成具有重要意义。由于课外体育活动又是学校课外活动的组成部分，且涉及学校宣传、后勤等部门，需要与相关部门沟通合作，使计划切实可行。

1. 全校性课外体育活动计划

全校性的课外体育活动计划一般由体育教研室或体育教研组在总结上一学年或学期经验、广泛听取各方面意见的基础上制订，报学校主管领导批准后执行。

2. 年级课外体育活动计划

年级课外体育活动计划通常适合规模较大、学生较多的学校，一般由负责整个年级体育教学的老师和年级主任或组长协同完成。计划制订的主要依据是学校课外体育活动的计划以及本年级学生身心发展的特点、体育基础、运动水平等，关键是细化全校性课外体育活动的计划，并安排适合本年级学生特点的课外体育活动。

3. 班级课外体育活动计划

班级课外体育活动计划是为落实学校活动计划或年级活动计划而制订的具体实施方案，通常是在班主任、体育课老师的指导下，由班级体育委员在征求全班同学的意见和建议后制订并实施。班级课外体育活动计划对推动学生课外体育活动有积极的意义，是落实每天一小时体育锻炼的重要保证。

4. 俱乐部体育活动计划

作为新兴的课外体育活动组织形式，校园体育俱乐部趋向于自成一体的组织。体育俱乐部的活动计划由专门负责人根据学校体育工作的总体规划和课外体育活动计划确立自己的目标、任务、运营方式、人员安排、经费预算等，还包括经费的筹措、场地器材设备等的合理配置。由于俱乐部承担着多种任务，计划制订相对复杂，需要统筹兼顾。

5. 小团体活动计划和个人活动计划

由于小团体活动和个人活动相对自由度大，不容易规范管理，计划性较差，尤其是小团体活动，计划性很弱。一般来说，体育教师可以通过指导、咨询、协调等形式介入，尽可能做到有求必应，鼓励、启发学生有计划地进行锻炼，持之以恒。对学生个人的活动，体育教师可以耐心引导、启发学生根据班级课外体育活动计划，结合自身实际，有针对性地做出计划安排，内容可包括个人的锻炼目标、时间、场所、内容、方法以及测评方法等。

（二）课外体育活动的组织实施

组织实施是一个动态的管理过程，对全校性的课外体育活动而言更是一个系统工程，需要学校多个部门的协调配合。一般来说，课外体育活动的组织实施应做好三方面的工作。

1. 确立制度和工作规范

根据学校课外体育活动的计划，由主管副校长召集相关部门确定实施学校课外体育活动的有关制度，并将这些制度纳入学校作息时间内规范管理，保证各项制度有效地实施。与此同时，建立与各项制度相配套的工作规范。

2. 明确职责和工作范围

（1）校领导

校长或主管副校长为全校课外体育活动总负责人。晨操、课间操、大课间活动等全校性课外体育活动要求校长或主管副校长身体力行，亲自到活动场地参与活动，以鼓励学生积极投身锻炼，同时可以深入了解课外体育活动的开展情况，及时发现问题、解决问题。

（2）体育教师

体育教师是课外体育活动的责任人，具体负责编制实施方案并把方案付诸实践。具体职责包括：安排全校晨操、课间操、大课间活动等、选择乐曲、带操等；负责班级活动场所及进退场的安排；协助班主任组织好所带年级的活动等。

（3）班主任

班主任是各班级课外体育活动的负责人。课外体育活动的实施必须充分发挥班主任的作用，通过班主任教育、鼓励、引导和督促学生积极参加活动。班主任的具体职责是：了解和掌握本班学生的运动兴趣、运动习惯、基础水平及体育特长等基本情况；协助学生干部组织本班学生按时出操或开展其他活动；维持本班级纪律和秩序。

（4）学生干部

学生干部主要是指共青团、少先队、学生会、班级以及学生体育协会等组织中的骨干，尤其是班级体育委员对课外体育活动的顺利实施有很大的影响。学生干部的职责是以身作则，组织并带领全班学生积极主动地参加活动。

3. 落实课外体育活动的设计与实施

全校性的课外体育活动应根据课外体育活动计划，由体育教研组（室）负责人协同全体体育教师设计具体方案，征求各方面意见后报主管副校长批准实施。年级课外体育活动实施方案则应由年级体育教师会同年级主任和各班班主任协商编制。

第二节　学校课余体育训练

一、课余体育训练的含义和特点

（一）学校课余体育训练的含义

课外体育训练是指利用课余时间，对部分在体育方面有一定天赋或有某项运动特长的学生，以运动队、代表队、俱乐部等形式对他们进行较为系统的训练，旨在全面发展他们的体能和身心素质，提高某项运动的技术水平，培养体育后备人才。强化课外体育训练对我国从体育大国迈向体育强国具有极其重要的意义。体育强国的标志不仅仅是拿了多少块奥运会金牌，还有体育运动在我国的普及情况和城乡居民参与体育活动的热情，需要通过课外体育训练和竞赛开发我国巨大的体育运动后备人才资源。

（二）学校课余体育训练的特点

学校课余体育训练既有一般训练的特点，也有自身的特点。

1. 一般训练的特点

（1）以提高运动成绩为主要目标

运动训练的结果就是要使运动员在各类比赛中发挥最佳运动水平，创造优异成绩。学校课余体育训练与其他运动训练一样，主要目的是提高专项运动的技术水平，创造优异的运动成绩，因此在训练项目、内容、方法和手段等方面具有相似性。

（2）承担较大的运动负荷

为了使运动员能承受体育竞赛时的极限运动负荷和心理适应能力，在运动训练过程中，应科学地安排生理负荷以及变化的速度和幅度。

（3）训练内容手段的有机联系

参加运动训练的运动员，无论是青少年还是成人，都需接受相同的训练内容，由于他们在身体、技术、战术、心理、智力等方面存在不同的特点，所以，在训练要求、内容、方法与手段方面要做到区别对待。

2. 学校课余体育训练的特点

（1）学校课余体育训练的业余性

学校课余运动训练的显著特点是业余性，即利用课余时间（每天下午文化课学习后以及每年的寒暑假和其他节假日等）进行训练。在校学习期间，应以文化课学习为主，运动训练为辅；而在寒暑假以及临时集训期间，以运动训练为主，坚持全天训练或半天训练、半天进行文化课的学习。

（1）学校课余体育训练的基础性

学校课余体育训练主要进行基础训练，这是由受训学生年龄特征以及运动训练规律所决定的。学校课余体育训练的参加者都是青少年学生，处于生长发育的重要时期，所以，这一阶段要着重抓好身体素质和基本技术的训练，不宜过早对他们施以成年人的训练方法和运动负荷。同时，青少年时期是世界观、人生观、价值观逐步形成的重要阶段，思想的可塑性很强，所以，在运动训练过程中，应该不失时机地对他们进行思想作风和道德品质教育，使他们从小树立起坚定的信念，全面健康地成长。

（3）学校课余体育训练的广泛性

学校课余体育训练的广泛性指凡是愿意参加课余体育训练的学生，不分成绩高低，有无运动天赋，都可以参加课余体育训练。实际上，各级各类学校参加运动队、校代表队或专项体育俱乐部训练的学生人数只占全校学生总数的很小一部分，90%以上的学生不参加训练。如果能以学生体育俱乐部的形式组织课余运动训练的爱好者，就能扩大训练对象的范围，不断壮大运动训练队伍，满足更多学生参加运动训练的欲望，并从中发现和吸收大批有发展前途、热爱体育运动的好苗子。

二、课余体育训练的原则和组织形式

（一）课余体育训练的原则

学校课余体育训练原则符合客观规律，贯彻并运用这些可以保证训练的科学性，提高训练质量；反之，则会影响训练的效果，甚至损害学生的身心健康。

1. 一般训练与专项训练相结合原则

一般训练与专项训练相结合原则是指在整个训练过程中，要根据项目的特点，对象的水平和训练的不同时期、阶段的任务，把一般训练与专项训练结合起来。一般训练是指根据未来专项运动的需要，选用多种多样的身体训练的方法和手段，增进中小学生的身体健康，提高身体各器官系统的机能，全面发展身体素质，改进体型，初步掌握专项运动技术、技能，为进行专项训练，提高运动成绩打好多方面的基础。专项训练是指采用专项运动本身的动作，以及与专项运动技术结构相似的练习进行训练，提高专项运动所需要的身体技能、专项身体素质、专项运动的技术、战术和理论以及提高专项所需要的心理品质，以保证专项运动成绩的不断提高。

一般训练与专项训练在任务、内容以及所起的作用方面是不同的，但其目的都是为了提高运动的成绩。一般训练与专项训练相结合，主要是根据有机体的统一性及各种动作技能、各种身体素质具有相互迁移的作用而提出的。训练经验表明，一般训练与专项训练的结合，就可以使运动员身体、技术全面发展，提高训练效果，这也是不断提高运动成绩的战略措施。

2. 系统性原则

系统性原则是指在整个训练过程中，各学年、各学期的训练目标、内容、指标和要求，要做到层层衔接，打好基础，提高课余体育训练成绩，为培养和输送优秀体育后备人才而进行系统、不间断的训练。系统性原则是掌握知识、技术、技能和形成条件反射暂时性联系的要求而提出来的。因为知识、技术和技能之间是互相联系的，条件反射的形成和巩固必须坚持不间断地系统训练。

3. 周期性原则

周期性原则是指整个训练过程按照一定的周期循环往复地进行，而每一个周期都在前一周期的基础上不断提高要求和训练水平。周期性原则的依据是竞技状态形成的客观规律。竞技状态是指运动员达到优异运动成绩时所处的最适宜的状态。这种状态反映在思想、身体、技术、战术与心理等各个方面都为创造优异的运动成绩做好充分的准备。竞技状态是通过训练获得的，它的发展过程一般分为三个阶段，即获得阶段、相对稳定阶段、暂时消失阶段。竞技状态发展中的三个阶段紧密相连，并形成一个周期性的循环。人们根据竞技状态发展的这一规律把训练分为准备期、竞赛期和修整期三个相对应的时期。因此，从某种意义上说，运动训练过程就是控制竞技状态发展的过程。

4. 合理安排运动负荷原则

合理安排运动负荷原则是指在训练过程中，根据训练目标、训练对象的水平，逐步加大运动负荷，在总负荷加大的趋势下，合理调整大、中、小负荷，提高人体机能、保证训练效果的良性积累。合理安排运动负荷原则的主要依据是疲劳与恢复的相互关系，超量恢复规律以及生理反应规律。现代运动训练的经验证明，量大、强度大的负荷训练是提高运动成绩的关键，但究竟多大的运动负荷才是对运动员最适宜的，这要根据训练目标和对象水平科学合理安排，才能达到理想的训练效果。

5. 区别对待原则

区别对待原则是指在训练中要根据学生的个人特点，有针对性地确定训练目标、内容、手段、方法和运动负荷。个人特点包括年龄、性别、身体条件、训练基础、思想状况、心理品质、个性特征以及文化知识水平等方面。区别对待原则是依据运动训练过程基本上是一个个人的训练过程，并具有明显的个人针对性的特点提出来的。

（二）课余体育训练的组织形式

1. 学校运动队

学校运动队是我国课余体育训练最常见、最普遍的组织形式，也是我国课余体育训练最富活力的训练组织之一。无论是在体育传统项目学校、体育运动后备人才培养试点学校，还是在普通中小学校，都有这样的学校运动队。在体育传统项目学校，一般有一个或两个具有广泛群众性和较高水平的项目运动队，它们得到教育局和体委有关部门的关心与支持，其运动队训练工作纳入了学校的常年计划。而在体育运动后备人才培养试点学校，这样的学校运动队则更具规模，目的在于对部分德、智、体、美全面发展的学生，加强系统、科学地训练，不断提高运动技术水平，创造优异运动成绩，培养优秀体育后备人才。许多普通中小学校，为了贯彻落实党的教育方针，落实普及与提高的体育方针，也成立了学校体育运动队。

学校运动队的目标非常明确，主要是提高运动水平，代表本校参加各种级别的比赛。由于在学校范围内训练，因此，全面发展身体、增强体质、培养良好的思想品德，掌握一定的运动技术和战术等成为学校运动队的主要任务。实际上，由于在训学生与本校其他学生的联系紧密，学校运动队在促进学校课外体育活动开展，普及体育运动知识和技术等方面起到了积极的作用。此外，学校还有班级运动队、年级运动队等。由于这些运动队的成绩直接关系到集体荣誉，因此，其组织结构严密，各项工作有保障，训练也颇有成效。

体育传统项目学校和体育运动后备人才培养试点学校的学校运动队，往往是师资与物质较有保障，工作有序，训练系统。运动队训练项目的选择与确定，是上级教育和体育主管部门根据学校的体育传统、师资队伍和指导力量、场地设施条件，以及地理与气候条件综合考虑和合理布局的。对于普通中小学校，学校运动队一般选择学习努力、身体健康、有一定运动专长或具有培养条件的学生。有的学校为使学校运动队不断得到充实和更新，除了建立校运动队外，还根据学校的具体条件和学生的运动技术水平及其兴趣爱好，又将学校运动队分为爱好组和提高组，使学校课外体育训练层层衔接，保证后备力量的源源不断。

2. 基层训练点

基层训练点是以一个或两个运动项目为重点的训练基地。有的基层训练点根据青少年学生课余体育训练的需要，由教育与体育行政共同规划，全面布局。有的基层训练点是以一所重点中学为基地，吸收附近学校有特长或有培养前途的学生参加某项运动训练的训练点。

3. 体育特长班

在部分中小学校对部分有运动天赋的学生进行特殊培训，组成体育特长班，旨在发现培养他们的体育特长。体育特长班是由学校组织教师或教练员，招收本校或周边学校中有一定体育特长的学生进行课余体育训练，采用自愿、业余的方式，有的甚至是有偿训练。

4. 体育俱乐部

随着学校体育改革的深入，课外体育活动丰富多彩。学校根据学生的需要，组成了各种形式的体育俱乐部。其中带有运动训练性质的体育俱乐部成为新型的学校课余体育训练形式，这类体育俱乐部由企业赞助，体育和教育行政部门出面组织。中小学校中优秀的体育苗子被选送到体育俱乐部进行系统的培训，然后冠以企业的名称参加比赛，既为企业扩大社会影响服务，又可代表本校参加各类比赛。这种组织形式依托于经济实体，训练条件有充分的保障，是体育社会化和教体结合的又一新形式。

此外，学校课余体育训练还有其他一些组织形式，如民办公助的训练中心、民间协会、训练站点等，其中有些属于纯民办的性质，但是不能排除这些组织训练的学生可能表现出高水平的运动成绩。

三、课余体育训练的实施

（一）运动队的组建

1. 确定训练项目

体育传统项目学校或后备人才培养试点学校的训练项目一般由当地教育和体育主管部门根据体育发展实际和现实条件协调确定。一般学校在确定训练项目时，首先应考虑学校体育活动的基础和传统的体育项目。其次要考虑本校的师资力量、场地器材和生源情况，考虑体育教师的数量与专长，处理好教学与训练的关系。刚开始建立运动队的学校，最好先集中精力从 1—2 个项目着手，在提高水平的基础上，适当扩充与提高。

2. 运动员的选拔

学校课余体育训练的目的在于培养优秀的后备体育人才，所以，选拔和发现适合于竞技体育运动，有潜力取得优异运动成绩的学生显得尤为重要。对于课余体育训练学生的选拔，可以参照竞技体育运动员选材的步骤，即根据运动项目的特点和要求，以科学的方法对部分在校学生进行各种能力的测试和预测，经过一段时间的考察，准确地挑选出各方面条件优越，适合从事某一项目的运动训练人才，通过学校的系统训练，为将来创造优异运动成绩奠定坚实的基础。

课余体育训练的学生选拔，大多数情况下是由体育教师在进行体育教学过程中，凭借自己的运动经验或训练经验发现某些学生具有一定的运动基础或天赋，往往带有一定的主观性和局限性，所以还需要进行相关指标的科学测试，以加强选拔过程的科学性。

3. 指导教师的配备

学校课余体育训练的指导教师或教练员，大多是由本校的体育教师担任，也可以选择其他有体育专长的教师担任。有些条件较好的学校，还会聘请业余体校的教练或体育俱乐部的教练来校担任运动队教练。

4. 规章制度的建立

为了实现学校课余体育训练的制度化和科学化管理，应建立相应的规章制度，包括训练制度、奖惩制度、比赛制度、教练员责任制、学习检查制。

（二）课余体育训练计划的制订

训练计划是指对未来训练过程预先做出的理论设计，是保证体育训练顺利进行和提高训练效果的重要一环。课余体育训练计划要从学校教育的实际和特点出发，结合学生的身体素质、运动能力、生理和心理特点等，根据不同运动项目的特点和训练周期，确定明确的训练目标。学校课余体育训练计划一般有年度训练计划、阶段训练计划、周训练计划和课时计划四类。这四类训练计划是科学组织学校课余体育训练不可缺少的环节，是学校课余体育训练工作的组成部分，也是评价、总结、改进和提高学校课余体育训练质量的重要依据。

1. 年度训练计划

年度训练计划是根据学年教学周期安排的训练计划。年度训练计划的内容通常包括五个方面。第一，上一年度训练情况和本年度的训练目标。第二，身体素质、技术、战术训练及运动成绩所要达到的指标和心理训练的要求。第三，全年训练阶段的划分，各个时期身体训练和战术训练的比重与内容以及训练负荷的安排。第四，参加比赛的时间安排。第五，检查评定训练效果的时间与方法等。

由于学校课余体育训练属于基础训练，比赛任务较少，一般按学期和季节将年度训练计划划分为秋季、冬季、春季和夏季四个训练阶段。还可以根据年度比赛任务和运动项目的特点，按竞技状态发展规律确定训练阶段。

2. 阶段训练计划

阶段训练计划是根据年度训练计划中所规定的各阶段任务、内容、要求和训练次数等制定。阶段训练计划的内容比年度训练计划更为具体，它能使训练内容的安排、主要训练手段的选择和负荷量的确定更加符合训练过程的实际。学校课余体育训练的阶段一般以三个月为准。

阶段训练计划根据训练任务或重点的不同，可以分为基础训练阶段计划、准备比赛阶段计划、比赛阶段计划、恢复阶段计划和临时性短期集训计划等不同类型。制订阶段训练计划要从学生的具体情况出发，明确阶段训练的时间，训练负荷安排的节奏以及阶段训练的重点内容、应解决的难点问题等。

3. 周训练计划

周训练计划是根据阶段训练计划，并结合课余体育训练实际，制订一个星期的训练安排。中小学课余体育训练每周一般可安排 3—4 次，每次训练时间 1.5—2 小时。当然，学生年龄越小，持续训练的时间应相应缩短。

4. 课时训练计划

课时训练计划是基础的训练计划，它是根据周训练计划以及体育训练实际情况，包括学生身心状态、具体训练要求、气候等，对一次训练课所做的具体安排。课时训练计划是教师组织学生训练的主要依据，是上述多种训练计划中各项训练目标与要求落实的具体化。根据课时训练的主要目标和内容，学校课余体育训练课时计划一般可以分为身体训练课、技术战术训练课、比赛训练课、调整训练课和综合训练课五种类型。实际上，无论哪种类型的训练课，其结构与普通体育课的结构基本相同，即一般由准备部分、基本部分和结束部分组成。不同的只是在具体目标与要求、内容与手段、时间与负荷安排以及组织与指导方法等方面存在差异。

四、课余体育训练的内容和方法

（一）学校课余体育训练的内容

学校课余体育训练属于基础训练，是为参训学生将来创造优异运动成绩奠定身体和技术、战术基础。所以，课余体育训练的内容包括为提高运动成绩进行基础训练的一切措施，如对身体、技术、战术、心理等方面的训练。

1. 身体训练

身体训练是指在体育训练过程中运用各种有效手段和方法，增进学生运动员的身体健康，改善体型，全面发展体能素质和运动能力，为掌握运动技术和战术，创造优异运动成绩打好基础的训练过程。

身体训练是技术、战术训练的基础，包括一般身体训练和专项身体训练。一般身体训练经常采用多种多样的手段和方法，旨在提高各器官系统的功能，全面发展体能素质，改善身体形态和姿势，为专项身体训练打基础。学校课余体育训练主要侧重于一般身体训练，包括力量、耐力、速度、灵敏度、柔韧等各种身体素质的训练，并以此作为专项身体训练的基础。只有对运动水平较高或参加了多年系统体育训练的学生，才采用与专项运动紧密联系的专门性练习，以进一步提高学生运动员的机体功能，发展专项运动素质，保证运动技术和战术的顺利掌握以及在比赛中的有效发挥。

学校课余体育训练中的身体训练，要根据不同年龄阶段学生身体素质发展的敏感期，进行针对性的训练，促使该素质在相应的年龄阶段得到充分的发展。同时，还要通过全面的身体训练，使他们身体各器官系统功能和综合素质得到整体提高，并逐步发展专项运动素质。此外，在年度训练计划中，要根据运动项目的特点，不同阶段的训练任务和训练对象的具体情况，确定身体训练。

2. 技术训练

技术训练是指学习、掌握和提高运动技术的训练过程。技术是提高运动成绩的重要因素。只有掌握先进技术，才能充分发展运动员的身体能力，创造优异的运动成绩。技术又是形成战术的基础，全面和熟练的运动技术，可以增加战术数量，提高战术的质量。技术训练包括基本技术训练和高难技术训练。基本技术是专项运动技术的主要部分，是掌握高难技术的基础 高难技术是与基本技术相对而言的，是指专项运动技术中难度较大，比较复杂和要求较高的一些动作。

遵循动作技能形成规律，运动技术学校对运动员的培养要经过三个阶段。掌握基本运动技术结构的初级阶段，进一步加工运动技术的中级阶段和实现运动技术自动化运用的高级阶段。可见，运动技术的掌握是一个循序渐进的过程。

3. 心理训练

心理训练是指在运动训练中，有意识地对学生运动员的心理过程和个性特征施加影响，使他们学会在训练和比赛中调节自己心理状态的训练过程。在学校课余体育训练中，针对学生的不同年龄、性别、训练水平等实际情况，要有目的地加强心理训练，培养学生运动员的心理调控能力，提高心理稳定性，以使他们适应任何复杂的比赛环境，充分发挥最佳的运动水平，创造优异的运动成绩。

4. 战术训练

战术是在一定的身体训练和技术训练基础上，根据比赛的需要形成的。是一种根据比赛对手的水平和外部情况，正确分配力量，充分发挥自己的特点，限制对方特长，争取比赛胜利的行动方案。战术可分为一般战术和专项战术，学校课余体育训练以一般战术训练为主，旨在适应一般性比赛的规律和特点。无论是个人项目还是集体项目，都存在比赛战术的运用。战术是运动员在复杂多变的比赛中，及时关注和观察比赛情况，随机应变，迅速而正确地决定自己的行动或与同伴默契配合的一种心理素质。在一定情况下，正确地运用战术，能以弱胜强，反败为胜。

5. 品德与作风训练

学校课余体育训练是一个培养人、塑造人的教育过程，其最终目的是把学生运动员培养成为社会所需要的全面发展的一代新人。因此，在体育训练过程中，可以根据学生的年龄特征与心理发育程度，进行针对性的教育，使他们明确训练动机，端正训练态度，在训练过程中进行爱国主义和集体主义教育，培养勤学苦练、克服困难、勇敢顽强、坚毅的意志品质和顽强拼搏、团结协作的精神，塑造尊重同伴和对手、胜不骄败不馁、赛出风格赛出水平的体育道德风尚。在学校课余体育训练中，要结合训练和比赛的实际，有目的的采用多种形式进行品德。在日常训练和比赛中严格要求、持之以恒、循循善诱。

6. 智能训练

智能训练是指有计划地安排学生运动员学好文化知识和提高体育科学素质，培养他们的观察力、记忆力、想象力以及各种能力，提高他们的智能水平的训练进程。在课余体育训练中，要把智能训练列入训练计划，培养学生自觉学习文化、体育知识和发展智力习惯，采用多种方法和手段，以提高智力训练的效果。

（二）学校课余体育训练的方法

课余体育训练的效果，在很大程度上取决于训练方法的正确运用。在学校课余体育训练中，除了要正确运用体育教学的各种方法外，还要根据课余体育训练的特点，广泛采用重复训练法、持续训练法、间歇训练法、变换训练法、综合训练法、竞赛训练法等。

1. 重复训练法

重复训练法是不改变动作要素、结构及负荷数据的情况下，反复进行练习，而且练习间歇保证机能能力基本恢复后（心率在 110 次／分以下）再进行下一次（组）练习的一种训练方法。重复训练法广泛用于发展运动员的身体训练，技、战术训练以及意志品质等方面的训练，可把强度提高到极限或次极限（90%—100%），发展最大力量和最高速度。

2. 持续训练法

持续训练法又称连续训练法，是指在相对较长的时间里，用较稳定的强度，无间歇地连续进行练习的一种方法。持续训练法通常用于发展一般耐力，如长距离的跑步或游泳，排球连续垫球或连续做多次滚翻练习，体操中的单个或成套动作的连续重复练习等。

3. 间歇训练法

间歇训练法是指一次或一组练习之后，按照严格规定的间歇时间和积极性休息的方式进行休息，在运动员机体未完全恢复的情况下（心率 120 次／分以上）

就进行下一次（组）练习的方法。间歇训练法能有效地提高呼吸和心血管系统的机能，特别有利于提高运动员的心血管系统的机能。

4. 变换训练法

改变动作组合以及变换练习的环境、条件等情况下进行训练的方法。它的运用非常广泛，如为了提高运动员对比赛的适应能力，为了培养运动员的多种运动感觉等而变换训练环境和条件。

5. 综合训练法

综合训练法就是把重复法、变换法、间歇法、竞赛法等结合起来运用的方法。综合训练法有两种主要组织方式：一种是将这四种训练法综合运用，另一种是循环训练法。循环训练法是指根据训练的具体目标，建立若干练习站（点），运动员按照既定的顺序、路线，依次完成每站（点）的练习，周而复始地进行训练的一种方法。循环训练法的主要特征是系统地、有顺序地进行两臂、两腿、腹部、背部肌肉的练习，因此，这种方法既可用于身体训练，发展运动员的一般和专项素质，也可用于技术和战术训练。由于训练负荷相对于教学负荷要大，应注意各项练习的先后顺序。对技术动作的规格要求应更加严格。

6. 竞赛训练法

竞赛训练法是指运动员在比赛的条件和要求下进行练习的一种方法。它不仅是训练的一种手段，是检查训练效果的有效方法，而且能有效地提高运动员创造性地运用知识、技术和战术的能力以及提高身体训练水平，对培养运动员的应变能力和提高运动训练的实战能力等，具有十分重要的意义。根据训练目标，在体育训练中，常用的竞赛训练法包括游戏性竞赛、训练性竞赛、身体素质竞赛、测验性竞赛和适应性竞赛等。

第三节　学校课余体育竞赛的特点

一、课余体育竞赛的含义和功能

（一）课余体育竞赛的含义

课余体育竞赛是指充分利用课余时间，组织学生以争取优胜为目的，以运动项目、游戏活动、身体练习为内容，根据正规的、简化的或自定的规则所进行个人或集体的体力、技艺、智力和心理的相互比赛。课余体育竞赛是实现我国学校体育目标的基本途径之一，它和体育与健康课教学、课外体育活动、课余体育训练相辅相成、相互配合，共同组成了学校体育的完整体系。

（二）课余体育竞赛的功能

1. 综合性

从课余体育竞赛的组成看，它不仅仅是传统意义上田径项目的比赛，更是集竞技、休闲、娱乐趣味为一体的综合性的学校体育活动，也正适合学校全面教育、学生全面发展的目标。因此，课余体育竞赛的综合性符合学校软环境的建设，能够很好地提升校园文化氛围。

2. 竞争性

课余体育竞赛之所以称为竞赛，必然也具有一般体育比赛的特征。从学生的心理上看，在课余体育竞赛中的对抗、争先、竞争意识符合他们的心理特点，同时在竞赛中学生们都会尽可能发挥自己最大的潜能，不断地坚持、突破、超越，从而在课余体育竞赛中得到锻炼和提高。

3. 协作性和教育性

在课余体育竞赛的项目中，有很多是需要一个团队共同完成的集体项目，这就需要团队中每个人都要尽自己最大努力，同时还要注意和其他人的协作，进而增强学生的集体主义荣誉感，提升自身思想道德水平，所以课余体育竞赛具备一定的协作性和教育性。

4. 娱乐性和趣味性

课余体育竞赛是多方面的综合性的竞赛，为了吸引学生参加，其宣传必不可少。主要是课余体育竞赛应包括一些注重兴趣爱好的项目，通过降低竞赛规则，布置人性化场地设施，丰富竞赛内容，使竞赛简单易行，重在参与，并适宜操作，从而做到大众性、趣味性和娱乐性为一体以提高学生运动热情。

二、课余体育竞赛的分类

根据竞赛进行的空间，可将课余体育竞赛分为校内竞赛和校外竞赛。校外竞赛即校际间的交流赛。校内竞赛包括五个方面。

1. 学校运动会

教育部规定各级学校根据自身的条件，于每年的春秋两季酌时开展运动会，学校田径运动会就是适当选择田径项目组成的比赛，它一方面是对学校体育教学及训练的检验，同时也是学校体育活动开展情况的反映，而且还可以考察学校体育人才的水平，不断发现和挖掘人才，为竞技体育后备人才的培养奠定基础。

2. 单项运动竞赛

单项运动竞赛是指只进行一个运动项目的比赛。例如学校进行的田径运动会中的某一个项目的比赛，各种球类比赛等。由于这类比赛项目设置比较单一，组织工作比较简便，易于开展。

3. 单项娱乐性（趣味性、健身性）比赛

单项娱乐性比赛是指由师生自创的，中华民族流传的传统体育以及学生喜闻乐见的体育比赛，例如踢毽子、跳绳、跳橡皮筋等。这类比赛由于不受场地器材的限制，比赛的内容、规则可以由学校自定，对技能要求不高，所以参与面比较广，能充分发挥学生的想象力，调动学生参赛和锻炼的积极性。

4. 季节性单项比赛

季节性单项比赛是指比赛项目对季节（对气温）要求很高的竞赛活动，例如冬季长跑等。由于这类比赛在特定的季节下进行，容易形成学校的传统竞赛项目，且易于激发学生锻炼的积极性。

5. 体育节或称体育周、体育文化节（健身周、健身节、校园体育吉尼斯、健身文化节）

体育节是指将体育竞赛、体育表演、体育文化知识讲座、体育知识竞赛等有机融合的活动。包括体育比赛和表演、体育知识竞赛、体育知识讲座等。体育节将竞赛与表演、参与与观赏运动技能和体育知识普及与提高有机结合，对于丰富学校课余体育文化生活，提高学生对体育知识的了解和参加体育活动的兴趣等，具有重要作用。

6. 校际间交流比赛

校际间交流比赛多为单项交流赛。组织这类比赛的目的是为了加强学校之间的交流，互相学习，共同提高，促进团结和友谊。同时也为了宣传学校，提高学校的知名度。

三、课余体育竞赛的组织管理过程

（一）课余体育竞赛准备阶段的组织管理

1. 确定竞赛组织管理方案

比赛组织管理方案主要内容有：确定竞赛目标，目的任务；确定竞赛规模、时间和项目设置；确定竞赛名称和承办单位；成立竞赛筹备委员会。

2. 筹办委员会职责和组织管理办法

（1）组织机构及职责

办公室——编排制定竞赛日程表；拟定、印刷相关文件和材料；协助筹备委员会开展工作和组织各种会议的召开。

竞赛部门——负责比赛日程和场次的编排；组织和联系参赛队报名；保障比赛场地、器材等设施的正常使用；组织裁判员和参赛人员进行赛前实地考察和学习；编辑竞赛秩序册，定时发送竞赛公报等。

接待部门——负责组织管理人员和参赛人员食宿、交通等相关设施的预定；参加赛会工作人员的迎、送及生活安排等。

财务机构——根据竞赛规模、时间等，制订经费预算。

集资部门——寻找合理的赞助伙伴并制定合作原则。

宣传机构——制定宣传细则，配合集资部门做好广告设置；负责与新闻单位预先联系，为赛会新闻宣传和新闻发布会的顺利召开做好准备。

安全机构——负责赛前组织管理人员及工作人员的食宿、交通等方面安全保卫工作。

（2）赛前组织裁判员培训和安排运动员训练

竞赛裁判员来自不同单位或不同部门，所以执法尺度可能会有所不同，因此有必要统一执法尺度，确保竞赛公平公正的开展。参赛运动员也存在场地赛前适应问题，所以要提前为运动员安排适应场地、气候的时间。

（3）组织、协调召开组委会和参赛联席会

赛前要针对竞赛活动的组织情况和法规政策，与组委会、组织管理机构和参与团队进行赛前指导，同时听取意见，个别比赛还要进行抽签。

（4）筹备过程中的两项重要工作

第一，制定竞赛规程。

竞赛规程是依据竞赛的计划、目的任务及客观条件而制定的全面性、公平性、可行性的政策和规定，是组织者、管理者和参与者的指导性文件，也是促进组织者和参与者公平参与竞赛的法规性文件。所以竞赛规程的制定是十分必要的。竞赛规程可能会因为赛事级别不同而有所差异，高级别竞赛（正规形式体育竞赛）规则主要内容包括：竞赛名称，竞赛目的、任务，主办单位、承办单位、协办单位和赞助单位，竞赛时间和地点，竞赛项目和组别，参赛单位，参赛办法，运动员参赛资格，竞赛办法，录取名次与奖励办法，裁判员队伍，其他事项如相关竞赛的安全、食宿、经费等未说明适宜进行说明。而基层竞赛（非正规形式体育竞赛）会相应的进行删减。

第二，秩序册具体编制办法。

秩序册是竞赛组织管理者组织管理竞赛的根本依据，是裁判员的执法依据，也是参赛队伍的比赛依据。期中成绩册的编排更是参赛者赛前的参考依据。

（二）课余体育竞赛竞赛阶段的组织管理

1.依据组织管理规定全面协调工作

学校体育竞赛无论是国家组织的，还是基层学校组织的，都是一项综合的复杂的工作。赛会过程中任何环节出现问题，都要得到及时处理，不然将会直接影响赛会的顺利进行。所以在竞赛过程中，组织管理者要从全局出发，及时协调各个机构和部门的工作，确保各环节的顺利进行。

2. 维护赛场秩序

赛场是竞赛的舞台，是展示体育内涵、风范的场所。赛会井然有序、积极向上的开展是发展体育精神和体育道德的前提。这就要求在竞赛过程中相关责任部门通过相关手段，预见问题、发现问题并及时解决问题。

3. 加强临场管理

裁判员的公正执法、运动员体育道德的监督和工作人员热情周到的服务与指导，是促进比赛顺利进行的重要因素。对竞赛临场出现的技术问题、违规问题和安全保障问题要给予及时的处理。因此，组织管理者在此环节应该积极监督，加强竞赛的临场管理。

4. 竞赛成绩记录与统计

竞赛的评价途径主要依据竞赛成绩。因此，在竞赛过程中相关部门应该及时，准确的记录好竞赛的成绩，同时也要准确的进行统计，这样既有助于各个项目成绩的临场公布，又有助于下一阶段成绩册的编排和印制。

5. 公布、公告成绩

每一项比赛结束后，应及时的公布和公告成绩及名次，这样既能使成绩发布井井有条，又可以体现出公平公正，更重要的是能使参赛队伍和观众及时了解比赛结果，也有助于宣传部门的研究和报道。

（三）学校体育竞赛结束阶段的组织管理

1. 依据赛会情况，进行颁奖工作

依据对赛会成绩的汇总、参赛队伍参赛过程中的总体表现，评选出优胜队伍和精神道德表现突出的参赛队伍，进行统一奖励。在闭幕式时颁发奖状、奖杯。

2. 印发本次竞赛成绩册

竞赛相关组织管理机构通过对成绩统计的审核，在确认准确无误的情况下，及时编排、制定成册并发放给参赛队伍。不同项目的成绩册的制定方法略有差异，可依据竞赛项目稍作改动。

3. 各部门和组委会进行总结

在竞赛结束后，执行委员会应及时对大会的开展情况进行书面总结，上交组委会并由组委会领导在闭幕式上进行总结发言。同时，各个组织管理部门也应该对竞赛组织管理工作进行总结，形成书面材料并在指定期限内上交组委会，便于主办方和组委会通过各方总结，发扬优点、找出不足和搜集建议，从而有利于以后学校体育竞赛更好的举办。

四、课余体育竞赛的组织管理形式

在学校课余体育竞赛中，由于规模的不同，其组织管理的形式也会有一定的差别。由国家组织的省际、省市县组织的校际之间的体育竞赛目的侧重于选拔优秀的体育竞技运动员，参赛队伍及人员都有丰富的经验，对赛会的要求和程序都十分了解。而基层学校组织的赛会目的侧重于活跃校园体育氛围，增强学生体育意识，参赛者对竞赛的规则、程序不是很了解。因此，竞赛组织管理的过程应该有所差别。这里主要对非正规体育竞赛中组织管理形式的差异情况加以说明。

（一）强化赛前培训，增强参赛人员的竞赛知识

非正规的学校体育竞赛，要在赛会举办前四至五个月，将赛会相关制度、比赛办法和相关项目规则以书面形式发放给每个参赛队伍，同时还应该以不同宣传形式（如板报、广播、体育教学课等）进行宣传。赛前一周，应对参赛队伍、参赛队员进行集中理论培训，以增强参赛人员的竞赛知识，避免竞赛过程中不良事件的发生。

（二）强化裁判员的理论知识能力和应变能力

基层学校（校内）体育竞赛的裁判人员基本是以体育教师为主体，但由于体育教师人数有限，规模稍大一些的体育竞赛将会抽调部分学校行政工作人员担任裁判，这样就可能导致裁判队伍整体裁判水平的下降。因此，在赛前应先明确裁判员裁判组别，分类、分组对裁判员进行培训，规范判罚尺度、判罚规定、临场应变能力等，确保赛会公平、公正。

（三）区分趣味性和竞赛性的差别

基层中、小学（校内）开展的一些体育竞赛，主要以丰富学生校园体育文化为目标，这就要求趣味性浓于竞技性。因此，在竞赛过程中应该主要以观赏性、娱乐性为主，让学生体验体育带来的乐趣。这就要求在组织管理过程中，组织者侧重于后勤安全保障工作，裁判尺度应相应放宽，以达到赛会目的。

（四）基层学校（校内）体育竞赛应以鼓励学生参与为主导模式

基层学校（校内）体育竞赛的开展，应该注重项目设置区别于正规学校体育竞赛。基层学校（校内）体育竞赛组织管理过程中应该以鼓励学生参与为主导模式。扩大参赛运动员队伍，扩展学生个体参赛范围，而不是集中在几个点上。以田径运动会为例，要限制个体参赛运动员的参赛项目数量、规定每个参赛队必须参加项目数量，并与精神文明评比挂钩，从而达到让更多学生体验体育锻炼乐趣的目的。

第十章 体育美育

第一节 体育运动的审美阐释

一、体育运动的审美概述

体育是人们朝气蓬勃的生活中不可缺少的部分，其中包含着丰富的审美因素。体育活动中，大量而广泛存在着美的现象。许多运动项目成为表现美的重要载体，并为艺术创造活动提供了一块独特而富有魅力的沃土，也成为美学研究的新领域。

随着社会生活质量的不断提高，人们要求高度文明的精神生活，提高体育活动的审美情趣，体育中不断渗入艺术因素，一些古老的传统项目也日臻美化。为了满足人们对体育活动日益增长的审美需要，使之能像欣赏文艺节目一样地观赏竞技表演和比赛，人类不断创新出极富审美价值的运动项目诸如艺术体操、健美操、蹦床、冰上舞蹈、芭蕾滑雪、冲浪、帆板、滑冰、花样游泳和健美比赛等，为体育活动增添了更加迷人的魅力。体育活动中有着丰富多彩的美，许多运动项目与艺术发生着千丝万缕的联系，竞技场已成为人们进行审美活动的重要场所。

体育审美是人类有意识培育身体活动所展现出来的美的总称。体育是人类创造的文化行为，是一种相对独立自成体系的社会现象，是依赖身体运动为手段培育人的教育过程。这种文化行为、社会现象和教育过程的某些部分，同时也是人类审美活动的组成部分。

体育领域中有一些独特的审美对象，体育审美是对它们的综合概括，而自身并非某个具体的审美对象。正如艺术美是各类艺术作品之美的总称一样，体育审美是丰富多彩的体育活动之美的总称，以区别于现实生活中其他领域中的美。

（一）体育的审美对象

在体育美学的基础性研究中，首先把握住体育中特有的审美对象，即在体育活动中具有审美价值的东西。身体运动是体育的基本手段，是体育的具体表现手段，因此，体育中的审美对象主要是运动着的人的身体。在体育美学中，身体美、运动美和人文美，是三大重要审美对象。运动美建立在身体美的基础上，反过来又表现身体美；代表人类精神层面的人文美制约着身体美和运动美，构成了人类以身体运动为特有手段所进行的文化行为中表现出的体育美。

（二）体育审美的价值

1. 自然价值

体育的自然价值是反映在生物学意义上的功利需求，来自体育对人体培育和锻炼的生物性效果，也可以说是遵循自然规律的身体活动对人的身体自然属性所产生的积极作用。体育给人们带来的这个最基本的好处看得见、摸得着，是实实在在可以发生在每个人身上的效果，是体育为满足人类在大自然中延续生物性存在的最基本的功能。在这个基础上，引申出其他价值。体育在生物学意义上的自然价值，反映在体育活动所带来的强身健体的效果上。这种效果清楚地显示在每一个参加体育锻炼的个体身上，它作为体育的基础性价值举足轻重，以致人们在很长的历史时期几乎把它等同于体育的全部价值。

2. 社会价值

体育作为疏导人类攻击性（进取性、侵略性、破坏性）的社会安全阀门，体现了稳定社会的价值；同时，体育又成为人们休闲娱乐的重要方式。随着人类社会的发展，体育的社会价值将随着需求的递进而演变，分量将不断增加。

3. 人文价值

体育的人文价值，是体育满足人的文化需要的程度，是关于体育中代表人的生存状态和方式的价值。体育活动是人类为自由发展而能动地设计出来的一种满足自身创造性欲望的身体运动方式。体育带来的人文之美，以多层面的健康诉求作为象征，浓缩了体育的文化内涵，具有深远的研究价值。在体育活动中，人的价值高于一切。体育的主要作用、主要功能、主要目标，最终都只能指向人的发展。

体育人文价值的外化形态是体育文化。体育文化的出发点是对人性的尊重，注重人格的充分发展，具有人文主义的精神蕴涵。体育的人文价值，是体育的属性和功能在满足人类对自身发展需要的过程中形成的一种抽象关系，是体育如何塑造人、培育人的一种内在评估标准，它为人们建立正确的体育价值观提供支撑。这种价值既反映了因人类而存在的尊严以及通过体育活动实施的人文关怀，也体现了人文精神通过体育行为所表达的人类的情感、旨趣、欲望和审美理想，最终凝聚为体育未来发展的航标。

二、体育美的内容

（一）体育运动中的身体美

1. 身体美的概念

身体美是人类健康的身体所呈现的美。它是一种由机体良好的生理和心理状态综合显示出的健康之美，是生命之美。体育活动能可持续塑造人类的身体美，具有特殊的人文价值。体育活动中最充分和最丰富地展示了充盈着生命力的身体美。这种美主要在运动的过程中表现出来，只有通过锻炼才能得到。

2. 身体美与人体美的关系

身体美是现实生活中的一种美，是进行生命活动的有机体表现出来的动态变化之美，它是创造、概括、提炼艺术作品中人体美的源泉，其标准具有时代性但却是相对稳定的。身体美是有层次地贯通了生机的整体，而人体美主要指人体表面轮廓的美。身体美是动态的人体美，人体美是静态的身体美；身体美是人体美的源流，人体美是身体美的升华。

身体美不但能包含主要表现身体轮廓的人体美，而且还有许多人体美所不能涵盖的内容。同时，身体美作为现实中一种独特的审美对象，与体育活动这种社会文化现象有不可分割的关联。身体美是人类对自己身体可感形式上的最高追求。影响身体美最主要的因素是体育。丹纳在其名著中称赞"体育教师是真正的艺术家，不仅把人体练得强壮，行动迅速，有抵抗力，而且还求其对称、典雅。"

3. 身体美的主要内容

人类的身体是有生命的活体，它能显示出自然结构的美，主要表现在人体外部匀称而协调的体态、形状方面。

（1）体型

体型即人类身体结构的类型。体型的美丑主要由受遗传和环境因素影响的人体骨骼比例以及脂肪蓄积和肌肉发育程度所决定，因此，体型不是一成不变的。目前，一般将体型分为肥硕粗壮的超力型、匀称适度的正力型和单调细长的无力型三种，又称肥型、中型和瘦型。端正、均匀、协调的健壮体型能给人带来愉快的美感。体型受遗传影响并在其基础上发展。体型的改善即是体育的根本目的之一。健美的体型不仅能反映出民族体质的增强，而且还表现出一个民族的气概和精神面貌。经常进行体育运动，能逐渐改变和美化人的体型。

（2）肌肉

控制身体平衡要靠肌肉。如果缺乏锻炼，肌肉无力，就会表现出因缺乏控制而造成的难看的身体姿态。肌肉约占人体重量的40%，发达而富有弹性的浅层肌肉，是构成身体曲线美的基础。身体形态可因肌肉体积的大小而发生变化。体育活动是唯一能有效地使肌肉均衡发展的手段，体育锻炼对于身体美的形成具有举足轻重的作用，尤其对通过发达肌肉来改善形体的效果更为明显。身体的形态美与肌肉的均衡丰满关系密切，如三角肌发达，肩膀宽阔；胸大肌发达，胸廓丰隆；背阔肌发达，腰肢挺拔，肚腹扁平，对于女子更有助于形成胸部的曲线美。

（3）皮肤

人体通过皮肤焕发光彩。构成皮肤美的三要素是颜色、光泽和洁净。皮肤新陈代谢好，血脉畅通，水分和皮脂较多，会呈现红润的颜色，无论白里透红或黑里透红，均能给人以健美的感觉。光泽是生命力旺盛的健美皮肤的又一标志。皮肤的美观与清洁干净的关系不言而喻。柔软、细腻、富有弹性和光洁感的皮肤才有审美价值。经常参加体育活动，可以增加血液中的红细胞，使肤色红润；通过日光、空气和水浴的锻炼，适量的保健按摩，能使皮肤保持洁净和光洁感。虽然黄种人、白种人、黑种人的肤色有差异，但对皮肤的审美要求却有相同之处。

（4）毛发

毛发在身体美中所占的地位是不能忽略的。毛发集中在头部，这是视觉最易感受的显著位置。毛发中最引人注目的是发型，而其可塑性也最强。

（5）形体

形体即身体的形态或体态。形体美是指身体表面令人悦目的形状和优美的姿态。形体美在身体美的表现中起着举足轻重的作用。形体是漫长的进化过程中高度完善的结果，它能反映大量的曲线变化，丰富而生动。形体美尤能突出身体浑圆的形式美特征，这在人的头、躯干、四肢的水平面上表现出来，还有许多接近于圆形的椭圆、卵形的曲线。饱满浑圆最能反映形体美。体育活动中的健康之美，主要表现在运动着的人体形态上。各运动项目也对人的形体有一定影响，如篮球运动员身材高大、躯壮肢长；跳高运动员腰细腿长、躯短髋窄；游泳运动员肩宽臂长，胸厚臀薄；体操运动员身短肢长，臂粗腿细，等等。在高水平竞赛时为了提高运动成绩，有的项目需要降低体重参与竞争，如举重。而有的项目则需要增加体重保持身体的稳定，如短距离手枪比赛。

经常进行体育锻炼，对身体美的比例均衡会产生积极的影响，特别是能够增加胸背部肌肉的体积，消除腰腹间沉积的多余脂肪，使胸、臀部丰满而富于曲线美。现代青年，应该针对自己身体的不足部分，有选择地参加一些肌肉练习活动，以改善自己的身材，使之更加健美。身体美的内容是丰富且有层次的，除了体型、肌肉、毛发、皮肤、形体外，还有洁白整齐的牙齿、红润的指甲……，这些也是身体美与单纯的人体美的不同之处。

（二）运动美

1.运动美的内在要素

体育美学所研究的运动美，是身体的运动之美，是人在体育活动中表现出来的美，是人类社会文化生活的特殊反映。运动美是从塑造健美身体的过程中表现出来的，在时空上往往转转瞬即逝。它是人在体育活动中生命运动和思维运动的各种形式产生的综合效应，其现象是十分繁杂的。

（1）身体活动

身体活动表现的运动美，主要是在身体形态的美和身体素质（运动能力）的美二者基础上的动作美。动作具有时间、空间、力度三要素。体育中的身体运动在速度、方向、力度上都表现出人的主动色彩。体育的动作在人们的日常生活里并不多，经过严格训练的高水平竞技运动中的动作更是常人难以企及，因此这种动作可被称为是非本能性的。包括对自然动作的回归，带有体育性质的身体活动，都是人类独创的一种文化现象，不断创新的动作具有不同于其他动作的特殊性。

动作美的特点在于准确、干净、敏捷、协调、连贯、舒展而富有节奏。运动中各种运动表现在姿势与结构上的美，是在空间相对稳定时显现的。身体活动是由一个个动作组成，身体从开始位置到结束位置的移动需要动作的变化，即有运动方向、路线、节奏、韵律、力量、幅度、速度等变化。肢体动作的灵巧性、稳定性、协调性、操纵的准确性、定向能力、反映时间、柔韧性、弹力、爆发力、耐力等，均可表现运动美。身体活动在表现为动作美的领域具有十分广阔的空间。动作美具有稳定性、片断性和精确性。一般用运动轨迹表示其线路的空间特征，用速度表示其时间特征。体现动作美需要充分掌握动作技能，熟悉动作的方向和结构原理，这样方能使动作熟练、精确、协调而灵活。

身体活动形态的每一段落都有一定规律，将动作按时间规格化而构成优美的运动节奏，不仅使人轻松愉快，动作自然舒展，而且能量消耗少。将动作空间规格化后，可形成完美而和谐的动作姿态。在运动过程中需要用熟练的技术，把各种动作合理组合起来，表现运动美。技术熟练，动作便显得轻松自如、完美无瑕。遵从运动训练的科学规律，尽可能少消耗而多作功，才能充分表现训练有素的动作美，也才能创造优异的运动成绩。

身体活动的主要目的是锻炼身体，其主要效果是体能的增强。它需要有很强的科学性，需要用审美理想引导身体活动的未来方向。编制运动动作如果能在科学前提下考虑到审美的效果，那对于体育运动的发展不无裨益。体育活动是为了塑造身心健全而完美的人，在其过程中应充分表现运动美。在任何身体活动中，都不应忽视对美的追求。

（2）游戏竞技

competition 竞技是充分发挥人体潜力，提高技术水平的唯一途径。没有比赛和竞争，便难以真正发展体育运动。没有形形色色的竞赛记录，体育的成果在人类文化财富的宝库中便大为减色。竞技反映了体育的特征。竞技是体育活动中最亮丽的人文符号。

竞技者不但要善于操纵自己的身体，还要注意身体与器械的配合，与同伴的默契，以及竞争对手的情况。这样，竞技者要经过训练，观众要懂得方法和规则，对于运动员和观赏者都增加了不少趣味。没有完美的运动技术，没有对运动技术有意识的正确使用，那么真正的运动美就无从谈起。身体运动的技术在不停地变化、更新、发展中，这些发展和变化也包含审美意识的作用，并且，人们在发展新技术的自由创造的同时，也在进行审美享受。

游戏和竞技都离不开技艺。要创造更鲜明更集中的审美对象，离不开最基本的技术。运动的技术必须符合运动的目的；如果把"美"的表现作为运动目的之一，那对于技术的发展一定会产生深远的影响。运动美的核心部分，离不开技术与美的结合。这样，就产生了有关身体运动的技术美。技术的完美反映出运动的科学性；科学的技术动作为表现运动美提供了光辉的前景

现代竞技除了要求运动员有良好的体力和技术外，战略战术的重要性逐渐增强。运动竞赛中的规则与运动美的表现也有极大关系。规则要求参加比赛各方在同等条件下达到某种目标。规则对于项目的具体要求，正如绘画运用线条和色彩、音乐运用声响和旋律表现美一样，体育活动也要在对运动技术、战术进行限制的前提下表现美。教练员和裁判员的相继出现，含有许多学科的知识体系笼罩了运动场，使各种比赛日益复杂化和立体化。其他文化现象的渗透和日益增多的艺术因素，使运动美成为观赏者精神享受中不可缺少的成分。

游戏竞技的审美特点，是以身体动作优美协调的表现力来满足人的审美需求。通过组织周密的游戏活动，宣泄情感，得到真正的美的体验。高水平竞技有特定的游戏规则和严格的技术训练，保证了人们的创造性被承认，并进行了同技术成功不可分割的想象力的练习。能灵巧地完成技术动作的运动员必须具备创造力，运动中严格的技术规定和完成技术的技巧是运动者创造性想象力借以表现的素材。这些游戏和竞技的最单纯的终极目的是休闲娱乐。

（3）休闲娱乐

人类进行身体游戏的活动，其重要的意义就在于它超脱了生物学意义上的身体活动，取得了独立的文化形态，具有自身的存在价值和乐趣，使人融入一种快乐的享受状态之中，不仅使身体机能得到改善，心理上、精神上也得到放松，达到身心平衡的美好境界。体育在本质上尊重人类对身体运动的人文追求，注重人们在自由创造的过程中从事运动，满足人们对休闲娱乐的需求。

身体活动性的游戏竞技，可促进身体各部分组织、机能、各种基本活动能力和身体素质的发展，培养审美的意识。这种审美意识是用娱乐方式获得的，可以培养人的愉快情绪。娱乐是人类在基本的生存和生产活动之外获取快乐的非功利性活动，包括生理上获得快感，更主要是指心理上得到愉悦。娱乐更多的是为了发泄自我内心的情感，人们在欢娱心情达到高潮时才会表演起来。娱乐是人类在基本的生存和生产活动之外获取快乐的非功利性活动，它包括生理上获得快感，更主要是指心理上得到愉悦。仅仅将娱乐归结为感性的消遣、感官的快乐，认为娱乐活动所满足的仅仅是一种低级的生理欲望，是一种没有把快感和美感区分清楚的误会。人类的某些娱乐方式或某些人的娱乐活动只局限于生理快感的层面上，就是由于这样的误会引起的。体育运动要提倡健康、高雅、完善人性的娱乐方式和审美趣味，在身体发育和发展的自然规律的基础上获得愉悦、轻松和自由的快感，充分体现每个人亲自体验的乐趣。这也是把休闲娱乐作为运动美的内在要素的重要原因。

体育运动在休闲时代回归其文化本位，才能具有更多的审美意味。人类的休闲娱乐活动受到经济基础的制约，也受到社会制度和文化传统的影响。休闲娱乐活动是一种社会活动，而不是纯生物活动，因此它应该发展为一种越来越高尚的活动，成为精神文明的组成部分。体育审美提倡对大众身心健康有益的体育休闲娱乐活动，以身体运动为载体，提高人们鉴赏、享受、创造美的能力。休闲是人类各种实践活动的最终目标，娱乐是人类千百年来孜孜追求的享受行为。体育审美要注重人们对于体育活动在休闲娱乐领域拓展的要求，培养人们高尚的情操和优良的品德及审美情趣，提高体育的审美价值。

2. 身体运动的形式美

美总是通过特定形式来显现的，身体运动的美也是如此。形式美也是美的一种特殊形态。人类创造美和欣赏美都要从形式美开始。因此，形式美在体育审美活动和审美教育中都占有重要地位。

（1）形式美的自然因素

形体、色彩、声音是形式美的自然因素，这些因素根据一定的结构原则加以组合，就构成了形式美的组合规律。

第一，形体。表现运动美的形体主要是运动中的各种生动形象，运动中形体表现的形式美，是表现运动美的主体，它由点、线、面、体等不同层面构成。运动中形体表现的形式美，线条具有相当的重要性，即线条作为运动形体构成的基本符号而具有重要的审美价值。线条美是一切造型美的基础，可以说线条是形体造型中运动形式美的基本符号。运动中形体表现的形式美具有审美意味的丰富性，运动形体由于其审美构成的特点而在效果上呈现出丰富的韵味。

第二，色彩。色彩是构成形式美和获取形式美的重要因素。色彩作为表达情绪的一种形式，经过长期积淀，具有象征的意义。即色彩具有一种观念蕴涵特性。面色红润，是健康的象征；红色或橙色，常常表示主体进攻、好主宰的信号，在势均力敌的情况下，身穿红色运动服的选手更容易获得裁判的青睐。色彩因人们的联想而与生活实践的内容形成某种固定的联系，经过长期实践的积淀和演变而带有某种象征意义，成为表达某种观念的象征符号。由于审美意味的复杂性，色彩也具有审美意味的多样性和不确定性。

第三，声音。声音是构成形式美的自然物质因素。声音是表情性最强的情感符号，它的基本特性是类别性和审美意味的情感性。声音作为形式美的因素主要是乐音。乐音的共鸣方式不同，构成各种音色，引起人不同的情感反应。如运动会开幕式运动员入场的时候，只宜演奏激昂而节奏明快的进行曲，冰上舞蹈一般选用旋律优美的舞曲。声音作为富有审美意味的符号能够表达丰富的情感。声音的审美意味，其情感色彩比其他形式符号都更为强烈，同时又是朦胧抽象的，因而造成欣赏者审美感受的不确定性。体育运动中的声音往往是与众不同的，尤其是绿茵场上球迷们如山呼海啸般的呐喊声，具有非常特殊的震撼力。

（2）形式美法则

人类在审美活动中反复提炼，从运动的形式中概括形式美的法则。这种法则有相对独立性，在竞技活动中运用这些法则，可突出各项目的某些特征，促进良好效果。

第一，整齐。整齐是指各种基本材料按相同的方式组合而形成量的关系的重复一致，即同一色彩、同一声音、同一形体整齐重复出现，构成最简单的形式美要素。人的身体构造，生理节律和活动规律，含有整齐的因素。人的外形相似，作为一个正常人的两手两臂、两腿两脚、双眉双眼双耳，大小形状是整齐的；人的呼吸、心跳、行走的步履是整齐的。人类的群体活动，尤其需要整齐一致来达到目的。为了人类自身的生存和发展需要，人们喜爱整齐并将这种喜爱变成牢固的心理倾向。

第二，对称。人可以在自己的身体结构和生理特征中找到对称。以人的鼻梁垂直画一条线，从上到下，体表两侧无不对称。人们总是追求完善、和谐，生理本性上喜爱对称的肢体。

第三，比例。比例是事物形式因素部分与整体、部分与部分之间恰当的数量关系，匀称是指一个事物各个部分比例恰当的状态，比例带来匀称的形式美感。人体的比例大致相同，但存在着一些不太大的差异。比例有个体的差异，有性别的差异，也有人种的差异。这些差异影响到身体运动。因此，即使身高体重一模一样，也不能用一模一样的奔跑技术。最美的比例关系——黄金分割，其产生的根源就在于人本身。黄金分割比例为 1：1.618。黄金分割具有普遍性，是一种最常见的比例关系。

第四，均衡。动作头尾的衔接、照应，训练中强度、密度的合理安排，身体大、小肌肉群的发达程度，都可以体现出均衡的原则。身体运动就是不断打破已有的均衡而达到新的均衡。在体育活动中，保持心理上的平衡相当重要，比赛中组织编排上的恰当，项目分配上的适宜，动作组合中高难动作的合理安排，场地、设施、器材等的合理使用，都能因均衡产生形式的美。

第五，对比。对比可以突出差异，把美的事物中有明显差异的因素相互结合在一起，互相映衬，更加突出各自的特征。当一起出现的两种物体有明显差异时，就会在我们视觉上产生出对比的印象。这两种物体也就成为相互强调的对象。体育比赛如两队对垒，对方的运动服颜色必须是有明显差异的，对比后更加醒目。运动中光线的明暗，线条的长短，体积的大小均可作对比，以增强相互具有的特色。声音的强弱，力度的大小，节奏的快慢，也可以在听觉上造成对比。色彩的冷色、暖色，余色、补色，相互也有复杂的对比关系。

第六，和谐。和谐是指形象中的各成分之间的对立统一的协调关系。在诸多的形式美的要素中，与对比相反，各物并列差别微小，便是和谐。和谐又有融洽、适应、调和、谐调、和声等意思。和谐出现在部分与部分之间，部分与整体之间的统一关系中，给人以形式上的美感，显示出融洽、圆满的一致性。在体育活动中，运动员个人动作的和谐以及与他人的配合默契上的和谐是最重要的。动作和谐与技术美有关，合理的、省力的、高效率的、准确的动作，一般都很和谐，可以反映出动作技术之美。在与队员之间的配合上，尤其是集体项目（如球类），和谐就是心理上良好的"战术意识"的外在具体表现。和谐是形式美表现事物整体对立统一关系的完美形式。运动辅助设施、器材、服装，如果想使其和谐而不产生对比，在颜色上就不能置黑白、红绿于一处，而应将红与橙、黄色放在一起。在身材配搭上（如花样游泳）就应避免一高一矮或一胖一瘦。

第七，曲线。在线条方面，直线表现刚劲，曲线表现柔和，波状线表现轻快流畅，交错线表现激荡，平等线表现安稳。线条构成的形式能带来一些奇妙的感觉，如△带来稳定感，o带来滚动感，→带来前进感，§带来旋转感，∧带来挺拔感，⌒带来开阔感，≈带来流动感等。掌握运动中线条变化而带来的形式美，对于编排集体表演项目尤为有用。曲线在审美活动中有重要意义。它一方面使线条处理的对象由平面转为立体，另一方面把线条的运用紧密联系画家的想象和艺术构思，从而赋予线条美以生命。曲线的自由性使其成为美。曲线体现为一种流动性，有流动美、动态美。曲线是渐变的。人的身体没有直角，各处的突起都是程度不同的弧形，尤其是女性，起伏的曲线更明显，给人以轻柔、流动的印象，表现为婉转流畅的阴柔之美。运动员们跑、跳、投都有各种弯弯曲曲的轨迹。在一些对抗性项目中，运动员为了避免对手的攻击和阻截，要晃动身体做假动作，造成优美的曲线。韵律体操的彩带在空中划出瞬息万变的曲线，寄情于线，以线传情，情线交融，抒发着运动者的美好情感，构出一幅美妙的动态画面。

第八，节奏。节奏是运动美的神经。人的各种运动形式，如能自觉地根据生理的节律进行会取得优异成绩。这在跳高、跳远、跨栏、球类等项目中特别明显。"对节奏的敏感，正如一般音乐能力一样，显然是人类的心理和生理本性的基本物质之一。"[①]从生理上看，人的运动都是在神经系统指挥下有节奏地进行。如走路，两脚要均匀交替，两手要前后摆动，保持身体平衡向前。做其他重复动作，也离不开节奏。节奏为运动带来韵律之美，是由它自身的特点所决定的。首先，节奏本身就是运动的。任何节奏只要停止，运动便告终结。因为是运动的，所以节奏受时间条件的制约。节奏加入形象的语言表现情感，便成了诗；加入音调，便成了歌；再加入动作，便成了舞。节奏加入了各种健身的运动，增添了韵律，在生理上符合人的需要而带来快感，并产生美感以满足人的精神享受。其次，节奏的周期带来力度的对比。如音乐中最基本的拍子，有强弱的周期性。在形成节律的一系列运动中，节奏必须贯穿始终，才能构成一个完美的整体。从整体中割裂出一个独立部分，将破坏节奏的完整性。有的人常常单个动作很准确，连贯起来就缺乏节奏。再次，节奏的快慢一定要适当，保持在人类生理所能接受的范围内，才能作用于审美感官。极快或极慢的节奏，不仅身体活动难以适应，而且会失去艺术节奏的意义。

第九，多样化统一。多样化统一是说形式美的规律要求不能一味追求至整齐和统一而忽略多样的变化，也不能为多样的变化而舍弃统一，必须把这两个方面结合起来，才是最高规格的形式美。形式美法则很多，多样化统一在某种程度上包含了众多的法则。如整齐、对称、均衡等，都可以成为它的一个侧面；其他法则如果在具体运用中发生矛盾，必须服从多样化统一的规律。例如，在动作中片面追求整齐和对称，可能显得单调而呆板，为此就要舍弃一些对称和整齐，以求得整体在变化中的统一，达到更高一级的均衡和协调关系。

多样化统一能够表现出生动性和完整性，适宜于表现宏观的形式美。在很多具体的局部，多样化统一的原则也能实施。人类的生活丰富多彩色，生动活泼，在关系到人们健康和娱乐的所有身体运动中，多样化统一的原则统领诸多的形式美法则，在体育这个领域的审美活动里发挥着日益重要的作用。

---

① ［俄］普列汉诺夫. 论艺术. 上海：三联书店，1973.

（四）体育活动中的人文美

体育人文精神的核心，就是维护人类的健康，满足不同层面的健康需求。为人类社会创造健康的美，是体育的最终目的。健康美包括身体的健康美、精神的健康美、行为的健康美。身体的健康美，是为保持身体构造的健康状态而产生的，即通过体育锻炼而获得的健康的外部形态、健康的内脏机能和健康的运动机能所能表现出的美。精神的健康美，是为表现性格健康的美，包括纯朴、明朗、有创造力等丰富的感情，积极、努力、忍耐等顽强的意志，观察、思考、探索等高度发达的智力，热爱、体谅、互助等基本的道德观念，等等。行为的健康美，是以社会性为基础的行为美，即光明正大、有组织纪律等行为。行为美是精神美的外化，可以表现出心灵美。

体育是健康的审美教育。健康美是体育活动中大量显现出的一种审美特征。它是体育有别于其他领域的美的主要标志，是体育美区别于其他审美对象的特质。体育充分地展示了生命之美，使它在运动的过程中表现出来，通过锻炼而凝集为健康美。健康美反映了体育增强体质的社会需要和效果，是善与美在体育中的高度统一，成为体育人文美的集中表现。

（五）体育活动中的竞技美

运动竞赛是根据一定规则进行的竞技性娱乐活动，是一种重要的体育审美活动形式。对竞技运动的观赏，在满足人们审美需要方面起着特殊的作用。

1. 体育竞技的审美特性

（1）真实性

体育竞赛具有强烈的竞争和公平的比赛，这种竞争是以真实的直接对抗比赛形式出现的，以尽可能透明的状态呈现在观众眼前。

（2）新奇性

体育竞赛的吸引力，是由于人们渴望新奇观赏的精神需要而产生的。因赛场多变和结果难料，这种吸引力并不因观赏愿望的暂时满足而消失，而由于新的观赏需要的产生，将大大加强。

由于环境、气候、运动员的竞技状况等诸种因素的综合影响，比赛场上瞬息万变，结果常常出乎意料，产生强烈的惊奇感。竞赛就造成了种种悬念，赛前引起种种猜测。运动往往会产生出乎意料和偶然机缘的惊奇感，这种惊奇感是美感的一个重要因素。紧张的竞赛能造成设想、悬念、担心、高兴、出人意料等。运动竞赛主要是展示人们生物性方面的对抗性矛盾，通过身体运动来解决这种冲突，嘉奖优胜者以使运动技巧不断得以提高。人体复杂的具体动作，观者触景生情，激起强烈的共鸣，唤起独特的情感体验。有些激烈的比赛产生出人意料的变化，甚至使观众狂热得不能自持。

现代的社会是开放性的，当代观众们的审美心理和审美要求急剧变化，竞技动的内容也不断调整以适应这种变化。当代体育比赛的组织者在比赛前就紧张而细致的装饰比赛现场。各种旗帜、标语要保持五光十色而错落有致的映入眼帘，为观众提供比赛热烈气氛的心理暗示。关键比赛之前要放火焰。腾空的焰火把人们的情绪也推动起来。现场解说员用富有变化的嗓音对比赛队员的入场进行说明，其伴随着灯光的变幻将观众的注意力完全吸引。观众为每一位球员而欢呼，一次欢呼就是一次成功的情感表达与渲染。拉拉队在比赛空隙进行的表演，保持观众注意力的集中，不会因比赛的暂时中断而分散。观众摇旗呐喊，兴奋和激动情绪弥漫于比赛场地之中。

（3）娱乐性

对竞技活动的观赏，是体育的娱乐性社会功能的表现之一。虽然娱乐观赏的重要性永远不会超越体育的健身目的，但它在人类现代生活中所占比重是越来越重了。竞技的娱乐性与文艺的娱乐性是有差异的。例如，竞技水平越高，观众越多。如果有一场普通运动员的比赛和一场优秀选手的比赛，人们愿意看后者。业余队的竞技和职业队的竞技相比，人们也是愿意看后者；区域性的小比赛和国际大赛相比，人们还是愿意看后者。而欣赏艺术作品却未必如此，获得诺贝尔文学奖的小说许多人不爱读；驰名世界的交响曲却不及一首流行歌曲招徕听众；荣获奥斯卡金像奖的电影或许票房价值还不及一部武打功夫片。一种文学艺术作品的欣赏，其参与人数、集中程度、影响的范围，都远不及一场世界杯足球赛。

第二节　体育美育教学

一、美育的发展历史

美育也称审美教育或美感教育，是培养受教育者正确的审美观，增进其审美能力、创造美的能力为目的的教育。美育既是美学的一个组成部分，也是教育的一个组成部分。美育是按照美的标准培养人的形象化的情感教育。它以特定时代、特定阶级的审美观念为标准，以形象为手段，以情感为核心，以实现人的全面发展为宗旨。通过美育，可以使人具有美的理想、美的情操、美的素养，具有欣赏美和创造美的能力。审美教育主要是培养审美能力和审美理想，它关系到内在人性、心灵的塑造。从这个意义上讲，审美教育是美学研究的最终归宿。

"美育"一词，虽然提出较晚，正式使用也只是近代的事，但是，美育作为人类的审美实践可追溯到远古年代，可以说，当人类开始与周围世界发生审美关系时，就开始了美育活动。

早在 2000 多年以前，孔子便对美育很重视，把乐、礼与射、御、书、数并列为六艺；把《乐经》与《易》《诗》《书》《礼》《春秋》并列为六经。孔子所指的"乐"，不仅指音乐，还包括诗歌、舞蹈，属于美育。孔子所讲的"礼"，就是社会政治制度和伦理行为规范。孔子以六艺教授弟子，把礼乐列为六艺之前列，说明他对美育的重视。当然，孔子是立足于礼而重视乐（美育），是以美育为手段为德育服务的。他认为必须借助诗歌的激发和音乐的熏陶才能使礼获得成功，不能单是枯燥无味的说教和行为训练。孔子认为要治好一个国家，没有"礼"不行，没有"乐"也不行，"礼"可以安土治民，"乐"可以移风易俗，二者相辅相成。因此，他特别重视音乐的作用，他说，"乐"能以"修内"（在人的思想上发生作用），"礼"能以"修外"（在人的外在行为上发生作用）。可见，当时的孔子，已经看出美育的情感性的特殊作用。孔子之后，荀子对美育思想有进一步发展。荀子不仅认为文艺可以大齐天下、美政、美人、美俗，起着安定社会，培育人才，移风易俗的作用。荀子不仅强调了美育的重要性，而且看到了美育"人"、"化"作用的特殊性。

在西方，古希腊哲学家柏拉图、亚里士多德也早就重视美育，提出了艺术对调节情感的重要作用。柏拉图注意到自然美和艺术美的美化人的心灵，陶冶人的性情，他要求画家把自然美描绘出来，让青年们像住在风和日丽的地带一样，天天耳濡目染于优美的作品，使他们不知不觉地"从小就培养起对于美的爱好，并且培养起融美于心灵的习惯"。通过美育，可以提高认识，获得知识，陶冶情操，在紧张劳动之后，还有娱乐消遣的作用，消除疲劳，获得精神上的愉悦和满足。

18 世纪德国的席勒在《美育书简》中第一次提出了"美育"这个词，并正式把它作为一个专门独立的理论问题加以研究，对美育的内容、性质和任务及其社会意义进行系统的阐述和分析。席勒认为：人在现实生活中是不自由的，既要受到自然力量和物质的强迫，又要受到理性和法制的强迫。人怎样才能获得自由呢？从感觉的被动状态到思想和意志的主动状态这一转变过程，只有通过审美自由这个中间环节状态才能实现。总之，若是要把感性的人变成理性的人，唯一的出路就是先使他成为审美的人。在席勒看来，美育不仅是使人性获得完善的手段，还是实现政治自由的手段。席勒美学思想的错误在于离开具体的物质基础，没有摆脱资产阶级"人性论"的局限，过分夸大审美教育的作用，以为单凭审美教育就可以达到理想的政治目的，这只能是空想。席勒的美育观是他的唯心史观的反映。但是，他强调美育的巨大作用，他提出的美育可以促使人性获得完善的思想，对研究审美教育和人的全面发展，具有一定的参考价值。

我国近代美育思想始于王国维,最早把西方美学思想引进中国。王国维认为人的本质是受生活的欲望所支配,而生活之性质又不外乎痛苦,要摆脱生活之欲望带来的烦恼,只有求助于美和艺术,因为美和艺术可以使人超脱生活之欲望带来的痛苦。因此,美和美感都是超功利的,反对把艺术和美育作为政治的手段。教育的宗旨在于培养"完全之人物",即身体能力和精神能力两方面都得到和谐的发展,也就是培养全面发展的人,并明确提出要把美育列入全面发展的教育宗旨之中。

如果说,把美与教育结合起来作为变革社会的有力手段的观点在西方的代表是席勒,那么,在中国的代表就是蔡元培,他是我国近代美学史上有重要贡献的教育家和美学家。蔡元培特别强调审美教育的重要性,把美育列为学校教育的内容之一,对美育的理论作了全面系统的论述和发挥,并提出了一套实施美育的方案。他认为美育可以"陶养吾人之感情,使有高尚纯洁之习惯,而使人我之见,那已损人之思念,以斯消沮者也"。蔡元培把美育比作神经系统,起传导的作用。他还提出了把体育作为美育的重要手段,他认为:"体操者,一方以健康为目的,一方实以身体为美的形式之发展,希腊雕像所以空前绝美,即由于此。"

蔡元培作为美育的开拓者、先行者,是有功绩的。但是,由于他的美学理论建立在资产阶级人性论的基础上,又受历史条件的限制,因此他的美育思想和一些具体设想很难实现,在实践中所起的作用也是有限的。

综观美育思想的历史发展,虽然中外的思想家、美学家、教育家从各自所处的不同地位和不同生活历史条件,提出了许多有价值的美育思想,但是,由于他们脱离社会实践,脱离社会生产方式去考察美育问题,因而难免带有历史唯心主义或空想的性质。

二、体育美育教学的原则与功能

(一)体育美育教学原则

在现代体育教学中,融美育于体育教学之中,这是一个带有普遍规律性的现代体育教学原则,也是实现体美共育的基础和前提。在体育教学活动过程中,实现体育与美育的结合必须遵循一定的审美教育原则,运用相关的体育美学原理指导体育教学,适时适量地渗透美学教育。

1.体美共育原则

体美共育原则是指在体育教学活动中,体育教师按照美的规律和体育运动的特点,对学生进行体育审美教育,既不违背体育的发展要求,又不脱离美的规律,是体育教学活动中审美教育的主要原则。体育与美育相互交融,在体育教育过程中,不可分割。

在教学过程中，体育教师遵从美的规律组织教学活动，通过广泛存在于体育教学中美的规律来发展学生技能，增强学生体质，培养学生的审美能力，并提高美的欣赏水平，铸造学生美的心灵，从而实现体育与美育的完美结合。在此过程中，美育是一种方法，而体育既是方法又是载体。在进行体育审美教育时，不但要充分运用美育发展良好的审美情趣，还要结合体育运动，更清晰、更全面地展现体育的美。

要实现体美共育的原则，首先体育教师和教练员自身要具备成熟的审美观，以身作则。只有施教者拥有成熟的审美观，才能按照体育美的形式去促进学生身体潜能的发挥和运动能力的发展，才能实现身体和心理的共同成长。

其次，要求教练员和体育教师在教学活动和训练中，通过体育教学规律去激发学生体育学习和训练的积极能动性，降低和消除学生在体育学习和训练中的疲劳感，发掘学生的运动潜能，使体育教学活动不仅仅促进学生体质的增强，而且能提高学生上课热情，丰富体育教学成果，体验体育教学活动中的美与激情。

最后，在教学活动中，要抓住体美共育这一核心内容。教师应把体育运动中的形式美、身体美和精神美等体育美的内容贯穿到学生实际的体育运动过程中去，提高学生对体育美的形式的追求，让体育运动真正起到强身健体的功效。在体育教学活动中，只有使体育与美育有机结合，共同发展，才能获得体美共育的良好效果。①

2. 创设审美情境原则

审美情境是指在审美过程中所创设的情感氛围。在体育教学活动中，为了培养学生的体育审美能力，体育教育者会自觉地选择和利用各种审美教育媒介，有目的、有意识地创设体育审美情境，使受教育者完全置身于审美教育环境之中，从而影响受教育者的情感，以达到塑造体育审美心灵，培养体育审美情操的目的。

体育教练员和体育老师在体育教学活动中是培养学生审美能力的主导者，在此过程中应使学生处于充满体育情感的情境感染之中，以情动情，从而引发其情感共鸣，再加以引导梳理，深入地剖析体育情境中的美，诱发创设出新的体育审美追求。强调体育教学活动中创设审美情景的原则，对深入实施审美教育具有重要意义。

一方面，体育审美活动渗透于生活的各个方面，不同年龄阶段的学生，接受体育审美教育的方式方法有一定的区别，贯彻体育审美教育的情境性原则，意味着对体育审美教育需要有一种整体观念，把审美教育的方式方法与各年龄阶段的受教育者有机地结合起来，注重体育审美教育的整体性。另一方面，打破了传统

---

① 陈济川. 新世纪我国大学生体育审美教育的研究［J］. 北京体育大学学报，2005，28（4）：527—529.

意义上认为美学教育只能依赖课堂教育这一形式的观念。体育教学这一特殊性教育方式，除了在室内接受基本理论教育外，更多的是在体育场上接受教育。体育场上宽敞自由，更利于体育审美情景的创造；从实践效果来看，体育场上的情景创造的教学效果，明显好于循规蹈矩的理论课堂教学。

3. 教师先导原则

在体育教学活动中，体育教师不仅是课堂组织者，体育思想的贯彻实施者，还是体育技术、技能的传授者。在体育教学活动的审美教育中，体育教师应该主动发挥先导者的角色，这就要求他们提高自己的审美能力，并做到形体美、行为美、心灵美和语言美等。

人的形体本来就具有美的元素，体育教师也正是塑造这种美的先导者。由于受过各种体育专业训练等缘故，体育教师一般都具有健美的形体，这给体育审美教育工作带来了巨大的支持性作用。健美的形体往往能给学生带来美的感受，是学生理想中健美的具体形象的展现，时刻激发学生内心学习体育的热情。

由于体育教学的特殊性，在多数情况下，体育教师的技术动作是供学生进行模仿的，这些姿势是否正确、优美，会对学生的体育学习积极性产生很大的影响。同时，体育教师在审美教学过程中，要注意自己的言行举止，严格执行教学常规，关心帮助每个学生，并运用积极的语言鼓励学生，扮演好先导者的角色。

总体而言，由于体育教师在整个审美教育过程中起着示范性的作用，故而在体育审美教学过程中，任用具有良好素质的教员，对引导学生形成正确的体育审美观，激发学生的体育学习热情，培养学生正确的体育审美情趣具有非常重要的意义。

4. 相互交流原则

在体育教学活动的审美教育中，教育者与受教育者是以审美中介为桥梁而进行审美交流的。在这一过程中，教育者与受教育者之间的交流不应存在权威性和强迫性，双方是平等的，只有在平等的交流中，彼此情感的沟通才会更真切。在交流中，教练员和体育教师可以利用讲解法和示范法等，分析体育技术动作和所表现出的运动美感，以充分调动学生对体育审美知识的学习。

同时，体育审美教育本是一种自由协调而又轻松愉快的教育，过于呆板，不具灵活变通性的体育教育无法创造美的感受。寓教于乐、寓情于教、相互沟通讨论，更能激发体育审美灵感，在现代化的教育中，头脑风暴法的运用便是基于此道理。

5. 多样化与渐进性相结合的原则

由于体育运动项目繁多，而受教育者体育审美水平千差万别，审美个性也互不相同，所以在体育审美教育中，不能采用单一的体育审美模式进行教育，而应该不断变换方式、变换媒介来进行体育审美教学，这样更有助于受教育者心理能力的平衡发展，也有助于受教育者心理结构的不断完善，这便是体育审美教育活动中的多样化原则的体现。万丈高楼拔地而起，需要从基础夯实，体育审美教育也应该逐步深化，由低层次往高层次发展，让受教育者情感和心灵不断得到美的熏陶，这就是体育审美教育中的渐进性审美原则。

多样化原则体现了教育方式与受教育者的契合性，渐进性原则体现了受教育者的吸纳性。在多样化和渐进性的体育审美发展过程中，更容易启发受教育者提高自我体育审美修养，健全心理结构，达到体育审美教育的高度发展，进入自我完善的境界。[①]

（二）体育美育教学功能

审美教育是教育者、受教育者和审美中介等方面因素组成的一种系统结构，在现代教育中，有着其他教育手段所不能取代的特殊作用。体育审美教育是整个审美教育不可或缺的子系统，体育审美教育的存在，必然要增强审美教育的效果，增大审美教育的系统值。

体育教学活动中的美育通过各类美的事物培养学生健康的审美理想、审美观念和审美能力，陶冶高尚的情操，塑造优良的人格结构，培养坚毅的体育精神，是启迪和开发智慧的教育活动。在体育教学活动中美育具有九方面的功能。

1. 提高学生审美感受力

审美感受力是指人的审美感官对审美对象进行感知的能力。在社会生活中，没有一定的审美感受力，是无法获得美的直观印象的，更无从谈美。在体育教学活动中，学生在对体育运动中的各种美耳闻目睹后，就能对现实中的美进行一些直观的把握，有利于提高自身的审美感受力。审美对象是通过人的审美感官进入人的审美意识。体育运动作为审美中介，再加上体育教师的旁敲侧击，学生更容易发现体育中的美，能更深入地体验体育所带给我们的美感，从而迅速地提高审美感受力。

体育审美教育的首要任务就是引导学生在体育实践中培养和提高对身体美、运动美、精神美、人文美等的兴趣和爱好，培养和提高学生对体育运动中美的事物的感受力。审美能力的高低是以其敏锐程度为标志的，一个具有敏锐的审美感受力的人，能对美的对象迅速做出情感反应。要真正提高审美感受力，在体育教学活动中必须引导学生直接置身于体育美的环境中，通过耳濡目染，亲身去体会并领略体育所带给我们的美的体验。

学生在体育实践的过程中，通过克服自身阻力，培养自己刻苦顽强、坚毅等

---

① 胡小明. 体育美学［M］. 北京：高等教育出版社，2009：230—241.

意志品质，同时加上体育教师的引导督促，进而逐步提高了自己的审美感受力。

2.提高学生审美鉴赏力

审美鉴赏力是人们在实践中形成的对美的事物的领悟与评价的能力。在体育教学活动中，审美鉴赏力较高的学生，多数能迅速被体育中美的事物所深深打动，而且能及时做出审美判断，指出运动中美的所在。在体育教学中，学生的审美鉴赏力首先是一种体育审美理解力，体育审美理解力的高低是学生审美鉴赏水平高低的决定性因素，是学生能否体验体育美感的核心因素。体育教师在教学活动中，通过对体育美的引导，让学生形成正确的审美鉴赏力，为体育的发展和学生的个体成长提供了辅助性的作用。[①]例如，在国外一些学校将舞蹈、艺术体操等活动放在体育课的准备或结束部分，这不仅有助于培养学生的审美观，而且通过学生的理解领悟，提高了他们对美的鉴赏力。

3.促进学生德育的发展

美育与德育相辅相成，共同作用，是培养全面发展的人才的重要途径。在体育教学活动中，美与善是不可分割的，美育始终以情感为中介，使人从情感上升到理智，由美感转化为道德感，美育甚至可以深入到人的心理层面，撼动某些人坚硬的情感铠甲。体育审美教育是一种给人以自由感的教育，只有完全进入这种自由境界才能对体育产生美感。学生体育审美能力的提高，可以使其更具备竞争拼搏精神，协作进取、公正、诚实、礼貌等优良作风，表现出体育美与道德美的完美结合，进而促进德育的发展。

4.培养学生丰富而健康的情感

审美教育是一种审美情感的教育，它的基本功能是调节情感、塑造心灵。在体育审美教育中，审美对象激发、传达、剖析的情感丰富多样：有的豪迈、有的卑琐、有的乐观、有的伤感、有的甜蜜、有的苦涩、有的健康、有的丑恶等。通过对这些情感的领悟和剖析，心灵受到震荡和洗涤，从而进一步培养美善的人生态度。

体育审美教育不但使学生感受到丰富情感的撞击和洗礼，更使学生的情感和表达情感的方式变得活跃和丰富。同时，通过对体育活动中情感的体验和剖析，可以使学生逐渐识别哪些情感是对社会和个体生命有益的，哪些是对社会和个体生命无益甚至有害的，从而产生对于情感的必要鉴别力和自制力。在体育审美体验过程中，通过对审美形式和审美媒介的感知，审美能力得到了培养和训练，从而使体育审美观更加趋向丰富、成熟。因此，通过体育审美教育，人的情感会变得更加丰富与健康。

---

① 李红智. 在高校体育教学中应加强体育美学教育 [J]. 扬州职业大学学报，2004，8（3）：53—55.

5.培养学生的创新求异能力

在人类生活过程中，我们不但要积极维护社会的和谐性和人类的共同性，还必须培养和训练社会成员的创新求异能力。同样，在体育活动中，如果没有创新求异，就不会有体育运动的进步和发展，那我们将永远停留在茹毛饮血的阶段，跟不上世界体坛发展的步伐，难以适应不断变化的体育世界。

体育审美教育恰好提供了培养学生才创新求异能力的最好平台。体育审美强调体育活动体验的丰富性和差异性，体育艺术创造强调独创性和个性，他们使学生的创新求异追求得到极大的满足和发展。在体育审美教育活动中，通过审美活动的创新求异，能够充分有效地培养学生自觉的创新意识和创新能力。长期进行体育审美活动和艺术创造，必能使一个民族迸发出极大的体育创造性，从而提高民族的素质。

6.引导学生体育参与热情

学生的体育参与是体育教学活动中的核心部分，在体育教学活动中进行审美教育，对提高学生对美的感受、想象、鉴赏能力有积极的促进作用，并且能提高学生自觉的审美意识。当学生自觉的审美意识提高后，他们对体育美的理解将更进一步，从而更加积极地去参与体育锻炼，去感受体育之美。例如，在体育审美教学中，教师通过风趣的内容、手段和方法，引导学生克服运动中的各种困难，积极投入到体育运动的学习和训练中，并不断提高运动成绩，这种成功的体验又反作用于学生，促使其积极地参与体育运动和训练，去发现美、感受美、体验美。

7.拓展学生的精神时空

体育审美教学活动不仅是在学生的精神时空中展开，而且它还能够大幅度地拓展学生已有的精神时空。例如，在体育教学活动中，给学生讲解体育的精神美——女排精神，以及这种精神在当时的背景下带给人们的心灵震撼。当代的学生，虽然无法从现实生活中再去感受女排精神在当时所带来的社会影响力，但可以通过丰富的想象力和各种资料去学习体会那种精神美，以拓展自身的精神时空。

8.增强体质健与美的协调发展

体育是通过身体活动方式进行的，可以改善人体形态，促进体格健壮，塑造出强健的体魄。体育美是体育学科的一个分支，伴随着体育而不断发展。在学校体育教学活动中进行审美教育，可以按照标准规范的尺度，直接对学生的体态、运动技术动作、气质实施美的培养，在塑造学生健美身体的同时，也可以将其引入审美体验过程中，享受精神愉悦。在比赛中常常可以看到，运动员不仅身体强壮，而且形体优美，流露出一种气宇轩昂的气质美。因此，可以说体育审美教育是体质教育与审美教育的合体，它起着增强体质健与美的协调发展的作用。

9. 促进审美智力的发展

智力是指人认识、理解客观事物并运用知识、经验等解决问题的能力，包括记忆、观察、想象、思考、判断等。体育审美教育的积极开展，不但能使学生获得前人的体育知识经验，而且有助于他们智力心理因素的发展，提高各种感知能力，开拓思维和想象能力。同时，体育实践活动可以使学生认识到运动的效应，对提高他们的参与兴趣、丰富情感、完善人格等都有很大的促进作用。可见，体育教学活动中的审美教育为发展和培养学生的心理因素提供了很好的途径，对智力开发具有重大的贡献。

二、体育美育教学的特点与方法

（一）美育教学的特点

体育教学活动中的美育以形象思维为主，以情感交流为纽带，用美的事物或形象来激发人们的情感，引起共鸣，达到潜移默化的体育审美教育效果。具来说，在体育教学活动中，美育具有六个特点。

1. 基础性

学校教育是人生的第一课堂，自远古时代开办教学以来，人们便不断从课和老师处习得各种知识、技能，以及价值观、生活态度等。学校存在的根本意义，在于传授学生基本知识，培养学生正确的人生观、价值观，以便不断适应社会的发展，为社会造福。因此，在体育审美教学活动中，也应从基础教学抓起，万丈高楼，没有良好的地基，如何拔地而起，没有基础性的体育审美教育，谈何对体育审美能力的培养。

学校体育审美教育的根本目的，一方面是增强学生体魄，促进青少年身体机能的提高，掌握基本的体育知识和技巧，养成终身锻炼的习惯；另一方面是培养学生的身体美，如健康美、形体美、姿态美等，了解并欣赏体育运动所体现出来的精神美、创造美、技巧美等，从而培养学生对体育美的认识和追求，为今后逐步提高体育审美情趣和健全人格奠定坚实的基础。

2. 形象性

一切美的事物都具有生动、具体的形象，美只能在生动、具体的形象中显示出来，并作用于人的感官上，才能让人看得见，并感受到美。因此人们在感受各种事物的美而产生美感的时候，总是以直觉的形式进行着。体育美同样是形象的，它是以一种具体的感性形式表现出来，所以在体育教学中，美育便是一种直观、形象化的教育。

3. 情感性

人类自身的很多信息都是通过情感的变化来传递的。以情动人、以情育人，通过感情的熏陶与渗透，积极感染着受教育者的内心，使其在情感上产生共鸣。在体育教学中实施美育，就是要在初始阶段，将各项体育美的情趣展现给受育者，让受教育者在体育美的各项因素中得到美感与乐趣，再逐步加深感性体验、展开丰富的想象，最终达到对体育美的整体情感性把握。体育教师在教学活动中，要充分调动学生的情感。例如在上课的过程中，有学生意志品质薄弱，怕苦怕累，这时很多体育教师可能会利用一些体育人物刻苦训练的故事激励学生，引发学生情感上的共鸣，最终咬紧牙关战胜困难。

4. 愉悦性

美育是一个让人感到快乐、满足、享受的过程。它不具有强迫性，让人在自觉、自动、心甘情愿的状态下去接受美的教育。在时代发展的要求下，娱乐性的教育也成为体育审美教育的主要特点，寓教于乐被人们广泛接受。在实施体育审美教育的过程中，人们能够得到情感的真实体验和精神上的美好享受，以一种愉悦的心情，在不知不觉中受到体育美的熏陶。

体育教学活动是展现素质教育的核心之一，它不同于其他文科课程一味追求高分，而是注重学生的身体素质和体育能力的教育。所以在体育审美教学活动中，体育教师很好地利用了体育活动这一特性，让学生从紧张的学习压力中抽身出来，体验体育审美运动给我们带来的乐趣和满足，得到精神和心理上的放松与享受，心甘情愿地参与体育锻炼，以欢快愉悦的方式达到体育审美教育的目的。

5. 过程性

过程性是指在体育教育中，美育的实施不是一蹴而就的，它是让受教育者通过对体育美进行初步感知，并进一步加以解读、品味、鉴赏，再多重体验融入情感，从而在一种潜移默化中受到审美影响的过程，它可以培育自我健康的体育审美情趣和情操。在体育教学活动中，学生对技术动作的学习是一个长期的过程，教师在课程中不能拔苗助长，这样不仅不利于学生的成长，反而会影响他们的成长空间。对体育运动技术的学习需要坚定长期努力的信念，而且对每一个技术动作的熟练运用也需要长期练习并付诸实践，在对体育运动美的体验中，学生往往会随着对技术动作的学习而有更深刻的感受，所以在体育教学活动中，美育的过程性表现得非常明显。

6. 综合性

在体育教学中，美育具有综合性特点。中国传统美学推崇真、善、美的一致性，人不仅需要外表美，而且内在也要美，做到内外兼修。体育教育中的美育，与德育、智育相互联系并相互影响，其目的之一就是通过体育教学和课外体育活动，促进学生身心健康发展。同时，没有良好道德修养的人，无法形成正确的审美观，只有接受良好的体育美育教育，才能促进健全品格的形成。智力低下的人，不见得都没有美的感受力和欣赏力，但良好的智育，为体育美育的发展添加了砝码，更好地培养了学生的体育审美能力。故而在体育教学中，美育必定要渗透多种元素，才能达到全面综合性的发展。

（二）体育美育教学的主要方法

1. 以体育美学知识、体育技能教育为基础，培养受教育者正确的审美意识

现在大部分的体育受教育者，不仅表现出不良的身体状况，而且在体育教学活动中，普遍缺乏对美的感受力。在身体美的审美中，受教育者意识到曲线美的较多，而对肌肉美、强壮美、协调美的审美意识却很低；在体育运动美的审美角度上，受教育者意识到形态美的较多，而对体育运动中变化、稳定、正确的美——技术美，却很少有人意识到，对整个运动系统具有审美意识的，就更为少；在体育行为角度的审美方面，人们往往容易看到参赛团体中的友爱互助，故而意识到体育协作美的较多，然而在体育情趣方面意识到美的，却很少。[①] 在现阶段的中国体育教育与美育教育中，人们对美育的要素并不十分了解，对体育活动中的美仅仅是一种朦胧的感知。在进行体育审美教育的基础教育时，应教授基本的体育美学知识和体育技能，使学生形成完善的体育审美意识。

2. 以体育教育者为导，发挥表率性与示范性作用

（1）体育审美教育者的仪表和形象的引导性

在体育教学中，不注意体育教育中的审美教育，学生容易表现出形体不佳、弓腰驼背、四肢肌肉枯萎等现象。在体育审美教育中，教育者本身的自我形象显得至关重要，衣着整洁、健康有活力、动作轻快、勇敢坚毅的体育教育者，不仅能使受教育者感受到外表的美，更有助于提高体育审美教学效果。体育教育者通过生动活泼、具体鲜明的例子，进行体育美学知识传授，将大大增加受教育者的体育审美参与愿望，并能潜移默化地提高受教育者对体育美的感受能力，有助于体育审美教育的开展。

（2）展示体育教育者的语言美与动作示范美

体育教育与其他教育最大的区别在于其对体育教育者形象示范的依赖性。一名优秀的体育审美教育者，应结合体育美学基础知识，在体育审美教学中注意语言的讲解方式，运用恰当、生动的语言讲解，而非粗俗、乏味的陈词滥调，这样才能利用教育者的语言美，给学生以体育美的初体验。在体育教学过程中，进行体育动作示范时，运用优美的动作示范，展现完美的运动技术动作，不仅有利于受教育者掌握正确的体育动作技术，还有利于增强其对体育美的感知，达到体育

---

① 鲁志文，张玉霞. 高校体育教学中的美学教育探析［J］. 四川体育科学，2006，9（3）：124—125，129.

审美教育的目的。

（3）展示体育教育者的教育方法与手段美

在体育审美教育中，体育教育者的教育方式潜移默化地影响着受教育者的学习态度和体育审美效果。学生对陈词滥调、枯燥乏味的体育教育方式特别反感，那些教学方式灵活、手段多样的体育教育者，更容易被学生接受。多样化的体育审美教学模式和方法，使体育教学成为一种富有乐趣的活动，给受教育者身体带来舒适感和活泼欢畅的情绪体验，有助于体育美感的产生，同时生动活泼的形象展示，也给人以美的享受。

3. 与体育审美客体相结合，培养受教育者对体育美的感知能力和鉴赏能力

体育美感与体育审美主体的自身条件有关，不同主体对同一事物具有不同的感知，不具备体育审美感知能力的人不能够欣赏到体育美。对于长时期活跃在运动场上的运动员而言，把更多的注意力放在了赢取比赛胜利之上，体育审美意识却被抛之脑后；对于长期接触自己专项训练的运动员而言，容易进入"只缘身在此山中"的误区，对运动美的感受能力趋于迟缓。相反，人们对于不知名的新鲜事物，却容易怀着浓厚的兴趣去仔细观察和感受。

心理学派美学家布洛于 1912 年在《作为艺术因素与审美原则的"心理距离"说》中提出"审美主体与客体中经常出现'失距现象'"，即主体与客体常常因为距离太近或太远，从而使主体不能用审美的眼光看待客体，故不能产生美感。因此，在体育审美活动中，为了保持体育审美主体与客体适当的心理距离，应以一种非理性、非功利的角度达成情感交流，从而培养对体育美的感受能力和鉴赏能力，并促进体育美感的产生。在体育教学中，应提倡在训练期间穿插丰富多彩的体育审美活动，既不让受教育者脱离体育训练实体，又能让受教育者从不同角度欣赏、感受体育美。在对美的重复体验中，提高其灵活、敏捷的感知能力和鉴赏能力。①

4. 与艺术创作相融合，培养受教育者对体育美的表现力和创造力

在任何学习中，光有理论知识而没有实践经验，往往沦为纸上谈兵。体育审美教育的过程同样如此，在体育教育者的引导下，受教育者除了可以掌握基本理论知识、培养相应的感知能力和鉴赏能力外，还应身体力行，自行实践，不断地表现自我、发展自我、超越自我，才能形成完整的体育审美能力。在现代体育审美教育中，只有狭窄的体育美育基础知识、单一的体育美育理论教学并不能适应现代体育美的表现力和创造力的要求。在一些竞技运动中，许多选手形体健美、肢体匀称，然而因缺乏相应的表现力和创造力，因而在比赛中失利。

---

① 李一新. 论体育美 [M]. 长沙：中南大学出版社，2007：80—86.

　　体育是艺术创造的源泉之一，各门类的艺术也把自己的创作伸向体育领域，体育美育也借用各种艺术来丰富自己的文化内涵，以体育艺术化的模式，发展人的体育认知能力、体育创造能力和体育审美能力。现代体育越来越多地融入了艺术，尤其是评分类的运动项目，包括体育舞蹈、花样滑冰和艺术体操等，艺术的融入使体育活动越来越多地折射出体育艺术美的光芒。体育审美教育通过与艺术教育的融合，不仅能提高受教育者对艺术的感知和鉴赏能力，而且更能将艺术的美感融入体育活动中，从而能更加创造性地表现体育美，发展成审美情趣，提高对体育美的感知能力。

参考文献

［1］黄聪.体育教师教育导论［M］.西安：陕西师范大学出版社，2016.

［2］方慧.体育教育的价值回归论［M］.北京：化学工业出版社，2015.

［3］任顺元.素质教育论［M］.杭州：杭州大学出版社，1998.

［4］燕国材.素质教育论［M］.南京：江苏教育出版社，1998.

［5］刘振中，戴梦霞.身体素质教育论［M］.广州：广东教育出版社，2002.

［6］谭黔.体育教学心理研究［M］.北京：北京师范大学出版社，2011.

［7］龚坚，张新.体育教育学［M］.重庆：西南师范大学出版社，2011.

［8］李秉德.教学论［M］.北京：人民教育出版社，1991.

［9］季浏.体育教育展望论［M］.上海：华东师范大学出版社，2001.

［10］黄爱峰.体育教师教育的专业化研究［M］.武汉：华中师范大学出版社，2007.

［11］王营.体教结合型体育师资培养体系的理论研究［D］.长春：东北师范大学，2009.

［12］曲宗湖，杨文轩.现代社会与学校体育［M］.北京：人民体育出版社，1999.

［13］曲宗湖，杨文轩.课余体育新视野［M］.北京：人民体育出版社，1999.

［14］罗树华，李洪珍.教师能力学［M］.济南：山东教育出版社，2010.

［15］李丽.我国体育教师培养模式改革探析［J］.体育与科学，2005,26（6）.

［16］王春燕.体育教师能力研究［J］.体育文化导刊，2008,（12）.

［17］王伯英.体育教学论［M］.成都：四川教育出版社，1988.

［18］扈中平，李方等.现代教育学（第2版）［M］.北京：高等教育出版社，2002.

［19］刘志军.课堂评价学［M］.桂林：广西师范大学出版社，2002.

［20］夏思永.体育教学论［M］.重庆：西南师范大学出版社，2002.

［21］徐家杰，孙汉超.体育管理学［M］.武汉：武汉工业大学出版社，1993.

［22］李艳翎.体育课程论［M］.长沙：湖南师范大学出版社，2002.

［23］袁振国.当代教育学［M］.北京：教育科学出版社，1999.

［24］赵敏.学校管理学新编［M］.广州：广东高等教育出版社，2008.

［25］赵顺来.体育教师学［M］.北京：中国科学文化出版社，2003.

［25］杨铁黎，宋尽贤.关于我国学校课余体育训练发展战略研究［M］.北京：北京体育大学出版社，2005.

［26］谭华.体育史［M］.北京：高等教育出版社，2006.

［27］杨向东.中国古代体育文化史［M］.天津：天津人民出版社,2000.

［28］马凤岐.教育政治学［M］.北京：人民教育出版社，2003.

［29］俞国良.学校文化新论［M］.长沙：湖南教育出版社，1999.

［30］腾子敬.学校体育研究与探索［M］.北京：北京体育大学出版社，2004.

［31］史华楠.学校文化学［M］.北京：北京医科大学联合出版社，2005.

［32］钱应华.学校文化与素质教育［J］.牡丹江大学学报，2007（8）.

［33］乔梁.学校文化促进人的社会化［J］.体育文化导刊，2003，（4）.

［34］田麦久.运动训练学［M］.北京：人民体育出版社，2005.

［35］宋军，邓艳艳.试论学校体育文化与终身体育［J］.南京体育学院学报，2005（1）.

［36］夏晓陵.奥林匹克精神与学校体育文化建设［J］.浙江工业大学学报，2004（3）.

［37］张军等.体育心理学教程［M］.黑龙江：哈尔滨地图出版社，2004.

［38］吴尊明.现代国际终身教育论［M］.上海：上海教育出版社，1999.

［39］刘仁东.体育教书育人概论［M］.大连：大连理工大学出版社，1993.

［40］傅道春.教师的成长与发展［M］.北京：教育科学出版社，2001.

［41］陈永明.现代教师论［M］.上海：上海教育出版社，1999.

［42］于小霞.学校体育教育手册（上）［M］.天津：天津人民出版社，1998.

［43］于小霞.学校体育教育手册（下）［M］.天津：天津人民出版社，1998.

［44］李金龙.学生课余体育指南［M］.北京：人民体育出版社，2002.

［45］王则珊.学校体育理论与研究［M］.北京：北京体育大学出版社，1995.

［46］王丽娟，张亿钧，李少斌.教学设计［M］.海口：南海出版公司，2003.

［47］张华.课程与教学论［M］.上海：上海教育出版社，2000.

［48］郑金洲.基于新课程的课堂教学改革［M］.福州：福建教育出版社，2000.

［49］佟晓东，刘铁.体育教学设计与实践［M］.沈阳：东北大学出版社，2009.

［50］宋尽贤，廖文科.中国学校体育30年［M］.北京：高等教育出版社，2010.

［51］韩勇.学校体育伤害的法律责任与风险预防［M］.北京：人民教育出版社，2012.

［52］刘德新等.学校体育功能论［J］.中国学校体育，2014，（4）.

［53］冯建军.生命与教育［M］.北京：教育科学出版社，2004.

［54］教育部体育卫生与艺术教育司.学校体育工作重要法规文件选编［M］.北京：人民教育出版社，2008.

［55］中国体育教师网，网站地址：http://www.ty121.cn

［56］中国体育教育网，http://www.on8no.com

［57］朱永新.科学发展观与中国教育改革［M］.福州：福建教育出版社，2005.

［58］杨世勇.体能训练［M］.北京：人民体育出版社，2004.

［59］［美］艾伦·C.奥恩斯坦，费朗西斯·P.汉金斯.课程：基础、原理和问题［M］.柯森，主译.南京：江苏教育出版社，2002.

［60］［苏联］苏霍姆林斯基. 关于全面发展教育的问题［M］. 长沙：湖南人民出版社，1984.

［61］［英］威廉·博伊德，埃德蒙·金. 西方教育史［M］. 北京：人民体育出版社，1985.

［62］［美］布鲁纳. 教育过程［M］. 上海：上海教育出版社，1973.

［63］［美］斯蒂芬·P. 罗宾斯，玛丽·库尔特. 管理学［M］. 孙健敏等译. 北京：中国人民大学出版社，2008.

［64］［美］伯尼·L. 帕克豪斯. 体育管理学基础与应用（第4版）［M］. 斐立新，成琦译. 上海：华东师范大学出版社，2009.

［65］［日］宫畑虎彦. 学校体育管理学［M］. 北京：文化教育出版社，1984.

［66］布鲁纳. 教育过程［M］. 上海：上海教育出版社，1973.

［67］黄志成，程晋宽. 教育管理论［M］. 上海：上海教育出版社，1998.

［68］于清，袁吉. 运动心理学［M］. 长春：吉林大学出版社，2010.

［69］毛泽东. 体育之研究［J］. 新青年，1917,（3）.

［70］孙葆洁. 古代斯巴达的体育教育［J］. 中国学校体育，1916,（3）.

［71］王道俊，郭文安. 教育学［M］. 北京：人民体育出版社，2009.

［72］赖天德. 论学校体育的本质与目标［J］. 体育与科学，1990,（4）.

［73］耿培新. 学校体育与社会发展相适应为21世纪培养全面发展的人才——对终身体育、快乐体育的粗浅认识［J］. 课程·教材·教法，1993,（9）.

［74］张德、吴建平. 校园文化与人才培养［M］. 北京：清华大学出版社，2001.

［75］郑登云. 中国近代教育史［M］. 上海：华东师范大学出版社，1994.

［76］吴永军. 课程社会学［M］. 南京：南京师范大学出版社，1999.

［77］阮伯仁，沈剑威. 体适能基础理论［M］. 北京：北京体育大学出版社，2008.

［78］瞿葆奎. 教育基本理论研究［M］. 福州：福建教育出版社，1998.

［79］刘举科. 体育法学［M］. 桂林：广西师范大学出版社，2005.

［80］张厚福. 体育法理［M］. 北京：人民体育出版社，2000.

［81］郑希付. 健康心理学［M］. 上海：华东师范大学出版社，2003.

［82］马有度. 中国心理学卫生学［M］. 成都：四川科学技术出版社，1988.

［83］李丹. 学校心理卫生学［M］. 南宁：广西教育出版社，1999.

［84］高玉祥. 健全人格及其素质［M］. 北京：北京师范大学出版社，1997.

［85］王极胜，李春荣. 心理与健康［M］. 北京：科学普及出版社，1984.

［86］全国体育学院教材委员. 体育科研［M］. 北京：人民体育出版社，1989.

［87］何敏学. 体育科学研究方法［M］. 沈阳：辽宁师范大学出版社，1989.